あるくみるきく双書

田村善次郎・宮本千晴【監修】

宮本常一とあるいた昭和の日本

18

北海道②

農文協

はじめに

――そこはぼくらの「発見」の場であった――

「私にとって旅は発見であった。私自身の発見であり、日本の発見であった。書物の中で得られないものを得た。歩いてみると、その印象は実にひろく深いものであり、体験はまた多くのことを反省させてくれる。」これは『私の日本地図』の第一巻「天竜川にそって」の付録に書かれた宮本常一の「旅に学ぶ」という文章の一節である。これは宮本先生の持論でもあった。近畿日本ツーリスト・日本観光文化研究所に集まる若者の誰もが幾度となく聞かされ、旅ゆくことを奨められた。そして「どうじゃー、面白かったろうが」というのが旅から帰った者への先生の第一声であった。一生を旅に過ごしたといっても過言ではないほど、旅を続けた宮本先生にとって、旅は面白いものに決まっていた。それは発見があるからであった。発見は人を昂奮させ、魅了する。

この双書に収録された文章の多くは宮本常一に魅せられ、けしかけられて旅に出、旅に学ぶ楽しみと、発見の喜びを知った若者達の旅の記録である。一編一編は限られた村や町の紀行文であるが、こうして地域ごとに集めてみると、期せずして「昭和の風土記日本」と言ってもよいものになっている。

日本観光文化研究所は、宮本常一の私的な大学院みたいなものだといった人がいるが、この大学院は学歴も職歴も年齢も一切を問わない、皆平等で来るものを拒まないところであった。それだけに旺盛な好奇心と情熱をもった多様な性向の若者が出入りしていた。『あるく みる きく』は、この研究所の機関誌的な性格を持った月刊誌であり、所員、同人が写真を撮り、原稿を書き、レイアウトも編集もすることを原則としていた。編集者もデザイナーも筆者もカメラマンも、当時は皆まだ若かったし、素人であった。公刊が前提の原稿を書くのは初めてという人も少なくなかった。発見の喜び、感激を素直に表現し、紙面に定着させるのは容易なことではない。何回も写真を選び直し、原稿を書き改め、練り直す。徹夜は日常であった。素人の手作りからの出発であったが、この初心、発見の喜びと感激を素直に表現しようという姿勢、は最後まで貫かれていた。

月刊誌であるから毎月の刊行は義務である。多少のずれは許されても、欠号は許されない。特集の幾つかに宮本先生の古くからのお仲間や友人の執筆があるし、宮本先生も特集の何本かを執筆されているが、これらは欠号を出さず月刊を維持する苦心を物語るものである。

『あるく みる きく』の各号には、いま改めて読み返してみて、瑞々しい情熱と問題意識を感ずるものが多い。それは、私の贔屓目だけではなく、最後まで持ち続けられた初心、の故であるに違いない。

田村善次郎　宮本千晴

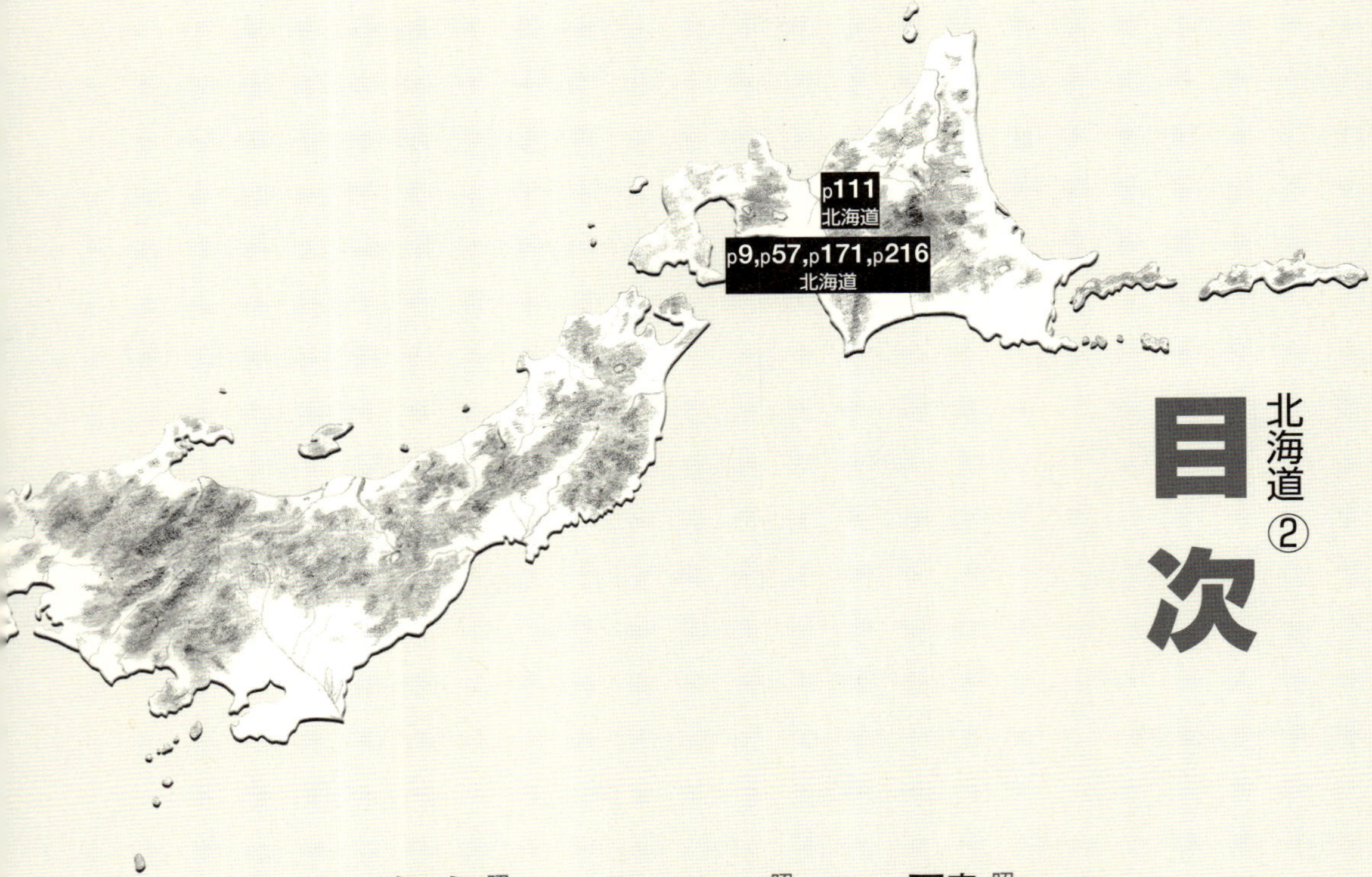

北海道② 目次

はじめに　文　田村善次郎・宮本千晴 —— 1

凡例 —— 4

昭和五四年（一九七九）五月
宮本常一が撮った
写真は語る　北海道えりも町・平取町　記　須藤 功 —— 5

昭和四八年（一九七三）一〇月「あるく みる きく」八〇号
シシリムカのほとりに　文　萱野 茂　貝澤 正　川上勇治　写真　須藤 功 —— 9

マンロー先生の思い出　文　青木トキ —— 53

昭和五〇年（一九七五）四月「あるく みる きく」九八号
人生を聞く
沙流川の人《サル・ウン・クル》物語　文・写真　川上勇治 —— 57

人の生きてきた足跡を　文　姫田忠義 —— 59

ウパシクマのこと　文　姫田忠義 —— 109

昭和五四年（一九七九）六月「あるく みる きく」一四八号
半生を語る
近文メノコ物語
文 杉村京子 大塚一美
写真 大塚一美
111

昭和四九年（一九七四）七月
物とこころ
——二風谷アイヌ文化資料館案内
文 萱野茂
写真 須藤功
171

昭和四六年（一九七一）、四七年（一九七二）撮影
昭和五二年（一九七七）、五三年（一九七八）撮影
二風谷の記録
文・写真 須藤功
216

編者あとがき 220

著者・写真撮影者略歴 222

凡例

○この双書は『あるくみるきく』全二六三号の中から、日本国内の旅、地方の歴史・文化・祭礼行事などを特集したものを選出し、それを原本として地域および題目ごとに編集し合冊したものである。

○原本の『あるくみるきく』は、近畿日本ツーリストが開設した「日本観光文化研究所」（通称　観文研）の所長、民俗学者の宮本常一監修のもとに編集し昭和四二年（一九六七）三月創刊、昭和六三年（一九八八）一二月に終刊した月刊誌である。

○原本の『あるくみるきく』は一号ごとに特集の形を取り、表紙にその特集名を記した。合冊の中扉はその特集名を表題にした。

○編集にあたり、それぞれの執筆者に原本の原稿に加筆および訂正を入れてもらった。ただし文体は個性を尊重し、使用漢字、数字の記載法、送り仮名などの統一はしていない。

○写真は原本の『あるくみるきく』に掲載のものもあれば、あらたに組み替えたものもある。原本の写真を複写して使用したものもある。

○掲載写真の多くは原本の発行時の少し前に撮られているので、撮影年月は記載していない。

○写真撮影者は原本とは同一でないものもある。

○市町村名は原本の発行時のままで、合併によって市町村名の変わったものもある。また祭日や行事の日の変更もある。

○日本国有鉄道（通称「国鉄」）は民営化によって、昭和六二年（一九八七）四月一日から「ＪＲ」と呼ばれる。『あるくみるきく』はほとんどが国鉄当時の取材なので、鉄道の路線名・駅名など国鉄当時のものが多い。民営化によって廃線や駅名の変更、あるいは第三セクターの経営になった路線もあるが、それらは執筆時のままとし、特に註釈は記していない。

○この巻は須藤功が編集した。

えりも町の浜で昆布拾いをする光景をバスの車窓から撮った。この昆布拾いは漁業権を持たないだれでもできるので、浜辺の人とはかぎらず、内陸部の人もやってきて拾った。ただ昆布は拾ったその日のうちに乾燥させないといけないので、多く拾えばよいというわけではなく、それぞれが適量を考えて拾い、浜に広げ干した。

宮本常一が撮った 写真は語る

北海道えりも町・平取町

宮本常一は、敗戦の年の昭和二十年（一九四五）十月二十日に大阪駅を発って北海道に向かい、十一月十日に上野にもどった。戦災にあって、大阪から北海道の原野にはいる人びとを連れて行ったもので、他の引率者は札幌で北海道庁の役人に入植者をわたすと帰ったが、宮本常一は入植地まで同行するなど道内に十七日ほど滞在した。そのときのことは『民俗学の旅』「戦時中の食料対策」に詳しい。リュックサックに詰めていった乾パンが尽きたあと、食べものは売っていなかったから、函館から上野まで水を飲んだだけで六日間をすごした。

掲載の写真はそれから三十四年後の昭和五十四年（一九七九）の撮影だが、日記にこのときの旅についての記載はない。四月二十八日に網走にはいり、東海岸沿いに南下し、五月一日に広尾町、えりも町を経て平取《びらとり》町二風谷《にぶたに》を訪れている。

アイヌの都といわれる二風谷に足を運んだのは、前年の六月十五日に刊行された『アイヌの民具』の現地を見るためだったと思われる。「二風谷アイヌ文化資料館」では、副館長の肩書だった萱野茂の説明で、展示されている民具を見てまわったようである。

「シャモはひどいことをしている」

宮本常一が資料館で見た民具に縁の欠けたト゚キ（盃）があった。それは厚岸《あっけし》の漁場で働いたアイヌに一年間の報酬としてシャモから渡されたものだと聞き、一文にもならないものを、と宮本常一は腹を立てた。シャモとはアイヌ語のシサム・ウタラ（隣の仲間）の訛ったもので内地人をいう。北海道から帰って観文研にくると、宮本常一は私たちにまずその話から始めた。

沙流川はアイヌに生活文化を教えたオキクルミ・カムイが住んだところとされる。それを拡大解釈して、宇宙人の降臨地として昭和42年（1967）に建てられたハヨピラと呼ぶ施設。宮本常一が撮ったときには訪れる人はなく荒れていた。

「二風谷アイヌ文化資料館」（写真の左方にある）の並びにある復元チセ（家）。右はポロチセ（大きな家）。その左の角形の建物は便所。その左奥はポンチセ（小さな家）

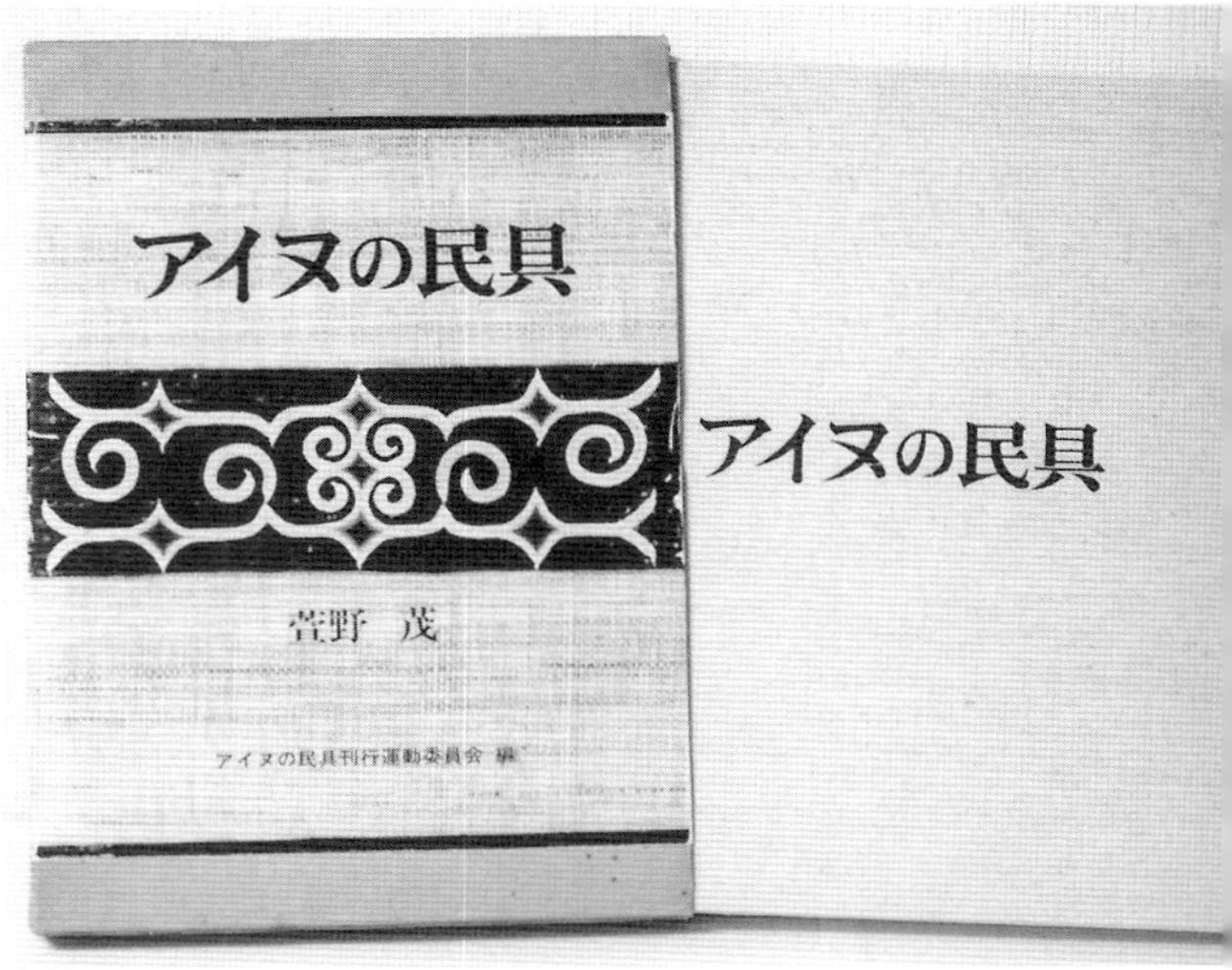

宮本常一は萱野茂の説明を受けながら、萱野に宮本であることを名乗らなかったふしがある。その日の様子を知りたいと思い、萱野茂亡き後、れい子夫人に日記を読んでもらったが、萱野茂は宮本常一がきたことを一言も書いていなかった。そのころ萱野茂は首にできた瘤状に悩んでいて、日記はそのことに始終していた。

後世に伝えるアイヌの民具の本を作ろうと、昭和五十二年（一九七七）六月二十三日に『アイヌの民具』刊行運動委員会が発足した。賛同者が二〇〇〇人集まらないと刊行できないといわれたが、なかなかその人数に達しない。そこで運動委員の一人だった朝日新聞の本多勝一が宮本常一に呼びかけを頼んだ。それが左の朝日新聞の「声」欄への投書で、それによって賛同者が予定数を超える。本の製作・編集には観文研からも、宮本常一が教えていた武蔵野美術大学からも学生らが二風谷につめて作業をした。そして翌昭和五十三年六月十五日に、上の『アイヌの民具』が刊行された。宮本常一は新聞への投書や、作業のいわばトップであったことをいうのを控えたのだろう。（須藤　功記）

アイヌ民具の保存に協力を

東京都　宮本　常一
（著述業　70歳）

さきに本紙に報ぜられた「アイヌ民具」を刊行する運動は、会員二千人を目ざしてスタートした。しかし、千二百人の協力は得られたが、二千人にはまだ遠い。このまま解散し、この事業を中止するにしのびない。アイヌの用いた民具を図示し、その民具にともなう伝承を、すぐれたアイヌ学者萱野茂氏によって記録し後世に残したい、それを多くの一般の方々の協力によって完成したいというのがわれわれの念願であるが、それが不可能というのであれば計画中止もやむを得ない。

われわれが大ぜいの方に協力をお願いするのは、単にアイヌの民具の保存だけの問題ではない。アイヌ語すら、今ほろびようとしている。アイヌは、少数民族だから、アイヌ語はほろぼしていいと考えていいものかどうか。

言葉は、それを話す者があるから伝わってゆく。そして、その文化も伝えられていく。自信を持って、自分たちの言葉を用い得る社会は、どのようにすれば守り得ることができるかという問題にもつながって来る。そういうことについても、静かに、しかし真剣に考えて下さる仲間が一人でも多く欲しいからである。

昭和52年12月27日付『朝日新聞』より

ダムができる前の沙流川と二風谷。昭和53年（1978）

沙流川の古名

シシリムカのほとりに

文　萱野　茂
貝澤　正
川上勇治

写真　須藤　功

北海道沙流郡平取町二風谷・ペナコリ

わたしたちは、アイヌだ。
アイヌとは、アイヌ語で『人間』という意味。
わたしたちの祖先は、
自らをそう呼ぶことを誇りとして生きていた。

北海道は、アイヌ・モシリだった。
モシリとは、アイヌ語で国土だが、本来は、
モ（静かな）シリ（土地・大地）という
意味だ。
アイヌが住む静かな大地。
その大地に、今、わたしたちは、
アイヌの誇りを取戻す。

家で何か行事があるとき、その奉告をかねて行なう先祖祭。昭和47年（1962）

イヨマンテ（熊送り）などの祭りをするときは、初めに火の神に奉告し、神酒を捧げてカムイノミ（神への祈り）をする。
昭和52年（1977）

オ・トゥ・サスイシリ
オ・レ・サスイシリ
アイヌ語よ　永遠に

萱野　茂
（二風谷・木彫家）

　アイヌは、アイヌ語を使ってくらしていた。ところが現在では、七〇歳以上の人たちしかアイヌ語でしゃべることができない。その人たちは、ふだんは日本語で話しているが、それでもアイヌ語を忘れず、日常会話はできる。六〇歳位の人でも、アイヌ語と日本語をごちゃまぜにしゃべれる人はおる。けれど、それ以下になると全くアイヌ語を忘れてしまっている。アイヌ語というアイヌにとってはかけがえのない大切な文化がなくなるということは、悲しいことだ。

　そうなったのは、アイヌが自らなくそうとしたんじゃない。シャモがそうさせたんだ。シャモは、お隣の朝鮮人にもそうしたように、アイヌからアイヌ語を奪った。小学校では、アイヌ語は無視され、日本語ができないのは劣等児だと馬鹿にされた。

　アイヌの数は少ない。はっきりした数は、おれたちにもよくわからないが、一億一千万人だかのなかの何万人かだ。シャモには、そんなわずかなもののことなんか目のうちでない。言葉をふくめて、アイヌ文化を足げにすることは、シャモは平気だったと思うんだな。

　シャモという呼び方はね、シ・サム・ウタラ（わたしの・隣の・仲間）というアイヌ語で、シ・サムが訛ってシャモになり、ウタラが略された。つまりアイヌは、いまでも内地系日本人のことを、わたしの隣の仲間、わたしの隣人という言葉で呼ぶ。シャモの人たちは、自分たちのことを、喧嘩鶏の軍鶏《しゃも》と呼ばれたと思って腹を立てるかもしれないが、本来の意味はそうじゃないんだ。

　アイヌ語というのはね、ほんとうに単純な単語を組合せてできてる言葉で、日本語のように難しい抽象的なものはないんだが、それでいて非常にこまやかでデリケートな人間の心を言いあらわすものや、いきいきと自然のようすをあらわすものがたくさんあると思うんだ。

　たとえば、ク・ヤイ・ニコロ・オシマ（わたし恥ずかしい）という言葉があって、これを分解すると、ク（わたし）ヤイ（自身）ニコロ（襞）オシマ（入る）なんだ。つまり「わたし自身の体で襞をつくって、その襞に入って隠れてしまいたいほど恥ずかしい」という意味なんだ。自分自身の体でつくった襞に入るなんて、すばらしい言い方だとおれは思っている。

　ア・エ・アウナ・ルラという言葉がある。鹿や熊などの獲物がたくさん獲れた、という意味なんだが、分解するとア（わたし）エ（それを）アウナ（隣へ）ルラ（運ぶ）なんだ。エ（それ）というのは獲物のことで、つまり「隣近所へ運んで分け合うほどにたくさん獲物が獲れた」ということなんだな。そしてアイヌ社会では、それが誇りだったんだ。獲物というのは、自分ひとりや自分の家族だけで独占するもんじゃない。隣近所のものにも分け与えて、いっしょに楽しみ喜ぶものだ。そういうアイヌの精神が一言でズバッと言いあらわされてるんだな。そしてそういう精神は、アイヌ同士だけじゃなくて、鳥や狐や、そういう鳥獣たちに向ってもそうなんだ。山へ狩りに行って獲物が獲れたとき、その肉を全部持って帰るんじゃなくて、必ず一部を鳥や狐のために木の枝にひっかけておくなどして残して行く。そういう話が、ウウェペケレなどの昔話によく出てくるよ。

　自然のようすを言いあらわす場合、たとえばニ・ソ・シッ・チューという言葉がある。はるかな地平線の上に雲が垂れこめている、という意味なんだが、分解すると、ニシ（雲）オ（それ）シッ（大地）チュー（刺す）なんだ。雲の端が鋭く大地を刺している、そういう言いあらわし方なんだな。それを、雲垂れこめる、と日本語に訳すんじゃ何か物足りないね。

　アイヌ語が消えるのは、何としても悲しい。消えさせちゃいけないと思ってね、それでおれ、一二、三年前から、アイヌのおじいさんやおばあさんの話を録音しているんだ。そしたらほんとうにいい言葉や話がたくさんあるんだな。

　亡くなった金田一京助先生の言葉を借りるならば「ペン先から火が出るような気持、火がつくかと思うほどにペンを走らせて」アイヌのおじいさんやおばあさんの言い進む言葉を、一言一句聞き洩らすまいと努力して下さった先生方がおられた。その先生方にはお世辞でなく、ほんとうに感謝しています。と同時に、言葉の命を、このまま消していいかどうかといろいろ考えあぐねながら、いろんなときに、自分でアイヌ語をしゃべるようにしているんだ。おれはおだち者（お調子者）だからそんなことをやるんだろうけど、顔見知りの人が結婚すると、アイヌ語でお祝いを述べてみたり、誰か亡くなると、アイヌ語で弔辞を述べてみたりね。金田一先生が亡くなられたときもそうしたし、久保寺先生が亡くなられたときもそうしたんだ。

　今年（昭和四十八年）四月二十七日だったか二十八日だったか、二風谷の近くの平取《びらとり》町荷負《におい》本村というところにいた黒川てしめ、というおばあさんが亡くなった。この人は、ユーカラやウウェペケレなどをよく知っていたおばあさんで、おれは何回も録音させてもらいに行ってはいろいろ教えてもらった人なんだ。そのおばあさんが

花婿の家へ向かう花嫁と付き人。映画に記録するため再現。昭和46年（1971）

亡くなったことを、おれは人伝てに聞いたんだけど、お葬式の日の朝、起きて、御飯をすませてからどうしようかとしばらく考えあぐんだんだ。正式な通知は受けてないけど、いろいろとものを教えてくれたおばあさんに、何かひとこと、アイヌ語でお礼を言うのが礼儀ではないか。そう思って、急に紙とエンピツをとったんだ。告別式は一〇時からということで、そのときすでに八時半か九時になっていたから、追いつめられた、書き直しのきかない、せっぱつまったほんとうの意味での真剣勝負という気持で、消しゴムも持たずに、一気に弔辞を書いて出かけたわけなんだ。時間ぎりぎりに行って、係の人に、実はわたしはアイヌ語でおばあさんに弔辞をお聞かせしたいと思って用意しましたが、もし時間がありましたら、二、三分下さいませんか、そう言ったら、結構です、ぜひよろしくという返事で、ひととおりのお経が終った後で読ませてもらったんだ。それが、この（次の頁の）弔辞なんだけど、読み終ったとき、何人もの人たちが、アイヌ語を理解するおばあさんたちが、いい言葉であったと涙を流して感激してくれた。それを見たときおれは、ああ、アイヌ語は生きてるんだ、良かった、と思った。喜びにしろ悲しみにしろ、アイヌ語というものはアイヌの胸をうつ何ものかがあるんだ、言葉というものはほんとうに大切なものなんだ、そういうことを、身をもって体験したわけで、これからなおいっそうアイヌ語の命を復活させるか、或いはアイヌ語の寿命をのばす仕事を手がけたいと思ってるんだ。

アイヌの伝承

アイヌは文字を持たなかったけど、口で語り伝えるいろいろな性質の伝承を持っている。ユーカラ、ウウェペケレ、ウパシクマ（ツイタク）などで、一番名前を知られているのはユーカラだろう。ユーカラには、カムイ・ユーカラとメノコ・ユーカラ、それとただユーカラと呼ばれるものの三種類ある。

そういういろいろな伝承を通じて、アイヌは、子孫にアイヌ語とアイヌの歴史や精神を伝えようとしたけど、特にそのなかで日常的なアイヌ語を教える働きをしたのはウウェペケレだね。ウウェペケレは、簡単に言えば「昔話」ということだけど、本来の意味はウ（互いに）ウェ（それ）ペケレ（明るい）、つまり、「それによって互いに明るくなる、それによってものを覚える」で、ただ単に昔を回想する昔話ではなくて、これから生きて行く上でのいろいろな知恵が教えられるものなんだ。しかもそれが日常生活で使っているアイヌ語で語られるから、子どもたちはそれで自然にアイヌ語を覚えていった。人間同士がお互いを大切にし合うこと、自然を愛すること、生きものをむやみに殺したりしてはいけないこと。そういう自然や人間とのつながりのあり方を教えるもので、ウウェペケレをたくさん知っているいいおじいさん、いいおばあさんといっしょにいる少年少女は、いい家庭教師、第一級の家庭教師といっしょにいるのと同じなんだ。アイヌのいい精神文化は、そのなかで伝えられた。

ユーカラというのは、本来はユカラ（真似る）という意味。そしてカムイ・ユーカラは神様が自ら語る神様たちの物語。メノコ・ユーカラは、女の人が語る神様たちの物語。ただユーカラというのは、男たちが語る神様や英雄の物語。いずれも古いアイヌ語で語り、雄弁なアイヌになる訓練にもなった。

ウパシクマは、先祖の名前や生活上必要なものの所在（穴熊はどこにいるとか、とりかぶとはどこに生えているとか）を忘れないための言い伝え。言葉による記録なんだ。

ク・コロ・ヌペポ
ク・コロ・カッケマッポ
ウ・ヌカラ・ヘタプ
ア・キ・カトゥ・アン
タネ・アナッネ
カムイ・カラ・ナンカ
カムイ・カラ・シリカ
ア・コロ・ワクス
アイヌ・イタッ
エ・プイ・トゥマレ
ア・キ・ロッ・シリ
コ・ヨイラ・クニプ
ソモ・ネ・コロ・カ
カムイ・カラ・イタッ
エカシ・カラ・イタッ
ウ・ネ・ヤクス
ヘル・クワン・ノ
ポネ・オッ・カシ
チ・ケウエ・ホムス
チ・エ・カラ・カラ・ナ
チ・ヤイ・コ・ルシカ
エ・ネ・カラカラ・ワ
エンコレヤン
エヤシリカ
イタッ・プリ・カ
ア・イェ・ナンコラ
タネ・アナッネ
トノ・ネマヌプ
コロ・イレンカ
イレンカ・カシ
ア・コイ・カラ・ワ
ア・コロ・ワ・ピリカプ

私の仏よ
私の淑女よ
お会いするようす
と、言いましょうか、
いまはもう
神の作った顔
神の作った体
あなたは持つので、
人間の言う言葉
聞きたくないと
思われるだろうけれど、
それを忘れて
言うのではないが、
神の作った言葉
祖先の作った言葉
であったから、
ごく簡単に
屍の上に
ねぎらいの言葉を
私は捧げます。
それを哀れと
考えて
下さいませ。
本当に
言葉の綾
と言いましょうか、
いまはもう
和人というもの
が持つ法律
その法律を
我等も真似させられ、
我等が持ってよかったもの

ア・エ・ワ・ピリカプ
アイヌ・イタッ
ウ・ネロカワ
チ・コ・ウン・ケシケ
ピカン・コラチ
ウララ・シンネ
ラヨチ・シンネ
エ・チャン・チャン・ケ
イタッ・ラマッ・カ
ア・イ・コウッ・ノイネ
シリキ・ラポッ
ピリカ・ヒネ
ウナラペポ
カッケマッポ
セコロ・ヘ・ク・イェ
アイヌ・イタッ
エ・エラマン・ワ
エ・アン・アアンヒ
ク・ヌ・ワ・クス
チ・コ・テッテレケ
ピリカ・イタッ
イタッ・フムトゥル
エ・オロ・アポンコ
エン・ヌレ・ワ
クカオ・ワ・アンナ
タパナッネ
アイヌ・イタッ
イタッ・ラマッネ
オ・トゥ・サスイシリ
オ・レ・サスイシリ
エ・オマ・クニプ
ネルウェ・タパンナ

我等が言ってよかったもの
アイヌの言葉
であったが、
それが呪われ、
それと同じに
霞のように
虹のように
消え去って
言葉の魂も
奪われそうに
なったそのとき、
良いことには
小母上が
淑女殿が
と言いましょうか
アイヌの言葉
知っておられると
そのことを
私は聞いて、
訪ねて来て、
良い言葉
言葉の髄を
少なからず
私に聞かせて下さり、
私はそれを録音しました。
これこのものは、
アイヌの言葉
言葉の魂
二つの永遠に
三つの悠久に
保存される
ものですよ。

カムイ・モシリ
シンリッ・コタン
エ・コ・アラパ
ネ・オカ・タ・ネヤッカ
イタッ・トゥントゥ・ネ
ア・ハウェ・ヘ・アナッネ
シッヌ・ワ・アン・ワ
ア・コロ・ソン・ウタラ
ア・ミッポ・ウタラ
ウタッ・トゥラノ
エ・チャヌプ・コロ・ペ
ネ・ルウェ・ネナ
ク・コロ・ポネポ
ク・コロ・カッケマッポ
インネ・ニシパ
カッケマッ・ウタラ
ウタペラリ
イキッ・トゥム・タ
ネプ・ク・ネワ
ソモ・ネ・ヤッカ
エ・ラム・クウェ・ルスイ
タパン・ペ・クス
チ・コ・テッテレケ
チ・コ・チン・プニ
ク・キ・ハウェ・ネナー
エ・エパキタ
タネ・アナッネ
ポロクル・コ・モヨ
ア・キ・ワクス
テエタ・ネノ
アイヌ・プリ
ソモ・アン・ヤッカ

神の国土、
先祖の村へ、
行かれても、
その後で
言葉の柱として
あなたの声は
生きていて
我等の子ども
我等の孫が
仲間と共に
それを経典
とするでしょう。
屍よ、
淑女殿よ、
大勢の方々や
奥様方が
居並んでおられる
そのなかで
何者でも
ない私だが、
あなたの業績を
たたえるために、
私等は、やって
来たのです。
そして私は言うのです。
その次に
いまはもう
老人も少なく、
それ故に
昔のように
アイヌの葬式は
できないけれど、

イッケウェタ
エ・ヘコチ・カムイ
イェ・ロッ・イタッ
エ・コカヌ・ワ
ヘタッタ・ヘタ
ア・オシクル・ロッペ
エ・コロ・ニシパポ
テム・コロ・カシ
エ・ヤイ・トゥナシテ
ホタシシ・ケウトゥム
ヤイ・コレ・ワ
ミッポ・アコラ
セコラン・ヤイヌ
ソモ・エ・コロ・ノ
エアットゥコンノ
カムイ・モシリ
エ・コ・アラパ・クニプ
ネ・ナンコロ・ナ
ア・ヌ・エ・ウェン・ペ
シヨカ・イェヤラ
ネ・アクス・タプ
ケライ・カッケマッ
エ・ネ・アクス
ネプ・ク・ネワ
ソモ・ネ・ヤッカ
ヘル・クワンノ
ポネ・オッカシ
ケウェ・チ・ホムス
チ・エ・カラカラ・ナー
ク・コロ・ヌペポ
コンカミナー

一番に
あなたの火の神が
言う言葉、
それに耳を傾けて、
さあ、早く、
先に亡くなった
あなたの夫の
懐へと
お急ぎ下さい。
急ぎの心
自ら持って、
孫がいたこと
そういう心を
すっかり忘れて、
唯ひと筋に
神の国土へ
あなたは行く
のですよ。
あなたにとって聞きづらいことを
死んだ後に
言われること、
あなたは淑女なるが故に、
そういうことはないでしょう。
何者でも
ない私だが、
ごく簡単に、
屍の御上に、
ねぎらいの言葉を
私は捧げます。
私の仏よ、
私は礼拝いたします。

日高町
（ヒダカ）
千栄
（日本名）
（ちさか）
富岡
（とみおか）
（日本名）
三岩
（みついわ＝日本名）
三島
（みしま）
（日本名）
上岩知志
岩知志
豊糠
糠平
上貫気別
（かみぬきべつ）
新冠町
（ニイカップ）
滝の沢
ニセウ川
ハッタオマナイ岳
ケイカイ沢
（境界沢）
ペンケユウハシュネナイ沢
（？）
造林の沢
シュウター沢
（？）
パンケウシャップ川
ホロカウシャップ川
千呂露川
（ちろろ川＝？）
雲知来川
（うんちらい川＝？）
岡春部川
嘉淵
岩内山
シキシャナイ岳
（？）
糠平山
（ぬかびら山＝？）
ウェンハユシュナイ沢
パンケメウシュナイ沢
ペンケメウシュナイ沢
パンケユクルペシュペ沢
ペンケユクルペシュペ沢
ペンケユクトラシナイ沢
アツリオシヒナイ沢
二岐山
（ふたまた山＝？）
ピラチシュウスナイ沢
クチャコルシュナイ沢
ピリカナイ沢
ウェンナイ沢
ニセイハオマナイ沢
北戸蔦別岳
一ノ沢
二ノ沢
三ノ沢
四ノ沢
五ノ沢
六ノ沢
ヌカンライ岳
（ぬかんらい岳＝？）
ヌカンライノ沢
（？）
幌尻岳
布辺拉尓別川
ルイベツ岳
新冠川
（にいかっぷ川＝ニ・カプ＝木の・皮）
ホルカンノ沢
（反対の沢）
サツナイ
（サツ・ナイ＝乾いた・沢）
パンケチェプノ沢
ペンケチェプノ沢
シトゥニ沢
（？）
パンケトボチベツ沢
（？）
ペンケトボチベツ沢
（？）
パンケルナイ沢
ペンケルナイ沢
パンケシュクシュナイ沢
（パンケ・スクシ・ナイ＝下の・終日陽の当る・沢）
ペンケシュクシュナイ沢
（ペンケ・スクシ・ナイ＝上の・終日陽の当る・沢）
貫気別山
（ぬきべつ山）
リビラ山
（りびら山＝リ・ピラ・山＝高い・崖の・山）
シカルスナイ沢
（？）
ルベシュベ沢
総主別川
宿主別
糠平川
ペンケベツカンド沢
パンケピップ沢
オソウシノ沢
イワナイ川
平取

萱野　茂・姫田忠義　縮尺 $\frac{1}{400,000}$

平取町アイヌ地名図

北海道の地名は、ほとんどがアイヌ語である。これは北海道がアイヌ・モシリだった証拠だが、明治以後、日本流の漢字を当てはめたり、日本流の発音でカナ書きにしたりしたために、本来の意味がわからなくなってしまっているものも多い。

アイヌ流の地名で特に目立つのは、川や沢を意味するナイ（内）とかペッ（別）のつくものが非常に多いことである。ナイとペッとのちがいは、地名研究者である山田秀三氏によれば、『北海道内の川ならば、例外は別として、一般に、ナイは「小川」、ペッは「大川」と読んでゆくべきようだ』（アイヌ語種族考）

しかし、同じ北海道でも、ナイの多い地方とペッの多い地方があり、その分布を通じて、同じアイヌ語種族のなかにも、いわば北方系のものと南方系のものとがあったことがうかがえるようである。

ナイとペッの多さは、また、川に大きく依存してくらしていたかってのアイヌの生活がうかがえる。川は鮭や鱒を与えてくれるだけではない。山奥へ狩りに行ったり、遠くの地方と交易したりするために、なくてはならない交通路でもあった。

凡例：—— 川　—— 道　- - - - 鉄道

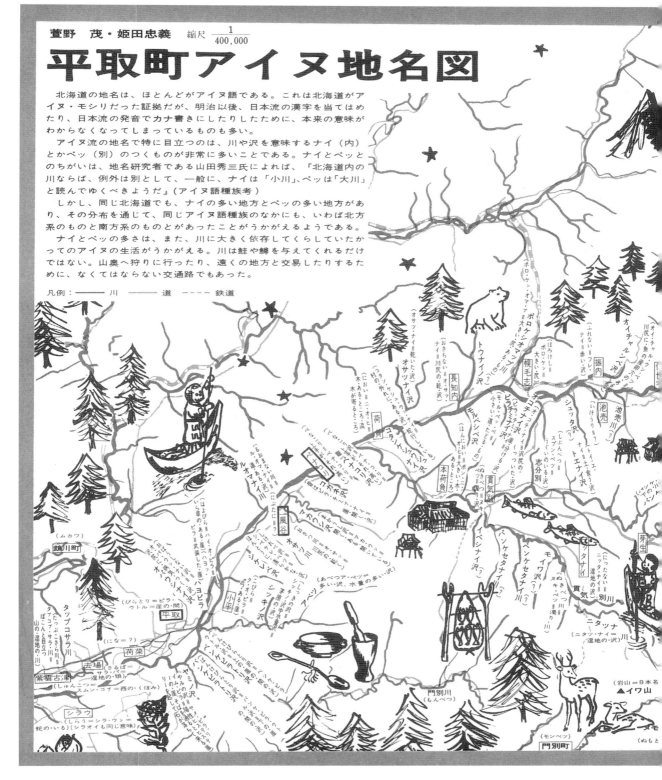

北海道大学でアイヌの研究をしていた、フォスコ・マライーニ（イタリアの民族学者）が撮った冬の二風谷。●が萱野茂の生家。昭和14年（1939）

日高峠越のたくさんの車が二風谷で留まり、おりた人がアイヌ民芸に立ち寄っていたころの二風谷。昭和53年（1978）

わが沙流川

萱野　茂

「或る日、カンナ・カムイ（天の神）が、沙流《さる》川を見たくなって、海の方から、ゆっくりゆっくり、沙流川の流れを下に見ながらやって来た。

すると川岸には、美しい柳の木が立ち並び、川には、鮭があふれていた。

水面の鮭は、太陽で背中が焦げるほどに、水底の鮭は、底石で腹がこすれて腹の皮がむけるほどに、川いっぱいにひしめいていた」

アイヌが大昔から語り伝えて来たカムイ・ユーカラに、沙流川のことがそんなふうに出てくるんだが、おれたちが子どものころまでの沙流川は、鮭こそ少なくなっていたが、川岸に柳の木が立ち並ぶ美しい川だった。おれたちは、その沙流川で、丸木舟を浮べたりしてよく遊んだもんだ。

沙流川はまた、オキクルミ・カムイ（オキクルミの神）の住まわれた伝承の地なんだ。

オキクルミ・カムイというのは、アイヌに家の建て方や、魚の捕り方、ひえなどの農耕の仕方、それからイナウという神様に捧げる御幣のようなものなどあらゆる生活文化を教えたといわれている神様で、そのオキクルミ・カムイが住まわれた沙流川は、いわばアイヌ文化の発祥地というわけだ。

おれの住んでいる二風谷からずっと下流の、平取町の市街地のはずれに、ハヨピラという沙流川を見下ろす丘があって、そこにオキクルミ・カムイが住んでいたといわれている。現在はそのハヨピラに、アイヌの伝承とは全然関係のないきらびやかな建造物が建っているが、オキクルミ・カムイのほんとうの伝説の地はあそこじゃないんだ。ほんとうは、二風谷の上流のニオイ（荷負）の市街地からさらに千メートルほど遡ったところにあるシケレペというコタン（村）の真向いのところなんだ。そこには、それらしい建物も碑も何も立っていないがね。

オキクルミ・カムイが住んだ土地だということを、沙流川のアイヌはとても誇りに思っていた。たとえば沙流川のアイヌが、隣の胆振《いぶり》や十勝のアイヌのところへ行って挨拶する場合、まず、「わたしは、オキクルミ・カムイという天国から降りて来てわたしたちに生活文化を教えてくれた神の村、その村に住まいし生活している何の誰それというアイヌ、それがわたしです」というふうに名乗るんだ。すると相手は、一歩退って、「ああ、オキクルミ・カムイの住んでおられた村からおいでになった誰それ様か」というふうに非常にていねいに迎えたもんだった。

それからまた沙流川のアイヌは、昔から喧嘩するとか口論するのを非常に嫌ったし、言葉づかいなども粗暴にならないように厳しく戒しめたもんだ。それも、沙流川アイヌの誇りのあらわれだとおれは思っている。

沙流川が、そういう古い生活や文化の歴史を持つようになったそもそもの理由は、ここがアイヌにとってとてもくらしやすいところだったからだろう。カムイ・ユーカラには、鮭のことだけでなく、鹿もまた非常にたくさんいたことが出てくるけど、鮭や鹿が多いということは、それだけくらしやすかったということだ。昔のアイヌは、鮭や鹿の肉を主食にしていたからね。

鹿が多かったのは、この辺が、北海道でも最も雪の少ない、暖かいところだからだ。たとえばこの二風谷の辺りでは、真冬でも雪が一メートルも降るっちゅうのは珍しくて、ふつうであれば一〇センチとか二〇センチ。大昔はもっと降ったかもしんないけど、このころでは、三〇センチちゅうのは、まあ大雪ちゅうぐらいに雪が少ない。だから冬になると、北海道じゅうの鹿、と言うと言い過ぎかもしんないけど、日高山系はもちろん相当遠くの山からでも鹿が来て冬越ししたんだな。

近くで鮭や鹿などの食糧を得やすいことが、アイヌが住みつく一番の条件だけど、家のすぐ近くできれいな飲み水が得られるかどうかも欠かせない条件だった。

二風谷の場合も、古い家の近くには、必ず水のきれいなシンプイ（湧水）とかソラッキ（滝）があった。二六・二七頁の図は、江戸時代のおわりごろから現在までの二風谷部落の家の変遷図だけど、古い家はシンプイ（泉）やソラッキのそばに出来ていたことがよくわかる。

そういう食糧や飲み水の得やすいところに、アイヌはコタン（村）をつくった。家が一軒か二軒ではコタンと言わないが、三軒以上になるとコタンと言う。広い大自然のなかでくらすのに、一軒や二軒では不便なんだな。かといって、何十軒と集まってくらすとなると、鮭や鹿などの食糧を得るのにいろいろ都合の悪いことがでてくる。数軒から一〇軒ほどがちょうど適当だったんだろうね。そういうコタンが、五キロから一〇キロおきに点々とあった。

陽当りの問題は、あまり考えなかったんじゃないだろうか。何せまわりは、原始さながらの森林地帯だっただろうからね。陽当りのいい場所を選ぶといっても限度があっただろう。それにわざわざ陽当りの悪い場所を選んでいる場合もある。たとえば二風谷の二谷国松さんの家のあった辺りは、朝日も当らない山のかげで、今の人は何となくいい屋敷地でないみたいに思うだろうけど、昔のアイヌ社会の考え方としてはいい場所として選んだ場所なんだな。どうしてそんな場所を選んだかというと、一つには病気の流行が考えられる。昔は、ほうそうとか結核とか、そういう病気は日本内地から入って来たんだろうけど、そういう病気が流行して、村中全滅するようなことがあった。そういうときには、村をそのまま、まるっきり居ぬきのまま捨てて別の場所に移って行った。

昔のアイヌは、病気がはやるのは病気の神のせいだと考え、病気の神は光とか陽当りを好むもんだと考えていたから、なるたけ山の陰のような、ちょっと歩いても人目につかないようなところにひっそりと隠れるように家をつくったんだな。

それから、大水を非常に警戒してコタンをつくっているね。沙流川すじで見ても、古いコタンはみんな河岸段丘というか高台の上にある。以前、二風谷の上の下荷負《しもにおい》というところにコタンがあったけど、大水でコタンが流されたことがあって、それで今のペナコリへ上がったというようなことも聞いている。

家は、道路ぞいに建てた。道路といっても昔は人間が歩くだけの細道だったけど、ここではル・トロア（道の・東側）に家、ル・ウトゥル（道の・西側）に便所とプ（高床式の倉）を建てた。火事になっても、倉に延焼したりしないためだったんだな。

家は、屋根も壁も茅葺き。なかは、区切りのないひと間だけのもので、まんなかに細長い大きいいろりがあった。いろりの、入口から向って左奥の隅が、アペ・フチ・カムイ（火の・おばあさんの・神）のいる場所で、いろりの向うの東向きの窓が、ロルン・プヤラといって神様が出入りする窓。このロルン・プヤラごしに外から家のなかをのぞきこんだりすると、物凄く怒られたもんだ。そしてロルン・プヤラの外にイナウ（木の御幣）を立て並べたヌササン（祭壇）があった。

アイヌ・レヘ（名前）のこと

アイヌは、子どもが生れてもすぐには名前をつけなかった。つけるのは、四歳から五歳になったころで、それまではただ、赤ちゃん、アヤイ、というような呼び方だけだった。四、五歳になれば、その子の性格や身体の特徴などがあらわれて来る。動作の鈍い子とか気敏そうな子、成長のおそい子とか速い子とか。そういう特徴をとらえて名前をつける。

二谷国松という人のアイヌ名前は、ニスレックルだった。この人は、六歳七歳になっても言葉がしゃべれなかったので、ニスッ（神様に頼む）レク（囀る）クル（人）、つまり「どうかこの子が鳥の囀るようなよくしゃべれる人になりますように」という親たちの願いがこめられた名前なんだ。おかげで国松さんは、よくしゃべれるようになった。

おれの父のアイヌ名前は、アレクアイヌ。アは（座る）レクは（囀る）アイヌは（人間）。つまり（座ってよく囀る人間＝雄弁な人）で、父は非常な雄弁家になった。おれには、残念ながらアイヌ名前はない。はじめから日本流の（茂）という名前一つだ。

女の人であれば、ハルアンテクなんて名前があった。ハルは（穀物）アンは（ある）テクは（手）、つまり（穀物をたくさん手にする人、穀物をたくさんつくる人）。ハルという言葉は、ほんとうは穀物というより食物全体のことなんだけど、この場合はヒエやアワなどの穀物のことと言えると思う。穀物をつくるのは女の仕事だったからね。

トゥルシノという今年八六歳になる元気なおばあちゃんがいる。トゥル・ウシ・ノで、トゥルは（垢）ウシは（付く）ノは（全く）、つまり（全くよく垢の付く人）という意味。この人にはたくさん兄弟があったけど次つぎに死んでしまうので、こんな名前をつけた。この子は、どんな魔物が来ても、垢がいっぱい付いているのできたながって連去りはしないだろうというわけだ。おかげでおばあちゃんは元気で長生きしている。

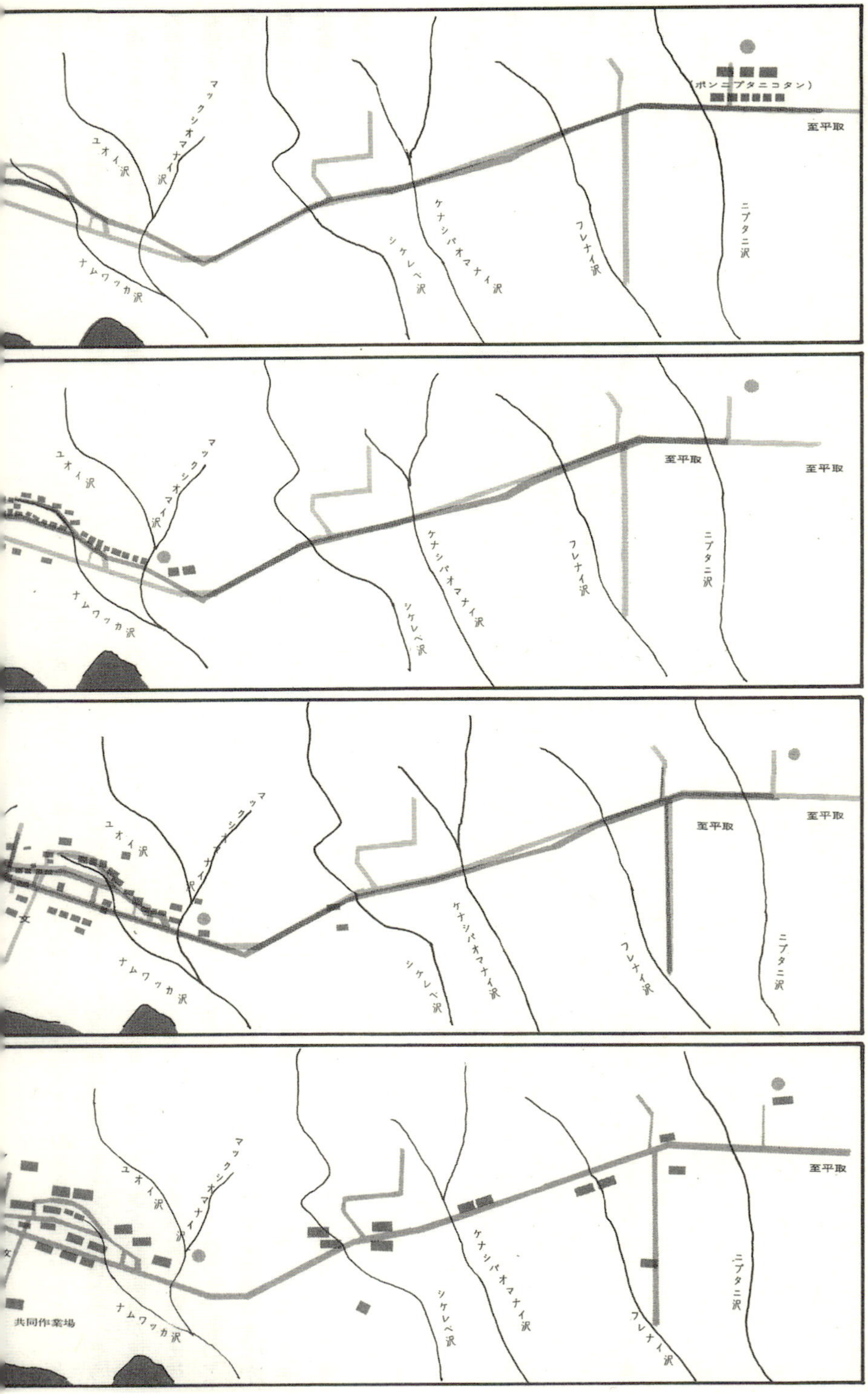

二風谷コタン変遷図

ニプタニ沢——不明
フレナイ沢——赤い沢
ケナシパオマナイ沢——原野の頭にある沢
シケレベ沢——水のきれいな沢
マックシオマナイ沢——奥の方を通る沢
ユオイ沢——不明
ナムワッカ沢——冷たい水
ポンオサツ沢——小さいオサツ
オサツ沢——沢尻の乾く沢
オケネウシ沢——沢尻にハンの木のある沢
フシコナイ沢——古い沢
ピパウシ沢——貝のある沢
マカウシ沢——開いて戻る沢
カンカン沢——大小腸のようにに曲りくねった沢
ポンニナツミ沢——小さい湿地を分ける沢
ポンカンカン沢——小さいカンカン沢

二風谷は、沙流川の河岸段丘にできた古いコタンだが、明治以後は、その中心が大きく移動している。

まず明治二五年に日本流の小学校ができ、その附近が二風谷の中心部になった。小学校の建設は、ウトレントク、ウサメトクなどのエカシを中心にした熱心な学校建設の努力の結果で、それは一方ではアイヌの誇りを胸に秘めながら、一方では早く日本人化しようとした当時の二風谷アイヌの心のあらわれであった。ポロチセクル（大きい家に住む人―酋長職）の家を精神的なよりどころにしていた伝統的なアイヌ・コタンが、日本的精神教育の拠点である学校を軸に展開しはじめた変化がうかがえる。

それがさらに今日のように変化したきっかけは、昭和36年に生活館共同作業場が、小学校とは沢ひとつへだてた現在位置に建設されたことである。共同作業場では、木彫民芸品の製作などが行なわれているが、これが今日では二風谷の重要な収入源のひとつになっている。学校という精神的拠点から、共同作業場という現実的物質的拠点への中心部の移動である。

この図は、貝沢耕一氏ら、二風谷のアイヌ青年を中心にした二風谷郷土研究会が、顧問である貝沢正氏、萱野茂氏、ならびにコタンの最年長婦人である貝沢トゥロシノさんの協力を得て製作した。

凡例：■家　●泉
——その当時
——昭和48年現在

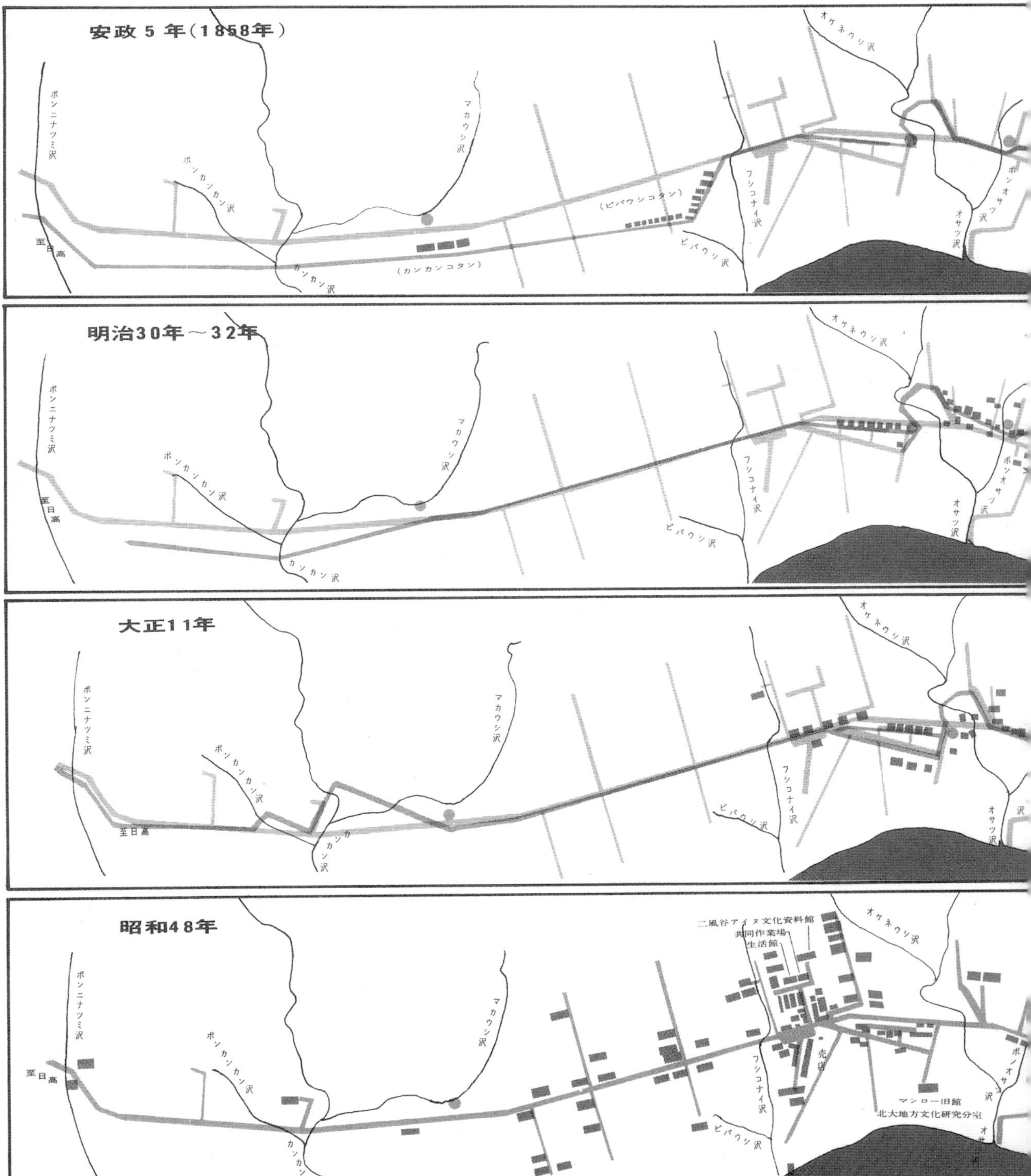
安政5年（1858年）
ポンニナツミ沢
ポンカンカン沢
マカウシ沢
オケネウシ沢
至日高
カンカン沢
（カンカンコタン）
（ピパウシコタン）
ピパウシ沢
フシコナイ沢
ポンオサツ沢
オサツ沢
明治30年～32年
ポンニナツミ沢
ポンカンカン沢
マカウシ沢
オケネウシ沢
至日高
カンカン沢
ピパウシ沢
フシコナイ沢
ポンオサツ沢
オサツ沢
大正11年
ポンニナツミ沢
ポンカンカン沢
マカウシ沢
オケネウシ沢
至日高
カンカン沢
ピパウシ沢
フシコナイ沢
オサツ沢
昭和48年
ポンニナツミ沢
ポンカンカン沢
マカウシ沢
オケネウシ沢
至日高
カンカン沢
二風谷アイヌ文化資料館
共同作業場
生活館
売店
フシコナイ沢
ピパウシ沢
マンロー旧館
北大地方文化研究分室
ポンオサツ沢
オサツ沢

わたしの先祖と二風谷の変遷

貝澤　正
（二風谷・農業）

アイヌは、文字を持たなかった民族である。従って、文字による古い記録はまったくないが、言伝えによると、文化五年（一八〇八）ごろ、ニブタニに一一戸、ピパウシナイに一〇戸、カンカンに二〇戸以上が現在の二風谷集落にあったといわれている。

文字による記録は、安政三年（一八五六）沙流川すじを踏査した松浦武四郎の日誌がはじめてである。このとき武四郎は、門別川を遡り、沙流川中流の貫気別《ぬきべつ》へでて、上流の岩知志《いわちし》の奥まで踏査した後、沙流川を下りながら、八月四日に二風谷の地を踏んでいる。当時の戸数は、カンカン三軒一三人、ピパウシ一五軒六四人、ニブタニ一七軒。ニブタニの人数は、そのうちのポンニブタニの九軒三八人とだけしか記していない。

その日誌の中で、武四郎が特に強調していることがある。それは、これらのコタンには老人と子供だけが残されていて、働ける者は全部「雇」といって強制的に厚岸《あっけし》や国後《くなしり》方面の漁場へ送られていることである。そうしたのはもちろん日本人で、松前藩と結託した場所請負人（特権的な商人）であった。記録された二風谷の人口一一五人のうち四一人が「雇」に取られ、残っている老人も近くの漁場へ働きにだされたことが記されている。働き手のすべてを強制的に連れ去られたわけで、前出の二風谷部落変遷図の最初の図は、そういう悲惨な時代のものである。

日本人の魔手は、女たちにも伸びた。娘を犯し、既婚の女を様々な奸策を弄して夫から引離した。たとえば、松浦武四郎の日誌に記されているサンクラヌの娘ポシウシ（当時一一歳）がその犠牲者の一人であった。彼女は年頃になってシャモ（日本人）と通じたということで、コタンのものにアイヌ流の刑罰を加えられ、一生を独身で終った。刑罰は鼻をそぎ、アキレス腱を切るという厳しいものであった。

刑罰を受けた娘ポシウシは、実はわたしの曽祖母の妹である。松浦武四郎の日誌にこうある。

「家主サンクラヌ、五二歳。妻コエサレム、四七歳。長女ウエカラベ、二七歳。悴一人、五歳。その弟一人、二

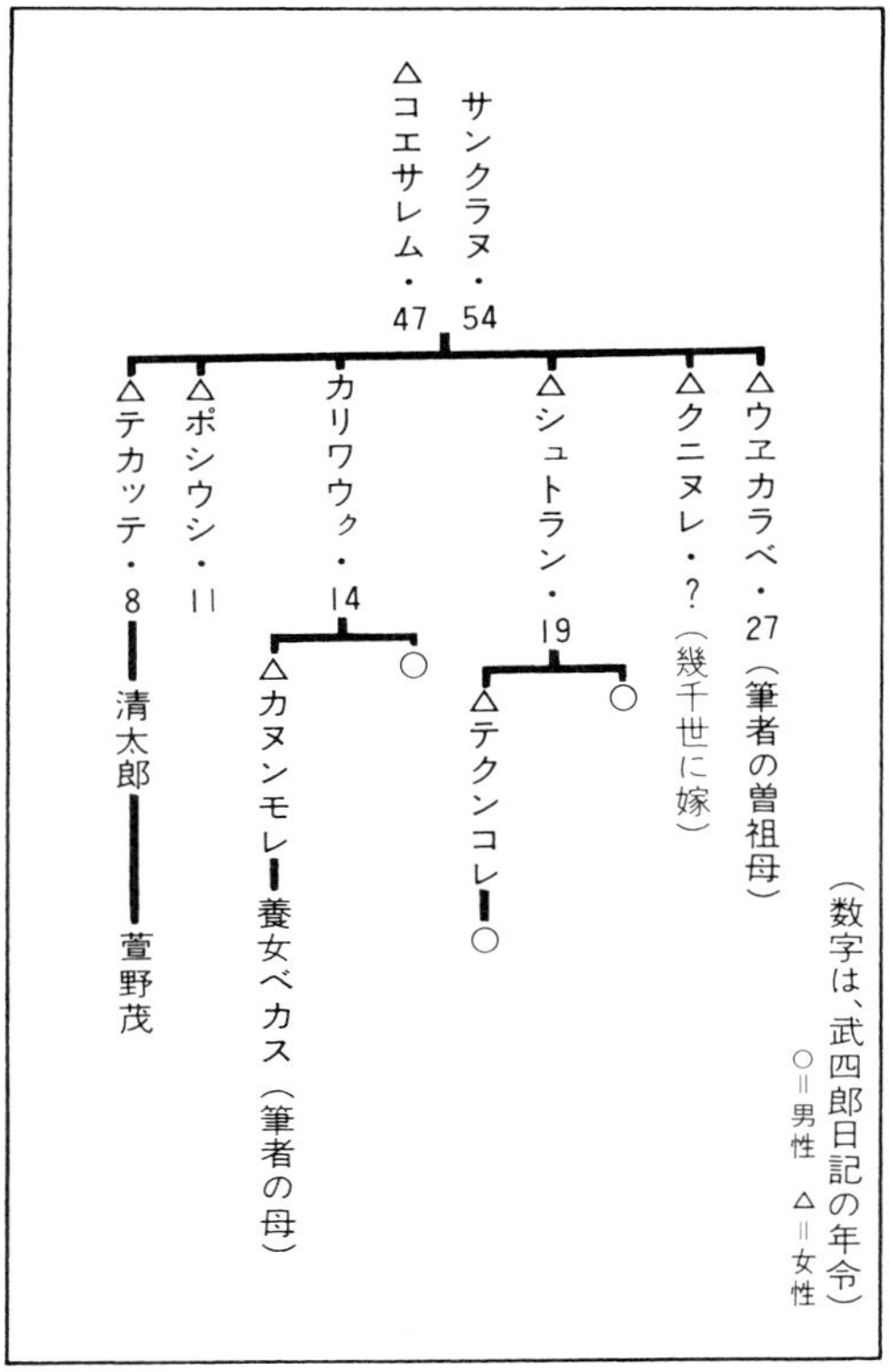

歳。三女シュトラン一九歳。長男カリワウㇰ、一四歳。四女ポシウシ、一一歳。五女ハキなど、家内九人にて暮し、そのうち妹と弟は雇にとられたり」

長女ウヱカラベとあるのが、わたしの曽祖母で、このとき二人の子供がある。そして「妹と弟は雇にとられ」とあるから、妹ポシウシも雇にとられていたのであろう。わたしの曽祖母の時代のことを知る上で貴重な記録である。が、この記録には、わたしが実際に伝え聞いていることと少しちがっているところがある。記録では、家主サンクラヌの子供は、ウヱカラベ以下女四人男一人になっているが、わたしが伝え聞いているのは、女五人男一人の六人姉弟である。抜けているのは次女のクニヌレで、たぶんこのときまでに門別町の幾千世というとこ

（長女ウヱカラベの系譜）

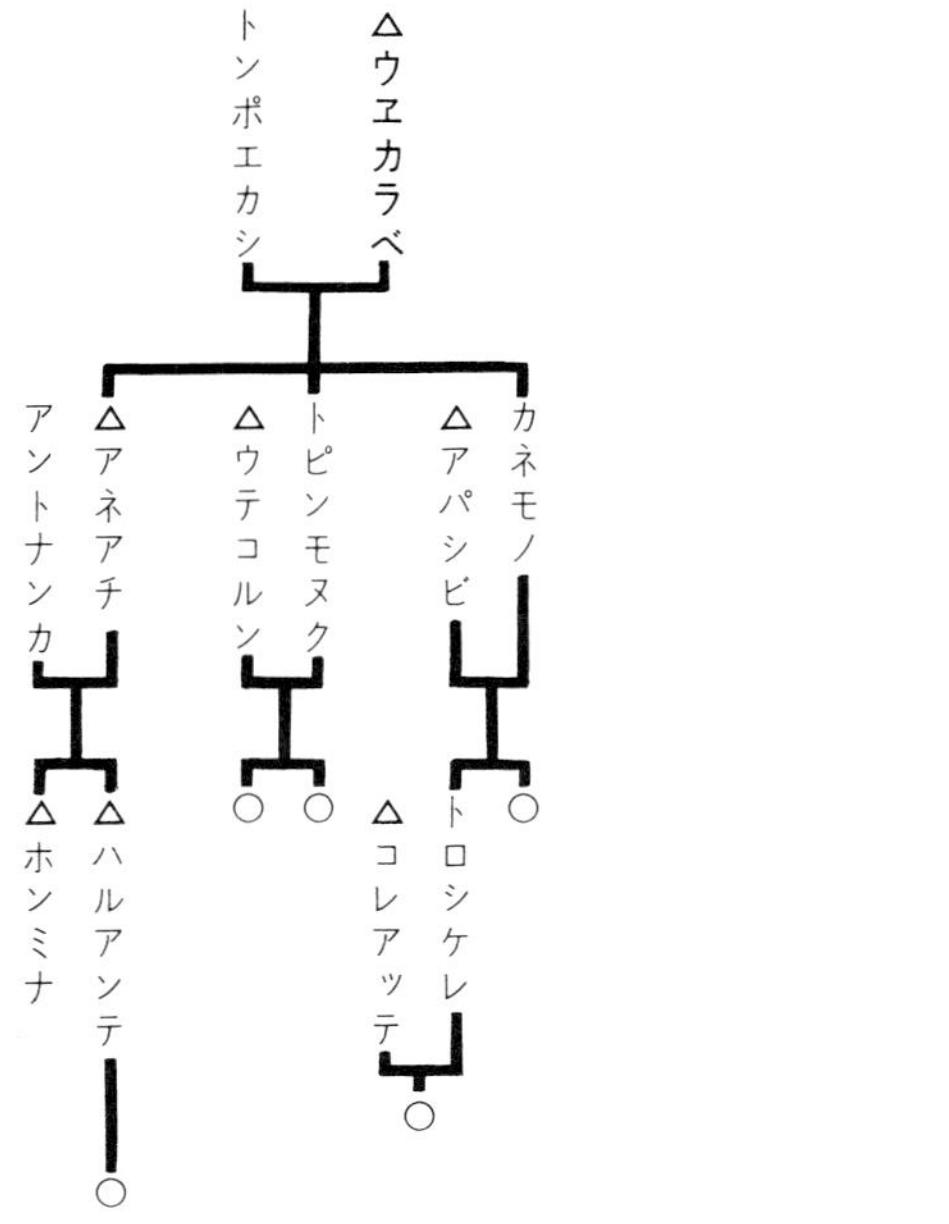

長女ウヱカラベ再婚後の系譜

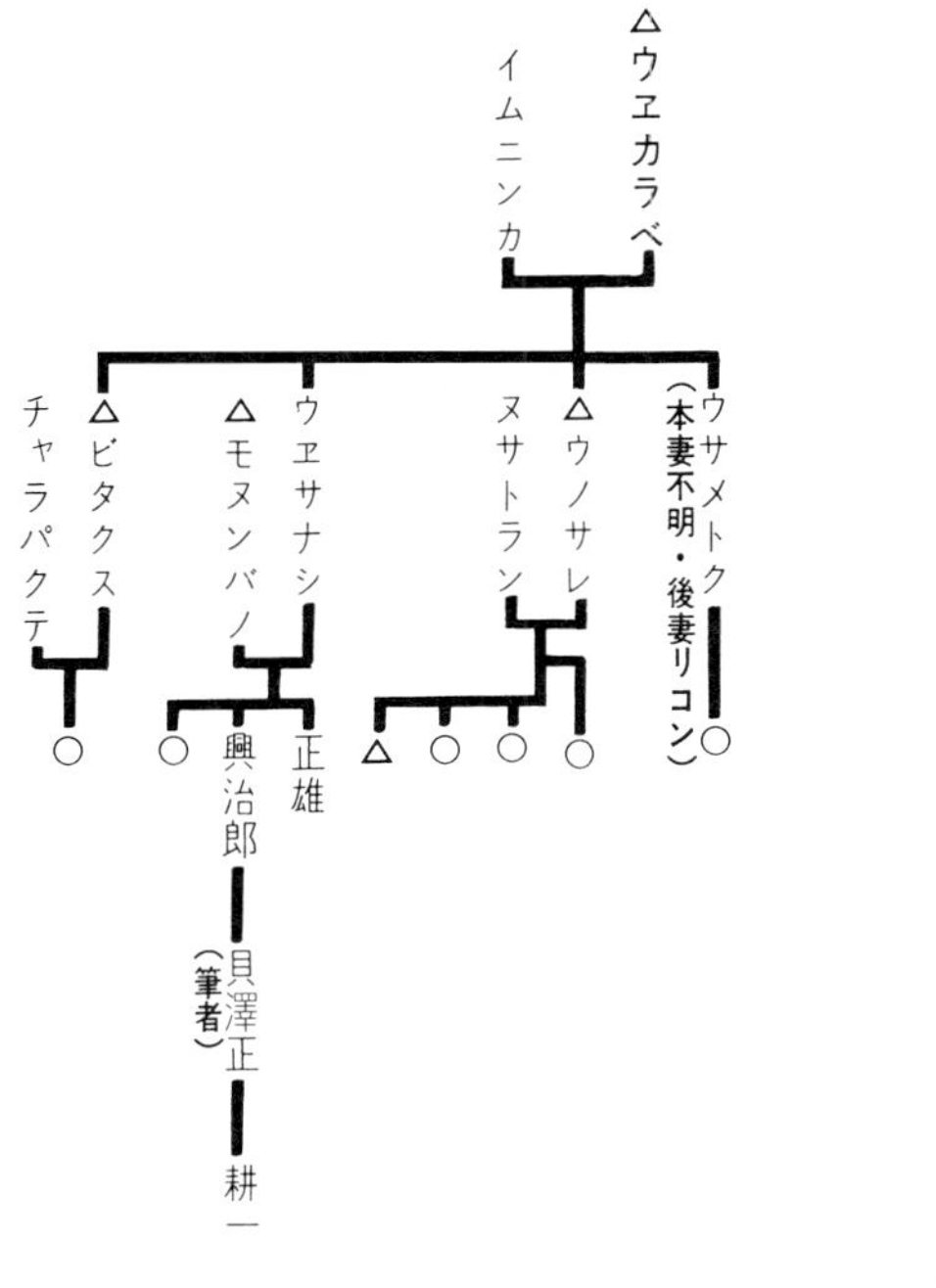

ろに嫁にいっていて二風谷にはいなかったのであろう。クニヌレは、幾千世にたくさんの子孫を残している。

それから長女ウエカラベに二人の子があることは記しているが、聟《むこ》の名前が記されていない。その聟が何という人であったか。思い当るのは、わたしが親などから聞かされていたトンポエカシのことである。トンポエカシは、シサムエカシ（シサムは日本人）と呼ばれた人だが、武四郎はそのことを知ってか知らずか記していない。

ウエカラベは、その人との間に三人の子どもをつくった後、その人と別れ、イムニンカというアイヌと再結婚して四人の子どもを生んだ。男二人女二人で、そのうちの次男がわたしの祖父ウエサナシである。

明治初頭、日本政府は一方的にアイヌに日本国籍を持たせ、日本人にならせた。ただしそれは、アイヌを、一般の日本人と同じ権利を持った日本人として認めるのではない。それどころか、アイヌを人間とさえ認めないような差別と劣等視を露わにした日本人化であった。たとえば明治三十二年（一八九九）に「北海道旧土人保護法」という法律がつくられ、それが今日なお生きつづけているが、「旧土人」という呼び方そのものにすでに「旧日本人」のアイヌに対する差別と劣等視があらわれている。

政府だけではない。一般の日本人たちにも、それがあった。「あ、犬が来た」、アイヌを人間とさえ認めないこういう侮辱の言葉を、わたしたちは「旧日本人」たちから投げられつづけた。

アイヌ社会では、山へ行って、生活に必要な材木や薪を伐るのは自由であった。どこの山へ行っても、誰も怒るものはなかった。鹿や熊を狩り、鮭や鱒を捕るのも自由であった。ところが明治以後は、急速にその自由を奪われていった。山も川も原野も、日本政府や日本内地からの移住者に奪われていった。日本政府は給与地と称するわずかな土地をアイヌに与えることによって、その収奪を正当化しようとした。しかも給与地は、農耕することを前提としたものであった。アイヌも農耕を知らなかったわけではない。少なくとも江戸時代にはすでにささやかな畑をひらき、ヒエやアワや半野生的な植物をつくっていたといわれる。けれどそれはあくまでも補助食物で、草木の実の採取とともに女の仕事であり、食物の中心は男たちが獲ってくる獣や魚だった。それが、農耕を強制されたわずかな土地に追いこまれたのである。急激な変化についていけず、狡猾な日本内地人にだまされて、そのわずかな土地さえも奪われるアイヌが続出した。

次の表は、明治以後の二風谷の歩みを、わたくしなりにまとめたものである。

絵・貝澤美和子（二風谷・農業）

二風谷の足どり

1892年 明治25年	●学校設立、ウトレントク、ウサメトクが中心となって、草葺の校舎をつくり、先生を雇って児童の教育　平取校に続いて二番目にできた学校 ●札幌より洋式プラオを持ち帰り馬耕がはじめられた。生産物を馬の背に積み、門別の浜で金銭に替えた ●日本化の機運が高まり、酒、煙草を愛用するようになった
1898年 明治31年	53戸　157人（内　日本内地人８戸、45人） ●水害によって沙流川流域が被害を受け、高台を開墾して耕作した ●湧水だけに頼らず、井戸をつくった ●旧土人保護法が施行された ●学校が柾葺に改築された
1907年 明治40年	66戸・297人 ●貧富の差が現われ、アイヌから早く離脱してシャモ化（日本化）し、コツコツ働く者が金を持つようになった ●アイヌ流の段葺ではなく、内地流の、本葺や柾葺の家が15戸できていた ●耕地は無肥料で作物ができるほど肥沃で、馬が有力な財産であった
1912年 明治45年	●二風谷小学校改築。残材で青年倶楽部を兼ねた図書館を建設 ●このころ未曽有の凶作で、食糧に困る ●吉田厳先生が荷負に着任　旧土人法施行後14年も経ったのに、アイヌの生活や衛生状況が極度に悪いことを指摘し、教育よりその解決が先決であることを説く ●小学校改築に伴なう大工や、木曳が二風谷に定着 ●道路改修工事が行なわれ、他所からの出稼人が入り、トラブルも起きたが定着する者もいた ●何ヵ所かに井戸が掘られ、湧水だけに頼らなくなった
1920年 大正９年	70戸、343人 ●沙流川流域の農地を造田する計画を立てたが、水害のため挫折　借財だけが残った ●耕地の荒廃がひどく、測量人夫やカムチャッカの漁場などへの出稼ぎはじまる ●王子製紙の原料伐採、沙流川での流送の人夫に出るようになった
1930年 昭和５年	87戸、447人（内、日本内地人27戸　60人） ●マンロー先生、二風谷に住みつき、医療活動をはじめる ●焚木がストーブに変って来た ●世界的な不況で、仕事がなくなった ●社会主義者に弾圧が強くなった ●近くの山で造材がはじまり、平取駅まで玉曳きで角材が出された　大半のものが造材山の人夫になった ●結核患者が続出して、毎月何人かが死んでいった ●化学肥料がつかわれるようになった ●このころまで、各戸にヌササンやプ（高床式の倉）があった ●マンロー先生の住宅建築の大工などが定着
1935年 昭和10年	133戸　649人（内　日本内地人37戸、96人） ●川向カンカン、その他の小沢に炭焼きの出稼人がはいって来て、人口ふえる ●炭焼き、馬車追いが定着するようになった
1940年 昭和15年	●葬式が神式や仏式で行なわれるようになった　戦死者が出て、村葬を行なったことにもよるが、アイヌの儀式を知っている者も少なくなった ●食糧不足と米の配給制度により、食生活が変った
1945年 昭和20年	●終戦、一部有力者が食料増産のため堤防敷地を開墾し、そのため河川が荒れて河の状況が大きく変った
1950年 昭和25年	103戸、527人 ●穂坂先生、教え子の要請で再度二風谷小学校に着任　校長となる ●米を食うことを知ったため、大豆３俵と米１俵を交換、造田盛んになる ●農協からの営農資金借入れと、米食依存のため負債が増加した（自給自足の生活が崩れ、負債がふえた）
1955年 昭和30年	111戸、582人 ●小学校が、この附近ではじめてブロック造りの近代建築に改築された（風呂と水洗便所つき） ●農地の交換分合が行なわれ、農業の近代化が進められた反面、農地の売買が容易になったため、手放すものが多くなり、農家が減少して来た ●アッシ織りや木彫りが副業として行なわれた
1960年～ 1963年 昭和35年～ 38年	●生活館共同作業所、低家賃住宅が建てられた（昭和36年） ●木彫、庭石、庭木、観賞石などを職業とするものが出て来た ●アイヌ流の儀式や行事が殆んどなくなり、葬式など仏式に変った ●共同井戸による簡易水道がつくられた（昭和38年） ●ブロック造りの耐寒住宅が建てられはじめた ●観光地へ出稼ぎに行くものが出て来た
1965年 昭和40年	●アイヌ文化保存の動きがでてきた
1972年 昭和47年	●二風谷アイヌ文化資料館ができた

元気に仔馬が育つ牧場。昭和46年（1971）

現在の二風谷

萱野　茂

素朴な狩猟漁撈民族であったわれわれアイヌは、明治以後、急速にその生活基盤を奪われ、馴れない農耕民生活を強いられてきた。

狩猟漁撈中心の生活から農耕中心の生活への転換のためには、内地系日本人の場合、少くとも二千年以上の時間がかかった。それをいますぐやれと、アイヌは強制されたのである。しかも、農耕に馴れない働き手たちの多くは、江戸時代以来の内地系日本人の漁場へ、あるいは山林労働へと駆りだされた。

「わしらは、若いときから浜へばかり行っていて、畑を一生懸命しなかったので、一番貧乏して、土地も少ないんだ」

貝澤正の祖父、ウエサナシは、孫の正にしきりにそう語っていたという。

生きるために、われわれアイヌは、田畑を耕し、内地系日本人に負けない農民になろうとした。牛を飼い、競走馬も飼った。

木彫りの民芸品もつくった。

沙流川すじの銘石を得ては、その売買にはげんだ。

今日の二風谷の家々は、それらいくつかの職種によって生きている。そして戸数一四〇戸のうち、内地系日本人はわずか二割という北海道でも珍しいアイヌ・コタンの伝統を維持している。

訪れる人の多かった萱野家の台所兼居間。手前右は萱野れい子。その左は貝沢貢男母。母の運針を見る貢男、振り返るのは貢男の妻。れい子の奥は姫田忠義、左に貝澤正、萱野直枝。昭和46年（1971）

勇気ある人

あるラメトックルの思い出

川上勇治（ペナコリ・牧場主）

カブアチャポ、アイヌレへ（名前）エカシサムシ、和名川上栄吉、通称カブさんは、ペナコリで生れ育ち、そうして昭和十五年ペナコリで没す。行年六十四歳。カブさんは身の丈六尺、体重二十五貫の大男であった。

古老達の話に聞くところによると、カブさんの母は厚《あっ》岸《けし》場所の漁場に生まれたというが、このばあさんはロシア人の落し子だったと噂にあったので、あるいはカブさんはロシア人の血を引いていたのかもしれない。

非常に働き者のカブさんは、人々にかわいがられ、生活に困ることとなく、好きな酒をいつでも腹一杯のみ、平和な暮らしを送っていた。このカブさん、若いときはものすごい力持ちであったという。

ある日カブさんは、そのころ本州からペナコリへ移住してきたばかりの和人、矢部伊太郎という人の家の前を、ほろ酔い機嫌で通りがかった。このとき家の中で二、三人の人たちと酒を飲んで談笑していた矢部さんが、

「おいおい、カブさん、ちょっと休んで一杯飲んでいけ」とカブさんを引きとめた。カブさんが、ニコニコしながら家へはいろうとすると矢部さんは、

「カブさん、ちょっと待て。おまえに酒を飲まそうとは思うが、おまえは強いから五合や一升の酒じゃつまらないだろう。どうだ、酒五升おまえにやるから、この小豆の俵をここからあそこの倉庫まで、五俵一度に運んでみてくれないか」

と五〇メートル余りはなれている倉庫を指した。

カブさんは、五俵一度にということで、ちょっと首をかしげたが、酒を飲みたい一心で、「よーしっ、運んでやる」

とこの話を受けた。

矢部さんは、カブさんがいくら力持ちでも六十キロもある小豆の俵を五俵一度に運ぶことはできないだろうと、実はカブさんをからかっただけなのだが、カブさんは真剣である。

まず俵を背負うじょうぶなロープを一本借りて、縁側のちょっと高い所にある二俵を背負う段取りをして、二俵を地面の上へ立てに並べた。カブさんは、その二俵を背中にしっかりくくりつけて立ちあがり、両手に一俵ずつぶらさげた。そうして顔色も変えず、

「おい矢部のニシパよ、その残ってる一俵をもちあげて、おれの口にくわえさせてくれ」

と頼んだ。

矢部さんともうひとりの和人が、急いで俵をもちあげて、カブさんの口にくわえさせてやると、カブさんはのっしのっしと歩きだした。そしてついに、五〇メートル余りある倉庫へしっかりした足どりで運びこんでしまった。かくしてカブさんは、矢部さんから、約束の酒五升をもらったのである。

つい二、三年ほど前まで荷負《におい》に住んでいた矢部さんの息子で遠藤菊雄という人が、よくこの話を私たちにきかせてくれた。そのころ彼はまだ小学一年生ぐらいだったが、カブさんが俵をかついだその姿は、まるで仁王様みたいだったと、当時をなつかしがりながら話してくれたものだった。

明治の末期から大正時代を経て昭和初期にかけて、ペナコリにもたくさんの馬がいた。当時の馬はまことに質が悪く、そのため日清日露の戦争にも日本軍は非常に苦杯をなめたとのことであったが、明治天皇始め軍首脳部あたりが馬産改良に力をいれ始め、平取《びらとり》村にも馬産組合が発足し、そのためペナコリにも馬がふえた。

そのころの馬は、日本の在来馬、つまり東北の南部馬とか道産馬《どさんこ》に、欧州から輸入したアングロノルマン種（乗用馬）とかペルシロン種（挽馬）の種馬を交配して改良された中半血種の馬が多かった。

カブさんも馬が好きで、自分の所有馬を数頭飼い、仔馬を売っては小遣いを儲けたりした。また、そのころは獣医もいなかったが、カブさんはどこで覚えたのか、針で馬の治療をし、馬の腹痛や打撲などを治して歩いたので、人々に名伯楽として非常に重宝がられた。

しかし、幼年のころ私が見たカブさんの治療法は、本当にこんなことをして治るのかなあと不審に思うようなものだった。腹痛の治療であるが、カブさんは人糞を水にとかして、四合の焼酎ビンにつめたものを馬に飲ますのである。馬の頭を馬小屋の梁にできるだけ高くロープでつるしあげ、馬の口を無理にこじあけ、その中へ人糞の水を流しこむのである。

カブさんの着ているあまり上等でないメリヤスの胸から腕のあたりにかけて、人糞だらけで黄色くなり、非常にきたなくてくさかったのを、子供心に顔をしかめて見た記憶がある。はたしてそんな治療でも、馬はけっこう治ったものである。

明治は終り、そのころ政府は、日清日露の戦役のために三井・三菱の財閥から借りた軍資金の返済に困っていた。アイヌたちは、ペナコリの裏山で焚木を取り、チセ（家）の材料を切りだし、山菜を摘むなど山の資源に不自由なく暮していたが、政府はなんとその山を、アイヌたちがまったく知らないうちに、三井に返済金として売り渡してしまったのである。そればかりか、沙流川対岸の山林も、いつのまにか国有林になってしまった。

こうなる以前、アイヌたちは北海道全域をアイヌモシリとして、だれはばかることなく自由に山野を駆けめぐり狩猟民族として生き続けてきたわけである。

たとえば沙流川の各枝川の場合、ソウシベツはアパカアイヌのイオル（狩猟の場所）、シュクシュベツはイトンピヤのイオル、ユツルベシベはコウタロアチャポのイオルというぐあいに、全部イオルを定め区画を割り当ててあった。そしてひとりひとりが自分のイオルで自由に狩猟を続け、他人のイオルを犯すことなく、りっぱなイレンカ（戒律）を持ち、それを守ってきた。守らない者がいれば、チャランケ（裁判）を行ない、それに負けた者にはきびしい体罰やつぐないがあった。アイヌの間にもりっぱな法律は生きていたのである。また、狩猟に使う矢尻には必ず、アイシロシ（家紋）をきざみこんだ。自分のイオル内で鹿などへ矢を打ちこんでも、矢の毒が鹿の体にまわらないで、他人のイオルに鹿が逃げこんだ場合などにこのアイシロシが役に立った。というのは、鹿が逃げこんだ先のイオルの持主が、矢のアイシロシを見れば鹿の持ち主がわかったからである。そうして、鹿は持ち主のところへ届くのだが、たまにアイシロシを見ても見ぬふりをして、鹿をねこばばする者があった。こういうことが後で発覚したときなど、一騒動もちあがって大変なことになった。

しかし、アイヌたちなりにこうしてうまくいっていた生活も、コタンの近くの山々が次々に国有林にまた三井山林になっていくにしたがって、くずれていった。山へはいることさえできなくなって、アイヌたちはすっかり困ってしまった。

そんなある日、カブさんは、馬小屋を建て直すため、自分の家の裏庭で、材料になる木を一生懸命切り倒していた。もちろんカブさんは、その山が三井のものになったとは夢にも知らないから、まさか自分が盗伐してるとはまったく知らないのである。

運悪くその日、三井の会社から社有林監視人として派遣されたばかりの、浅道徳蔵という人がペナコリの山へ見まわりに来ていたのである。コタンの裏山にいせいよくこだまするマサカリで木を伐り倒す音を聞いた浅道さんは、音のする方へ急いだ。そして見たのは、カブさんが柱にする木をマサカリでけずっている姿だった。

浅道さんも温厚な人なので、最初から怒るようなことはしなかった。

「おいおい、カブアチャポよ、おまえ、木を伐ってるが、ここは今度三井という会社の山になったんだ。ここから木を伐りだしちゃだめなんだよ。おまえ、悪いことをしてるんだ。おれが警察に訴えたら、おまえは盗伐罪として豚箱にぶちこまれるぞ。さあ、木を伐るのはやめろ」

と静かに注意した。警察と聞いてカブさんはちょっと困った顔をしたが、

「そんなことをいうが浅道のニシパ（旦那）よ、ここは昔からおれたちアイヌの山なんだ。だれが三井の山ということに決めたんだ。おれはそんなこと知らないよ。おれがおれたちアイヌの山で木を伐ってなにが悪いんだ。大体な、浅道のニシパよ、海に住んでるアイヌは魚を取らなければ生きてはいけないし、おれたち山に住んでるアイヌは山の木を伐らなければ生きてはいけないんだ。

それがどうして悪いんだ。アイヌの山を三井の山などと勝手なことをいわないでくれ！」

　カブさんは、ことば鋭く浅道にせまった。

　二人の押し問答はしばらく続いたが、これには浅道さんもすっかり弱った。今は法律がかわって、この山はおまえたちの山ではなくなったと説明したところで、カブさんにはそういう意味があまりわからない。それにカブさんのいうことにも一理ある。しかたない、この場は黙って見逃してやろうと決心した浅道さんは、すごすごとその場を去っていった。そしてカブさんはゆうゆうと必要な材料を伐って馬小屋をたてたのである。

　浅道さんは、現在八十余歳で健在であるがよくこの話をして、

「本当にカブさんには参ったよ」

と当時をなつかしんで大声で笑う。でもこの話を聞いて、アイヌ自身である私が、カブさんの無学を笑う前に胸にじーんと響いてくるなにかがある。無学のカブさんが、和人の権力に屈せず自分自身の当然の権利を勇気をもって主張したということは、私たちが学ぶべき価値がある。

　最近国会では、北海道四区選出の岡田春夫氏がアイヌ問題で発言した。また北海道議会においては、日高選出の原清重氏が同じ問題に対して鋭い質問を知事に対して行った。このようにアイヌ問題もにわかにクローズアップされたが、カブさんの後輩であるわれわれも、このアイヌ復権問題について、真剣に対処しなければならない。


　大正十四年（一九二五）、沙流川を横断する平取大橋が完成した。そのころまでの主要交通路は、沙流川であり、アイヌたちが奥地からサルフト（富川）の浜へ出てくるには、丸木舟を利用し、交易品その他を満載して往来していた。本州の淡路島から移住した和人たちは、農産物を運搬するのに道産馬に駄鞍をつけ、雑穀を左右に一俵ずつとりつけ、一人の男が四、五頭の馬を引いて運んでいた。これが、ダンコッケと呼ばれていたものである。

　しかし平取大橋ができ、道路の改良工事が進み、平取奥地でも額平《ぬかびら》橋や長知内《おさちない》橋というように次々に橋がかけられた。農家の人たちは逐次馬車を利用して、農産物を運搬するようにだんだんと交通機関も変わってきた。そして、昭和の初期になり、自動車が沙流川の道路に初めてはいってきた。

　アイヌの古老たちは、驚きの目でこのアメリカ製のフォードのトラックを見た。私も幼年のころ、この古ぼけたトラックを見たことがあったが、時速二十キロぐらいで走っていたものか？

　運転台がばかみたいに高い場所についている車なので、子供たちはこの車に、セイタカマックとあだ名をつけていたのを思いだす。そうして、この車が珍しいので子供たちが走る車の後について大勢走って追いかけて、大騒ぎしていたことは、つい昨日のことのように思える。

　あるアイヌの古老などは、この車をみてたいそう感激して言った。

「シサム（和人）というものは、カムイ（神様）みたいだなあ。前から馬がひっぱっているわけではないし、後から人が押してるわけでもないのに、どうして車はまわって動くんだべ」

古老は、神様にでも拝むようにオンカミ（拝礼）を続けていたという。


昭和十年（一九三五）十一月に、私は母に死に別れ、祖父たち夫婦と姉、父、弟とで暮していた。そしてその翌年の春、五月ごろのある日、カブさんが酒飲んで酔っぱらって家へきた。父は外出し、姉と祖母は野良へ出て、私と祖父が家にいた。

エクスコンナ（いきなり）、カブさんは恐ろしい勢いで祖父に向ってチャランケ（談判）を始めた。祖父とカブさんは口に泡を飛ばしてアイヌ語で口論していたのだが、幼い私にはその内容はさっぱりわからなかった。ただ、五尺八寸もある大男の祖父と、これまた六尺ちょっきりある巨漢のカブさんとが、今にもつかみかからんばかりに大きな声で口論しているので、その恐ろしさは私にもわかった。恐ろしいまま、この光景を眺めていた私だった。そのうち、祖父が突然立ちあがって台所へ行き、大きなひしゃくに一杯水をくんできた。

「この野郎、少し頭を冷やしてやる！」

私が気がついたとき、カブさんは祖父に頭から水をかけられてずぶぬれになっていた。

酒機嫌で元気いっぱいチャランケを続けていたカブさんも、これにはびっくりして、目を白黒させた。カブさんは腕力もあり、けんかもかなり強い男であったが、祖父には一目おいていたのか、別に乱暴もせず、その場はそれっきりおとなしく引き揚げていった。

あとになって祖父からこの口論の原因を聞いた。それは私の母が亡くなったときのことにさかのぼる。先に書いたように私の母が亡くなったのは、昭和十年。そのころの沙流川地方のコタンの葬式は、従来のアイヌの葬式からかなり変化してきていた。埋葬するにも棺桶を使用していたし、和人のお寺の坊さん（家は禅宗だったが）を頼んで、シサムプリ（和風）とアイヌプリの両方を行なった。

葬式にはイオイタツコテ（葬いのことば）があるが、祖父はこれを親友の鹿戸ヨンケという人にたのんだ。彼はパエトックル（雄弁家）であり、祖父が日頃一番信頼している人でもあった。平取の住民でみんなからもヨンケアチャポといって親しまれていた。

しかし、カブさんは自分の姪にあたる私の母をとてもかわいがっていたので、祖父がカブさんをさて置いて、他人にイオイタツコテを頼んだことが悲しかったし、腹立たしかったのである。

そして酒を飲んだ勢いもあって、私の母が亡くなって一年もしてから、祖父にこのことをチャランケにきたのだった。しかし、これはねたみやうらみではなく、カブさんが私の母をかわいがっていたからおこった口論だった。

それから後、カブさんは酒を飲みに祖父のところへきたが、葬式のことでチャランケはしなかった。そして姪の子供たちである私たちを、目に入れても痛くないほどにかわいがってくれた。

昭和十二年ごろ、旧土人保護法の施策の一環として、政府はアイヌ住宅資金の一部を補助した。平取村にもその制度を活用して、コタンの各所に新しい日本風の住宅が建てられた。たとえば二風谷に三戸、ペナコリに二戸、長知内に一戸というふうに。しかし、資金の一部はアイヌも負担しなければならなかったことやむずかしい制約のために、新しい住宅を希望するアイヌ全員がこういう家に住めたわけではなかった。結局は、昔と変わらない萱ぶき家に住むアイヌの方が多かった。

しかし本州から移住した和人たちは、純日本風の、柾ふきの屋根の家に住む人が多かったので、屋根板を割り屋根ふきを業とする職人で阿部さんという人が、そのころ荷負に住んでいた。阿部さんは、荷負本村コタンの川向こうのニオイ沢の国有林で柾材の払下げも受けていた。

カブさんは人間が真面目だったし、木材の伐りだし技術もよかったので、よく頼まれて阿部さんの仕事を手伝っていた。柾屋がなたで柾材を割るのに都合のよいように、松の木の上等で節のないもの（胴木）を選んで、長さ三十センチぐらいに切断するのだが、これはカブさんの仕事だった。とにかくカブさんは鋸の目立てがじょうずで、松の木を正確に切断した。そしてカブさんがこの仕事をするのは、ニオイ沢の奥、枝沢のプルプルケというところだった。

アイヌたちの話によれば、硫黄をふくんだ冷泉が湧いているのでプルプルケという名がこの地についたという。ここに木村他宗吉という人の畠小屋があり、カブさんはここに寝泊りして仕事をすることにした。まずは、娘夫婦を現場に行かせ、小屋の掃除や焚木集めをさせた。

娘夫婦がそういう仕事をおえるとまもなく日は暮れた。人里離れたこの山は、夜になると一段と淋しくなった。二人は寝つかれないまま、焚火を続けて起きていた。

真夜中ごろ、二人は異様な音に気がついた。その音は、小屋の屋根におおいかぶさるように繁る桂の大木のてっぺんあたりから聞こえてくるようだった。耳をすます二人に、こんどは、淋しい鳥の鳴き声が響いてきた。

「ホチコー、ホチコー」

ますます薄気味悪くなった二人は、恐ろしさを払いのけるかのように焚火を一段と大きく燃やした。しかし、鳥の鳴き声は一向にやまる気配がなかった。

二人は思いきってこの鳥を追い払うことにした。棒で小屋の壁をたたき、外にでて桂の木の上へ石を投げたりもした。しかし「ホチコー、ホチコー」と鳴く声は大きくこそなれ消えることはなかった。

カブさんの娘のマツさんは、さすがアイヌ育ちなので、火の神へお願いのことばをとなえた。

「火の神様、さきほどから盛んにチカッポカムイ（鳥の神様）が私たちにお知らせをして下さっています。でも、それが良い知らせか悪い知らせかわかりません。私たちは、アイヌのお祈りのすべもわからぬ若いもので、ほんとうに淋しくてたまりません。どうぞ、火の神様、私たち二人をお守り下さい」

マツさんの必死の祈りにもかかわらず、鳥は鳴き続け、それは暗い山々にこだました。

マツさんは、夫がそばにいるのでいくらかは心強かった。それでも淋しさをまぎらわすために、モチャシばあさん（マツさんの母親）から日頃聞き覚えたシノッチャ（歌）を大きな声で歌った。

しかし鳥は、まるでマツさんの歌声に対抗するかのように気味悪い声で鳴き続けた。

たいそう長いことマツさんは歌い続けたのだろう。ついに疲れて、息も切れんばかりになった。

そのときだった。桂のこずえ付近でバサバサッと翼の音が響き、鳥はいずこかへ飛びたっていった。

その後、二人は眠るどころか、恐ろしさに目もさえ、結局朝までまんじりともせず、時のすぎるのを待った。

一夜あけた日の昼近く、この小屋にカブさんがやってきた。さっそくマツさんはカブさんに昨夜のできごとを話した。

「そんなわけで、ここは気味悪いところだから、ここには泊まらず、家から馬にでも乗って通って仕事をしたら、どうだろうね」

しかしカブさんは、この話に耳を貸さず、

「なあに、おまえたちは若いから、チカッポカムイがばかにしたんだべ。おれはそんなもの恐ろしくもなんともないよ。おまえたちが昨日いろいろ段どりしてくれたおかげで、おれは今からでも仕事ができる。おれのことは心配するな。それより、おまえたち、馬の面倒も見なくちゃいけないし、畑も忙しいから、家へ帰れ」

カブさんが自信ありげにそういうので、娘夫婦は、二、三日したらまた来ますけど、どうぞ気をつけてといい残して家路へ急いだ。

夕方まで仕事をしたカブさんは、暗くなると小屋へはいって食事をしながら晩酌の焼酎を少し飲み、まもなく床についた。

うとうとっとしたころ、小屋の入口をドンドンたたく音で、カブさんは目をさました。こんな山奥に、しかもこんな遅くにだれが来たのだろうと思いながら、カブさんは床からはいだした。

小屋の戸をあけてみたが、そこにはだれもいなかった。そしてプルプルケの小沢のせせらぎの音だけが、カブさんの耳に響いた。あたりは真暗で、静けさだけがたちこめていた。カブさんはおかしいと思いながらも戸をしめ、また床についた。

寝つきのよいカブさんが、またうとうとっとしたとき、こんどは、小屋のまわりを取り囲むように大勢のアイヌの声が聞こえた。それは男や女がいりまじって、にぎやかにヤイサマ（即興唄）を歌い、ホリッパ（輪踊り）を踊っているようだった。

カブさんは、これも気のせいだろうと思ったが、耳をすましてみると、アイヌのメノコ（女性）のシノッチャや、ウポポ（舞踊）の声が聞こえてくる。これには、さすが豪胆なカブさんも気味悪くなって、床から起きて、いろりの残火をかき集めて、フチアベ（火の神）にカムイノミ（神祈り）を行なった。

するとふしぎなことに、カムイノミをしている間だけ、アイヌの男女のにぎやかな声が聞こえなくなった。やっと静かになって一安心したが、それはちょっと早かった。

カブさんが床につくと、またもにぎやかな踊りとヤイサマの声が聞こえてきた。その声は遠くなり近くなりしながら、だんだんとカブさんの寝ているあたりへ、足音をたてて近づいてくるようだ。そして、「カブアチャポ」と呼ぶ声までする。

おかしい、どうしてもふしぎだと思ったカブさんは、勇気をだして、小さい石油ランプをつけて小屋の外へ出てみた。昼過ぎ、娘夫婦が帰ったが、夕方に一雨降ったので、その足跡は残っていない。まして新しい足跡なんて、小屋のまわりのどこを探してもない。

とするとこれは、ウエンカムイ（悪い神）のしわざにちがいない。このあたりをうろついて、おれになにかする気にちがいない。こう思ったカブさんは、小屋の中にはいって大きな声で、カムイイオロイタック（諸々の神の座へお願いすることば）をとなえた。

カブさんが、神に祈りのことばを続けている間、あたりは静かになったが、いったんやめると、また踊りと歌がカブさんを悩ませた。これにはパエトック（雄弁）とラメトック（度胸）でその名をコタンに響かせていたさすがのカブさんも、すっかりまいってしまった。そして結局、娘夫婦のように、朝まで一睡もできずに夜をすごした。

次の朝早く、カブさんはペナコリの家へ帰り、チセコロカムイ（家の神様）はじめ、諸々の神に自分や家族の安全を祈った。そして仕事場へは、家から馬で通い、責任を果した。

アイヌ古来の伝説によると、山で寝泊りする場合は、必ず場所を選定しなければならない。たとえば、沢の入口近くの小さい峰（つね）の登り口付近は、寝泊りするのによくないとされている。というのは、小峰（こづね）の登り口の通路は、鹿やその他の動物、そして良い神様や悪い神様の通路でもあるからである。

はたしてカブさんが泊まったプルプルケの小屋は小沢の入口にあった。小峰は小屋のすぐ後にあったし、そこはウエンカムイの絶好の通り道であったらしい。カブさんがこの小屋に泊った晩、たまたま大勢のウエンカムイが通りかかって、カブさんをひどいめにあわせたのだろうと、今でもペナコリの古老たちの語りぐさになっている。

カブさんのひとり娘のマツさんは、このときのことを思いだして話してくれた。

「父が来る前の晩、私たちがその小屋に泊まったが、あのときのチカッポカムイは良い神様の使いだったにちがいない。だから私たちの身を案じて、ここは悪い場所だから、泊まってはいけないと一生懸命お告げをしてくれたんでしょう。でも父は、私のいうことを聞かずに、あすこに泊まったからひどいめにあった。今になって思えば、父は、あれがもとで亡くなったようなもんだよ」

雪の積もった川上牧場を走りまわる駿馬。
昭和52年（1977）

アイヌの精神

萱野　茂

観光地などで働いているウタリ（仲間）が、内地から来た観光客によく聞かれるんだ。

「あんたらは、日本語しゃべれるの？」

「何食べてんの？」

「あんたらの家に電灯ある？」

その他まあいろんなことを聞かれるんだな。

聞いてる本人は、全然悪気はないんだろうが、そういう質問がどんなにアイヌを侮辱し、アイヌの心を傷つけているか。おそらくその人たちには想像もつかないだろう。ウタリたちは、心のなかで泣いて口惜しがってるんだ。

「言葉だって何だって、みんなあんたらと同じだ」

元気のいいもんはそう言いかえすが、たいていのものは黙ってる。無言の抵抗というやつだな。

いったいあんたら、アイヌ以外の日本人は、アイヌのことを何と考えてるんだ。アイヌは今でも、屋根も壁も全部茅でつくった昔ふうのアイヌ・チセ（アイヌの家）に住んで、鹿や熊を主食にして、アツシ（オヒョウの木の皮の繊維でつくった着物）を着て、毎日熊まつりだ何だと歌ったり踊ったりしながらくらしていると思っているのか。

ふだんのくらし方は、それこそ、

「みんなあんたらと同じさ」

うそだと思うなら、この二風谷に来てみなさい。国道すじには、最近はアイヌみやげの店がふえたが、田もある、畑もある、牧場もある、ふつうの北海道の農村さ。貝澤正さんは、一年に千俵の米をつくってるし、川上勇治さんは（勇治さんは二風谷じゃなくて、二風谷の隣のペナコリの人だが）競走馬の牧場主だし、みんなそれぞれりっぱにくらしているよ。それも全く日本風なくらしをね。自家用車のない家は、この二風谷じゃおれの家ぐらいのもんだ。そのおれの家だって、家族のもんが一年間食って余るぐらいの米はとれるし、あんたらが何人来ても何日泊っても食うもんだけは不自由させないよ。

そりゃもちろん、生活の苦しい人もいる。けどそれじゃ他の日本の農村には、生活の苦しい人がいないかというと、そうじゃないだろう。その点も、

「あんたらと同じ」

だけど、ただそうなった原因は明らかにちがう。

この二風谷は、人口の八割近くはアイヌだ。そういう村は、もう北海道にもほとんどないと思うけど、しかしくらしのようすはすっかり日本風になっている。
ただ、ふつうの日本人の村とはちがう点がひとつある。ここのもんは、アイヌの誇りを持っているということだ。アイヌとはアイヌ語で人間だという意味だけど、アイヌの誇りとはつまり人間としての誇りさ。おれらは人間だ、それ以下でも以上でもない。けどそれを、人間としての誇りと言うよりアイヌの誇りと言う方がおれなんかにはぴったりするんだけどね。その誇りを、二風谷のアイヌは持っている。と言うより、みんながだんだん持ちはじめていると言った方がいいかな。
と言うのは、おれ自身若いころは、二十歳代のなかごろまでは、自分がアイヌだということがいやでいやで仕様がなかったんだ。どうして？ シャモがアイヌを人間並みに扱わなかったからさ。圧倒的に数の多い、しかも強大な武力と権力を笠に着たシャモにとっては、アイヌなんて犬猫同然だったんだろう。もちろん人間としてすぐれたシャモもいるにはいただろうけど、全体としてはシャモはアイヌに強い優越感を持っていたことは確かだ。そのシャモの力に押しまくられて、アイヌはどんどんアイヌの誇りを失っていった。アイヌから逃げ出し、一日も早く日本人化しよう、シャモ化しようとしたわけだな。おれもその一人だったってわけだ。
おれ自身のことで言えば、おれは大正十五年（一九二六）生れで、昭和十四年（一九三九）に二風谷小学校を

アイヌの食器のこと、断片

北海道じゅうに縄文土器が出ていて、この二風谷辺りにも出ている。ところが学者の人たちは、アイヌは土器をつくらなかった、つまり縄文土器の時代にはアイヌは北海道に住んでなかったとおっしゃる。ほんとうにそうだろうか。

確かに、現在おれたちが知るかぎりでは、アイヌの生活道具には土器のものはなく、木や木の皮でつくったものが中心だ。動物の骨などでつくったものや石器もあるが、それはどの時代からのものだろう。おれは、土器のこともふくめて、縄文時代やそれ以前の時代からアイヌは北海道に住んでいたと思っているが、はっきりさせたいことだな。

アイヌ語で、小さなお椀のことをニマと言う。ニマのなかでも、白樺の皮でつくったのをシカリンパとも言う。シ（自ら）カリンパ（くるりと巻く）、つまり自らくるりと巻いたものという意味で、木の皮がくるりと丸まったようすがよく言いあらわされていると思うし、この器の発生の古さも感じる。

お盆のことを、アイヌ語でイタと言うんだ。日本語の板という言葉から転化したものだと言う人もあるが、おれは本来のアイヌ語だと思っている。シャモの学者は、何かというとアイヌが日本の文化を受けいれたと言うけど、たとえば言葉にしても偶然の一致ということがあるだろう。何でも日本文化が元だというのは、シャモの優越感のあらわれだと思うね。

イタ（お盆）の原型は、ただの板状のものであったかもしれない。それをいくらか彫り下げ、だんだん深くなって、いわゆる盆状のものになったかもしれない。

釧路で、古い型と思われるイタを見たことがある。アイヌが今つくるお盆は、四角で、きちっと平らになってるけど、それは、片方はきちっと今のお盆みたいだけど、片方はこうゆるやかに傾斜していて、水なら水、お湯ならお湯が流れやすくしてあった。サカンケ・カムといって、肉をゆでたときに、その上にのせると、肉にある水気がその傾斜を伝ってスーッと一方の隅に流れ落ちる。うまく考えたものだと思ったけど、そういうものを見ると、ただ物をのせるだけのお盆というのはうんと新しい時代のもののように思える。

出て、わずか一〇日間ぐらい家にいただけで造林人夫として山へ行った。昭和二十五年（一九五〇）ごろまで造林人夫をやって、それから昭和三十四、五年ごろまで山《やま》子《ご》をやった。山子は、ノコを持って大きい木を伐り倒して、それを二〇尺の長さに伐りそろえる仕事なんだが、そういう山子をやりながら昭和二十八年（一九五三）ごろから北海道のなかをあちこち出て歩くようになった。おれは旅行が好きなんだけど、少しはその余裕ができて来たんだな。それでそこらを歩くと、アイヌ細工という文字が目につくんで、そのアイヌ細工を売っている店屋へ入ってみると、ほんとうにアイヌがつくったものはほとんどないんだな。よし、それならおれがやってやろうというわけで、暇をみつけては木彫りの細工をはじめたんだ。幸い二風谷には、貝沢ウトレントクとか、貝沢ウヱサナシという木のお盆彫りの名人がいた。ウヱサナシさんは、貝澤正さんのおじいさんだが、そういう人たちの彫ったものを見たりしながら、だんだん自分なりの木の彫りものができるようになって、それで山子仕事も止めたわけだ。

山子（樵）の生活を辞めて木彫りに専念し始めたころの萱野茂。彫りが追いつかないほどよく売れた。昭和34年（1959）

　昭和二十八、九年ごろというのは、おれの大きい転機だったな。それまでは、アイヌから逃げ出そう逃げ出そうとしていたおれが、だんだんアイヌを好きになり「おれはアイヌだ」と誰に遠慮することなく言えるようになったのは、そのころからだ。いくつかのきっかけがあったね。一つは、或るとき家に帰ると、家の宝にしていたイクパスイがなくなっていた。イクパスイというのは、木でつくった細長いヘラ状のもので、神様にお祈りするとき、その先端に酒をつけて神様に捧げる祭具なんだ。そしてこのパスイには、それぞれの家の家紋というか印が刻んであって、それぞれの家で大切に伝えているものなんだけど、それがなくなっている。聞くと、父親が、訪ねて来たシャモの学者だか誰だかにくれてやったと言うんだ。パスイは、ただ一本の小さい木のヘラだ。けんど、それには、先祖代々のアイヌの魂がこもっている。それまでシャモに取られてしまったのか。おれにはショックだった。これじゃ今にアイヌのものは根こそぎなくなってしまう！　おれはそう思った。

　それから、はじめて知里真志保《ちりましほ》先生に逢ったのもこのころだ。知里先生は、アイヌではじめて博士になった学者だけど、その知里先生が調査か何かで平取町へ来られて講演をされた。そのときおれは、松ヤニの臭いをプン

プンさせた山子だったんだけど、そのおれに先生は、

「茂くん、気がついたら、アイヌのことは何でもメモしときなさいよ」

って声をかけてくれた。

そんなことがいくつか重なって、おれはだんだんアイヌのことに目を向けて行ったんだ。そしてだんだんアイヌが好きになって行った。たとえば木彫りのことで言うと、彫刻というものは、まるで好きな女に惚れたみたいに作品を彫るんだけど、一年に一回か三年に一回は立ち止って自分の作品をふり返ってみることがある。そしてそのたびにああ恥ずかしいなと思うんだ。この沙流川すじには、うろこ彫りという他所のアイヌでは真似のできないような独得の彫り方があって、先輩たちがつくったもののなかにはそのうろこ彫りの見事なのがあったりしてね、そういうのにくらべるとおれの作品がいかにも未熟なんだ。いつの時代に、そういう或る意味では完成されたものができたのかおれにはわからないけど、とにかくそういうものとくらべて自分がひどく恥ずかしくなる。恥ずかしくなりながら、アイヌのよさにだんだん気がついていったんだな。

一般に「うろこ彫り」といわれるラムラムノカ（うろこ模様）。二風谷のアイヌが彫り始めた技法とされる。

アイヌ語の問題にしてもそうだったな。昭和三十五年（一九六〇）だかに、或るアイヌのお葬式に、今は亡くなった二谷一太郎というアイヌのエカシ（長老）がアイヌ語でカムイ・ノミ（神への・祈り）をした。日本流に言うと死者への引導渡しだけど、その祈り言葉がすばらしかった。おれは、涙が出て涙が出てしようがなかった。そしてアイヌ語って何てすばらしいんだと思ったし、ああこんなすばらしい言葉がだんだん消えていくんだなあ、と何とも言えない気がした。

そのカムイ・ノミの言葉を、おれはテープに録音してあるけど、それがおれのアイヌ語の伝承の録音の最初だった。そして録音機をかついで、おじいちゃんやおばあちゃんのところを訪ねて行くたびに、アイヌ語のよさ

や、そこにあらわれているアイヌの精神のすばらしさが好きになっていったんだ。

アイヌ語の採集より先になるけど、アイヌの生活道具も一つ一つ集めたよ。自分の稼いだ金でね。点数にしたら千何百点にもなるんだけど、それを去年の六月、おれの家のすぐそばに完成した二風谷アイヌ文化資料館にそっくり寄附した。その敷地もおれが寄附したものだけど、建物は国と道（北海道庁）とたくさんの人からの寄附でできたんだ。集めたものをおれの家に置いておいて、もし火事にでもなったら取返しがつかないからね。

北海道には、あちこちにアイヌ関係の資料館や展示館があるね。内地から来た旅行者の人たちは、どこかでそういうものを見るだろうけど、おれはね、そういうものを見て一人でも多くの人がアイヌのことを知ってくれるのはありがたいと思う。思うけど、一番知ってもらいたいのは、アイヌの心、アイヌの精神なんだよ。その点、そういう資料館やあちこちの観光地で、アイヌの精神がわかることができるかな。少くともこの二風谷の資料館や二風谷では、それを知ってもらえるようにおれはいっしょうけんめい努力するよ。

アイヌの精神って、かいつまんで話すことはなかなか難しいけど、たとえば神様ね、アイヌの神様のことで話してみようか。それとアイヌの自然観というか、アイヌは自然を非常に大切にしたというようなことも大事なアイヌの精神だと思うな。

アイヌの神様の特徴というかな、それはすべて自分の、つまりアイヌの役に立つものを神様と考えたということだと思うな。

たとえば樹木の神様。樹木は、いろいろな意味でアイヌの生活に役立ったんだけど、たとえば家を建てるとき使う柱は、エンジュの木。それからドスナラの木。これらを絶対使うんだけど、その理由は、エンジュとドスナラの柱は、土ぎわのところをちょっと焼いて使えば、まず三〇年から五〇年は腐らない。殊にエンジュの木はそうで、アイヌはこの木を、立木のなかでも最も雄弁で度胸のいい強い神様だと考えた。雄弁というのは、この木は火にくべると非常に勢いよく燃えるからそう考えたんだろうね。エンジュは、その他にも墓標やチセ・コロ・カムイ（家・持つ・神＝家の守護神）をつくるときにも使うんだ。どちらもアイヌが非常に大切にしていたもんなんだ。

エンジュやドスナラの木のようにアイヌのためになる木を、アイヌは良い神様と考えた。その反対に、泥柳のように火にくべても燃えないし、柱にしても一年か二年でごぼごぼに豆腐みたいに腐ってしまう木は、木のなかでも一番精神の悪い神、ウエン・カムイ（悪い・神）だと考えた。

その他、丸木舟をつくる場合に最もよい材料である桂の木は、精神の良い神で、重くて丸木舟につくっても扱いにくいセンの木は、精神の悪い神様と考えた。そうして森林というものは、そういう精神の良い神様や精神の悪い神様が集まって、ちょうどアイヌ・コタンと同じような神様のコタンをつくっていると考えたんだね。

動物や鳥も神様と考えた。たとえば狐。狐というの

アイヌの墓標。左は男、右が女。昭和46年（1971）

は、狩猟を司る神様で、狩猟と非常に深い関係があった。昔の人は、狩猟に行く先の方へ狐が声を出せば進んでよし、逆の後の方へ狐の声がしたら進んではいけないと言ってたね。

熊は、神様の国から肉のおみやげ、毛皮の着物、熊の胆《い》という薬などをアイヌに持って来てくれる神様と考えた。それでふつう熊まつりと呼ばれるイヨマンテは、ほんとうは熊だけにかぎらないイ・オマンテ（それを・送る＝魂を・送る）という魂送りの儀式なんだけど、それは熊などが身につけて来た肉や毛皮などの束縛から熊の魂を解放して神の国へ送り返すという意味なんだ。

熊は、非常にていねいにイ・オマンテするんだけど、鹿はどういうわけか割と神様扱いしないね。鹿は、なんぼでもふんだんに、空気のように、光のように、うようよいたもんだから、あまりありがたがらなかったのかもしれないな。

鳥でいえば、阿呆鳥ね。アイヌ社会では、阿呆鳥の頭や嘴を御神体にしていた。そのわけは、昔はラックルといって鳥の羽の着物を着ていた時代があって、たぶん阿呆鳥の羽の毛は柔らかくて暖かいから、それを着物にした。おかげでとても暖かい思いをしてるわよ、なんてお礼の意味をこめて神様にしてるんじゃなかろうかと思うね。

鳥も神様と考えた。鳥は、やはり山猟のときの案内役みたいな意味があるし、海漁に出て、霧に包まれてしまったときでも、遠く鳥の声が聞こえると、あぁ陸地が近いんだななんて安心できたんだな。

そういうふうにアイヌは、自分の生活に何らかの見返りのあるものを神様と考えた、とおれは思うね。無意味に、何でもかでも神様にしていたわけじゃないんだ。そしてその神様のなかにも、良い神様と悪い神様を考えたんだな。

良いものと悪いものとがあるという考え方は、何も神様に向ってだけじゃない。人間についても、アイヌはそう考えた。良い人間、悪い人間。悪い人間のことを、アイヌはアイヌと呼ばないよ。ウェン・ペ（悪い・もの、悪い・やつ）と言うんだ。反対に、特に良い人間に対しては、アイヌ・ネノ・アン・アイヌ（人間・らしく・ある・人間、人間らしい人間）というふうにアイヌという言葉を二つ重ねて呼ぶんだ。

アイヌが神様を考える場合、もう一つはっきりしていることがあるよ。それは、神様と人間とは対等なんだという考え方だ。たとえば、川のなかで子どもがおぼれ死んだというと、それは川の神様が油断してアイヌの子どもを守らなかったから事故が起きたんだ、と考える。だから、川の神様に向って、

「以後こういうことのないように厳重に注意しなさい」

と言って、神様をうんと叱りつけるんだ。

同じようなことは熊の場合でもある。たとえばアイヌを逆襲して殺したような熊は、イヨマンテもせず、メノコルといって女便所の便槽のなかに、逆さにぶちこんでしまう。熊の神様に、うんときつい罰を与えるわけだ。そういうふうに、罰というものは、神様が人間に与えるだけではない、人間が神様に罰を与える場合もある。つまり人間と神様は対等なんだ。そして神様と人間は、いつも手をつないで、楽しくニコニコ仲良くくらすもんだ、とアイヌ社会では考えていたんだな。

アイヌが特に大切に考えている神様がある。いろりのなかにいる火の神様だ。アイヌはそれを、アペ・フチ・カムイ（火の・おばあちゃん・神様＝火の姥神様）とか、イ・レス・カムイ（それを・育てる・神様）とか、モシリ・コルチと言った。モシリ・コルチのコルチは、コロ・フチ（持つ・おばあちゃん）がつまった言い方だ

アイヌ模様のことなど

アイヌ模様の意味をよく聞かれるんだけど、アイヌは模様と言わないでただモ・レウ・ノカなどと言う。モ（静か）レウ（曲がる）ノカ（形）、つまり（静かに曲がる形）と言うんだ。沙流川すじの木彫りのものに彫る鱗《うろこ》彫りは、アラムラム・ノカ。ラムラムは、魚や蛇などの鱗。

アツシ（オヒョウの木の皮の繊維でつくった着物）の模様は、もともとは衿まわり、袖まわり、裾まわりにつけた。なぜそんなところにつけたのか、たぶんそういうところから魔物が体に入って来ないようにとしたのだろう。おれたちの子どものころ、山の畑に草とりに行ったとき、畔に赤ちゃんを寝かせて置くんだけど、その赤ちゃんのまわりに、荷物を背負う縄でぐるりと囲っておくんだ。そうすると蛇が来ても、どんな魔物が来ても、その縄を越えないもんだとアイヌは信じていたんだな。

アイヌの縄は、シナの木の皮などで編んだものなんだけど、縄というものをアイヌが、というより人類が発明したということは大へんな発明だったと思うね。アツシを織る糸も、オヒョウの木の皮の繊維を縒ってつくるんだけど、この縒るということも大へんな発見だね。縒りをかけてない糸は、アツシを織る場合にひっかかって困るし、長持ちもしない。縄も同じような発見だね。

話がそれたけど、アツシの模様は、木綿糸と色布を使って刺繍するわけなんだけど、そういう材料がなかった時代にはどうしてたんだろう。たぶん鹿などの動物の皮と、鹿のアキレス腱なんかを使ったんだろうと思うね。衿や袖口や裾などを補強するために、刺繍するというより皮をはぎ合わせているうちに成る模様のようになった。それを縫い合わせるのに、鹿のアキレス腱をとっておいて、それを細かく裂いて糸にしたんじゃないかな。

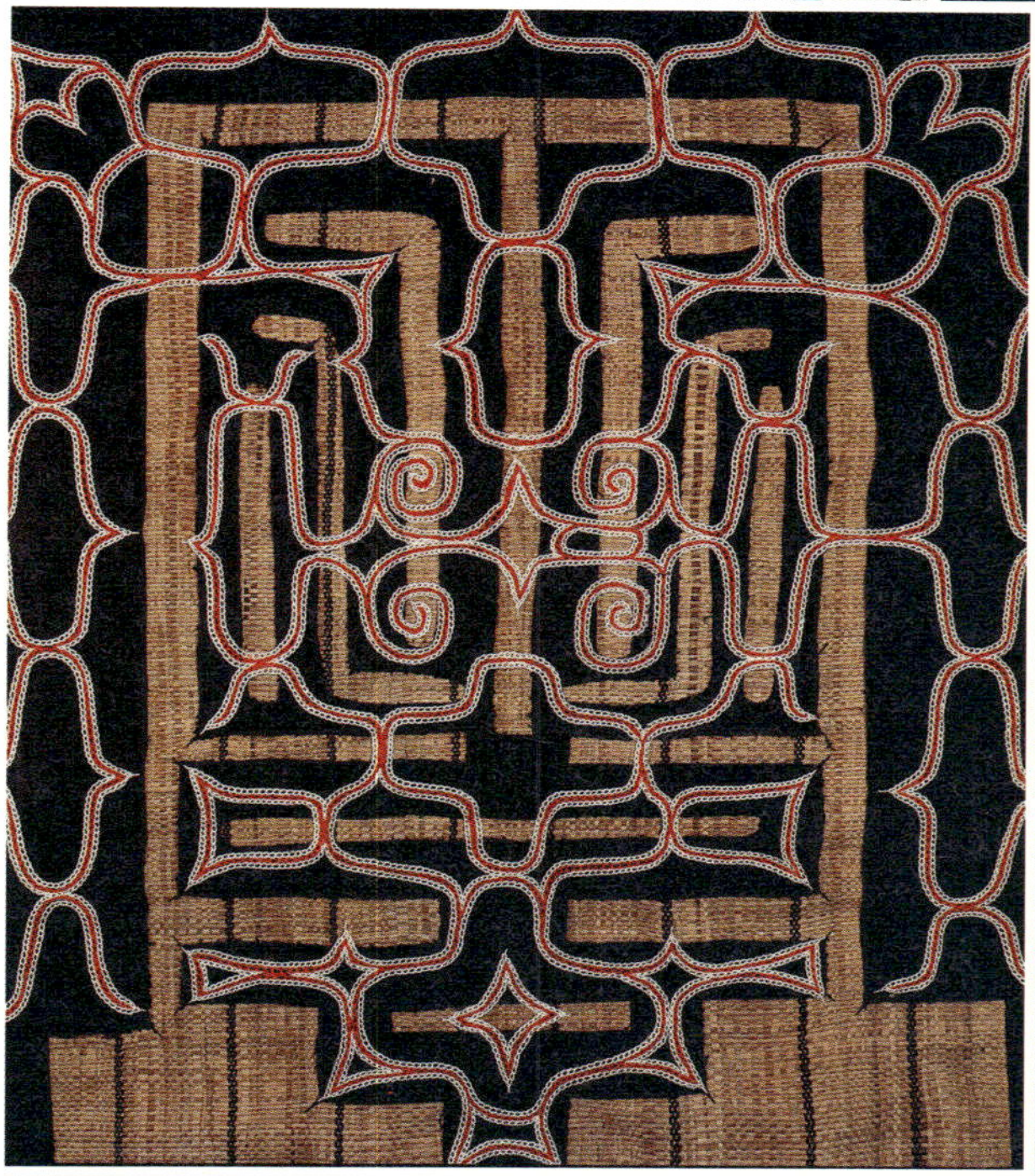

けど、人間を育てる神様とか国土を司る神様とか、それほどアイヌは大切な神様と考えていたんだね。

火は、アイヌだけじゃなくすべての人間に必要なもんだろうけど、殊に寒い北海道のようなところでは大事だね。もちろんその扱い方によっては、火事になって家をまるっきり灰にしてしまうから、火の神様は一番身近で、しかも恐ろしい神様だ。アイヌは、その身近さから、火の神様をフチ（おばあちゃん）と呼び、他のすべての神様へお願いするときに、必ずこの火の神様を通してする。たとえば、自分たちの先祖にお供物をおくる場合、「火の神様よ。あなたは、たくさんの召使いをお持ちでしょう。その召使いのうちでうんと足の速い、うんと雄弁な、うんときびきびと動作のいいものを選んで、これこれのお供物を私の先祖の何の誰それのところへ届けて下さい」なんてお祈りをする。

狩りに行くときなんかでも、まず火の神様に向って、山の神、森の神、川の神、狩りの神などによろしくとお願いする。ところがこの場合、実にていねいにお願いするんだけど、かんじんのこと、つまり具体的に狩りをする位置などは言わないんだ。どうしてかというと、火の神様は口の速い神様だから、アイヌが狩場に到着する前に獲物たちが聞いて逃げてしまう、そんなふうに考えていたんだな。火の神様には何でも相談するけど、そんなふうに打ちあけられないこともあった。いかにもアイヌらしいとおれは思うんだ。

女の子に母親が教える最初の教えも、火の神様を大切にすることだった。いろりにくべる薪は、火の神様の食物だから、火を絶やさないようにしなさい。もし、怠けて、新しい薪で朝夕の煮たきをしないで昨日の残りものを食べたりすると、罰を与えられるよ。そういう戒めを語り伝えたウウェペケレ（昔話）なんかがあるよ。

日本内地では、天照大神が一番位の高い神様だなんて聞くけど、アイヌ社会では、家のなかのいろりにいる火の神様が最高の神様だとおれは思うね。位の高いという意味では、たとえばおれの父親なんかポロシリ岳の神様が最高だというようなお祈りの言葉を言っていたりしたけど、他の人はたとえばカパリの奥の山を唱えたりしていたね。ポロシリ岳は、この辺りものが山猟に行ったときに目標になる山あての山で、カパリの奥の山は海漁のときの山あての山なんだ。神様の位というようなものは、その時代時代によって変るのかもしれないけど、火の神様については、いつの時代にも変りなかったようにおれは思うね。

神様は人間と対等だという考え方は、神様を粗末に扱うということじゃない。それは、たとえばアイヌが樹木なら樹木を扱うときに、どれだけ注意深く扱ったかということ考えればよくわかると思うんだ。アイヌは、自分の家なら家、丸木舟なら丸木舟に必要なだけの木は伐ったけど、シャモのように畑をひらくためとか何とかいうことでむやみやたらに木を伐るようなことはしなかった。自分の着物をつくるためにオヒョウの木の皮を剥ぐときでも、縄をつくるためにシナの木の皮を剥ぐときでも、三分の一とか半分とか剥いでも、木が丸裸になるようなことはしなかった。丸裸にされると木は死んでしまうからな。木が死ぬということは、木の神様が死ぬということになる。アイヌはそう考えていた。

死ぬということで言えば、アイヌは人が死んだ場合でも「死んだ」と言わない。「オンネレ（年をとらせる）」と言う。「年をとって、神の国へ行った」と考える。生命は、永遠だと考えたからだろう。そして木や鳥や動物や、そういう自然にも生命があると考えた、とおれは思っている。

最近、この二風谷の前の沙流川に、苫小牧《とまこまい》の新しい工場群に水を送るためのダムができる話が進んでいる。川ぞいの田んぼなんかがずいぶん水没する。ダムができれば、川のようすもガラッと変ってしまうだろう。おれは、いろんな水没地帯を見て来ているし、ここにダムができるのは反対だが、もしどうしてもダムをつくるというのなら、せめて魚道だけでもつくれと言いたい。水面の鮭は背びれを焦がし、水底の鮭は腹の皮がむけるほど豊富な鮭が遡っていたとカムイ・ユーカラにある沙流川に、鮭が上って来なくなった一番の原因は、シャモが川口に網を打ち、乱獲したことだとおれは思っているけど、それにだめ押しするような、魚が自由に行き来できないような川に、沙流川をするなとおれは言いたい。魚も鳥も獣も、神様も人間も、みんな手をとりあって、自由に、ニコニコしながら楽しくくらすのがアイヌ・モシリだった、とおれは思っているよ。

親子の熊がオキクルミ・カムイによって岩にされたというペウレプ・オッカ（熊の姿岩）。昭和48年（1973）

あるときどこかで

体が土にくっついた女の話

あるメノコ（女）が、夫が山猟に行った留守の間、朝夕の煮炊きを面倒がって、残り物ばかりを食べていた。するとある日、いろり端の土間に横になって休んだところ、体が土にくっついて離れなくなった。

山猟から帰った夫は、驚いて、急いでイナウ（木の御幣）をつくり、アペ・フチ・カムイ（火の、おばあちゃんの、神様）に祈った。どうか妻を許して下さい。おかげで、女は元通り起上がることができた。

朝夕の煮炊きのためにいろりにくべる薪は、アペ・フチ・カムイの食物。その大事なものを、女はアペ・フチ・カムイに差し上げなかった。それで、罰を与えられたのさ。

（あるウウェペケレから）

囲炉裏はチセ（家）のなかでもっとも神聖な場所とされた。昭和52年（1977）

マンロー先生の思い出

青木トキ
（二風谷・農業）

イギリス人のマンロー先生が二風谷にみえたのは、昭和四、五年ごろでしたかね。そのころ私はたしか十五で、先生が撮られた熊送りの行事の八ミリを見ました。そのとき八ミリに写ったマンロー先生のお宅をみて、あんなうちに一晩でいいから泊まってみたいちゅうてたんですけどね。それが足かけ五年、先生のとこでお手伝いすることになろうとは、ぜんぜん考えてもみませんでした。はい、私が十九歳のときでした。

そのころは、今、学校のあるあたりが二風谷の中心で、先生のお宅は、町のはずれのさびしいところでした。がんびやかしわの木も少しはありましたが、今、マンロー館の玄関にある大きながんびの木や、野バラ、なし、リンゴの木なんかは先生が植えたものです。マンロー館も、完全にはできていなくて、今、書斉になってるとこに先生はおくさんと住んでいたんです。おくさんは、木村ちよささんという神戸の方でした。

私がお手伝いを始めたばかりのころは、食べ物や、一日の時間帯なんか、アイヌとは、そりゃあちがって、私は困りましたね。バターとかチーズもってきて下さいといわれたって、なんのことやらわからないんです。ただ先生は、日本に帰化して四十年はたってましたから、たいていのことは日本語で話すので助かりました。

朝は早かったですね。冬でも四時には起きていましたが、私はその前に起きて、火をたいて、二階の書斉を暖めました。それから先生、そこでタイプを打っていました。

朝食はその後なんです。七時か八時ごろで、それも、先生、ご自分でコーヒーわかすんです。だから、私の朝の仕事といったら、あわとかいなきびのおかゆをたくだけ。それが栄養あるちゅうて、先生は食べていました。

食事のあと、必ず散歩して、十時ごろ、お召しかえされます。ヒゲもそってね。そしてまた机にむかって。お昼は、おくさんが焼いたビスケット二、三枚と、コーヒーだけです。そして、夜はもう、なにもめしあがらないのですから、まあ、少食でしたね。

お昼のあとは、二時間ほど、横になって本なんか読んでましたが、眠らないようでした。三時から、四時ごろまでは病人の診察にあててました。初めは、急病患者だけということにしてましたが、お医者さんも平取まで行かなければいないし、生活も楽でなかったからみんなマンロー先生のとこへ行きました。えーえー、先生は、一銭もお金とりませんでしたからね。熱があるとか出たちゅうと往診にも行きました。歩いてですから、そう遠くまでは行かれなかったはずですが。

診察は、一応、四時までちゅうても、五時も六時までもかかるときもありました。ただみんな先生の言う通りしませんでしたから、なくなった方もずいぶんいました。あのころですとかぜとか結核の患者さんが多かったです。そう、目の悪い方もね、トラコーマがはやった時期でしたから。

　蛔虫がいる人も多くて、先生は一斗カンでひまし油を買ってくばりましたが、みんなちゃんと飲まないでね。肝油もあげてましたが「これにはまいるな」といってた人もありました。なれないせいでしょうかね。

　夜は、コーヒーなんか飲みながら、たまにはレコードかけたり、バイオリンもひきました。その中で私にわかったのは「螢の光」だけでした。あとはさっぱり。

　時々、お年よりの患者さんをみてることもありましたが、ふつうは、村の人たちとおしゃべりなさってました。そうして十時か十一時にはお休みになりました。

　先生のお人柄ですか？　まあ、ちょっと短気ちゅうか、わたしもよく叱られました。

　こんなことがありました。番犬みたいなのが三、四匹いたんです。それが、患者さんが戸をあけたすきに外にでて、何日も帰ってこなかったんです。わたしが逃がしたわけじゃないんだけど、叱られましてねー。変な気持ちでした。

　でも、ふだんはおだやかな方でした。そう先生が、お腹痛められていたとき、廊下でわたし、先生とすれちがったんです。そのとき先生、ガスをしたんです。そしたら、わたしに「ごめんなさい」ちゅうて通ったんです。そして、おくさまにも「トキさんに、『ごめんなさい』ちゅうといて下さい」といってね。わたしなんか、人前でも、ボン、ボンやる方ですから、これには、びっくりしましたね。

　先生は、診察の時間が長びいたりしても、いやな顔ひとつしませんでしたが、午前中の時間を人にとられるのだけは、ぜったいいやでした。でも、みんな、よく行くんです。先生は「はい、私のともだち、よくいらっしゃいました」なんて、人前ではいってましたが、「おくさんと、トキさんだけにはほんとのことというと」って「またきました、うるさいですね」って困ってました。午前中だけはお勉強にあてたかったんでしょうね。

　先生の生活の仕方？

　うーん、とにかく質素でした。服なんかでも、おくさまがつぎなさって、ボロボロになるまで着てました。生活費は当時で毎月二百円。それも医療費なんか含めて全部でそれだけ。第二次世界大戦が始まる前までは、先生が書いた本をイギリスに送ると、そこからお金きたちゅうてましたが、いよいよ困ると、夏の間、軽井沢にお医者さんとして働きにでかけ

マンロー博士とチヨ夫人。従軍看護婦だったチヨ夫人は、博士のよき伴侶でした。昭和8年（1933）撮影・富士元繁蔵　所蔵・萱野家

てその収入で暮してました。

　まあ、生活は苦しかったですけど、おくさまと毎日、散歩なさったり、それも、手をつないで歩くもんで、みた人はおどろいてたようです。お正月なんか、お年より集めて、ごちそうしたり、しゃべったりでね。そのころ、やっぱりイギリスの方でバチェラー博士ちゅう先生が、ときどき遊びにみえましたが、あまり気は合わなかったようです。どうしてかな。バチェラーさんは、熱心なキリスト教徒だけんど、マンロー先生はそうじゃなかったからでしょうか。或る小説家が、マンロー先生の伝記を書いていますが、あれは腹がたつ。あんまり腹がたってよくは読んでないけど、クリスマスにみんな集めてクリスチャンのやり方で祝ったなんて書いてあるけど、そんなんはみんなでたらめです。先生はキリスト教徒ではなかったし、信仰心はぜんぜんないって、ご自分でそうおっしゃってました。アイヌの信仰なども写真を撮ったり勉強してましたが、アイヌのいろんな神さまも、それは象徴だけちゅうてました。アイヌの行事にすすんで参加されるようなことも、めったにありませんでした。おくやみには、おくさんと二人、必ずでかけられましたけどね。

マンロー館。現在は「北海道大学附属北方文化研究所」になっています。昭和48年（1973）撮影・須藤　功

そんなふうでしたから、二風谷の人たちも、先生を信頼してたと思いますよ。それがね、急になくなられて。わたしは、そのころ、もうお嫁にいってたんですが、このときは手伝いに行きました。なんでも、芽のでた麦をひいた粉で作ったパンを食べて当ったといわれましたが、腸捻転みたいなもんじゃないんですか。北大の中島先生なんかに診ていただいたんですがねー。

　先生がなくなられてから、おくさんは、マンロー館を引きあげました。先生のかわりにお手紙書かれたり、二人でいっしょによく本なんか読んでくれたんですけどね。引きあげてからしばらくは、軽井沢の病院で働いていらっしゃいましたが、神戸に帰られて、八十五ぐらいでなくなられました。

　わたし、人にもよくいうんですけど、この世に神さまがいるなら、マンロー先生こそ、ほんとうの神さまだと思うんです。先生がなくなったのが昭和十七年、あれからもう三十年すぎましたが、今でもそれは、頭からぬけません。あれだけ、人のためにつくせる方はちょっと、ないでしょうね。

仔馬のいる川上牧場。撮影・須藤　功

人生を聞く

沙流川の人《サル・ウン・クル》物語

文・写真　川上勇治

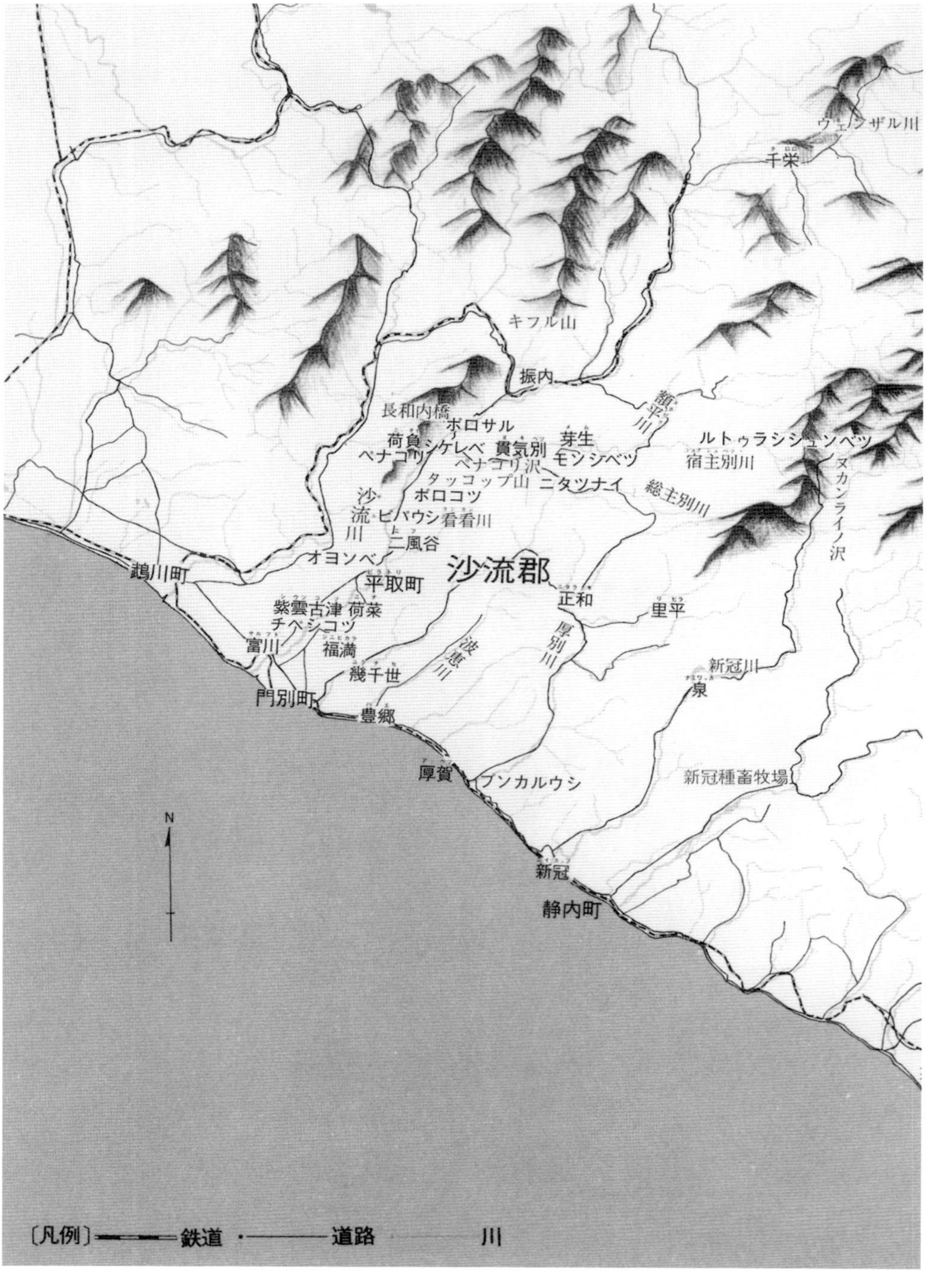

ウェンザル川
千栄《チロロ》
キフル山
振内
額平川
長和内橋
ポロサル
荷負《ニオイ》
シケレベ
貫気別《ヌキベツ》
芽生《メム》
ペナコリ
ペナコリ沢
モンシベツ
タッコップ山
ニタツナイ
ルトゥラシシュンベツ
宿主別川
総主別川
ヌカンライノ沢
ポロコツ
沙流川
ピパウシ
看看川
二風谷
オヨンベ
鵡川町
沙流郡
平取町《ビラトリ》
正和
里平《リビラ》
紫雲古津《シウンコツ》
荷菜《ニナ》
チベシコツ
富川《サルフト》
福満
波恵川
厚別川
幾千世《ユクチセ》
新冠川
泉
門別町
豊郷
厚賀
ブンカルウシ
新冠種畜牧場
N
新冠
静内町
〔凡例〕 鉄道 道路 川

昭和14年（1939）冬の川上家。撮影・フォスコ・マライーニ

人の生きてきた足跡を

姫田忠義

近ごろは、おじいちゃんおばあちゃんの話を、じっくり聞くことが少なくなりました。それだけ、みんな忙しくなったということでしょうか。それとも、おじいちゃんおばあちゃんの話なんか、じっくり耳を傾ける値うちもないということでしょうか。

忙しいといえば、この章の著者・川上勇治さんもそうです。勇治さんは、北海道の日高地方、沙流《さる》郡平取《びらとり》町ペナコリで、十数頭の競走馬を飼っている牧場主です。馬は生きもの。昼も夜も、一日も、世話をゆるがせにすることはできません。たまたま旅に出ても、勇治さんは馬のことが心配で、毎晩のように家に電話をかけています。

その勇治さんが、暇をみつけては、村のおじいちゃんおばあちゃんを訪ね、耳を傾け、文字に記したものの一部が、このサル・ウン・クル（沙流川・の・人）物語です。

勇治さんが、こういうおじいちゃんおばあちゃんの話の記録をはじめるきっかけをつくった人に、隣村の萱野茂さんがいます。萱野さんは、前章「シシリムカのほとりに」に登場していただきましたが、この「サルウンクル物語」は、いわばその姉妹篇であり、先のものでは実現できなかったサルウンクル一人一人の歴史（ライフ・ヒストリー）の記録です。

勇治さんも萱野さんも、アイヌ民族の血をうけ、アイヌの先祖や、先祖が伝えてくれた精神文化を、魂の奥底からいとおしみ、大切に思っている人たちです。忙しさにめげず、黙々とつづけられているこの勇治さんや萱野さんの仕事は、ひとりアイヌ民族のためのみでなく、すべての日本人、いやすべての人間にとって大切なことを示唆している、とわたしは思います。

凶猟の冬がすぎ悲運を背負って沙流川にやってきた遠い先祖

祖父《エカシ》のウパシクマの思い出

私の祖父の名は川上サノウクで、あだ名を「メヨニ」といいました。祖父が永眠して今年で満十八年、早いもので私も四十歳になってしまいました。子供たちは高校三年の女の子を頭に、高校一年、中学二年の男の子がおり、ともに元気に通学していますが、本当に月日のたつのは早いものです。

あの話は、祖父が永眠する二か月前にあったことです。祖父も自分の死が目前に迫ったのを悟り、私にあのような話をしたのではないか、と今いろいろ当時がなつかしく思い出されます。祖父も、祖父の父からその話を受けついで、しっかり頭の中に記憶していて私に教えてくれたのでしょう。文字をもたない昔のアイヌが、口伝えに記憶して、自分の子や孫に先祖のことを言い伝えていったのが、いわゆるウパシクマです。

昭和二十六年（一九五一）の十一月の中頃、祖父は老衰のため床につきました。気の強い祖父は、食欲があまりなくなって、枯木のように痩せ衰えても、割合に元気でした。祖父の病気が重いとの知らせを受けると、親戚や祖父の知人たちが毎日のように沢山見舞いにくるようになりました。そうした毎日が続いたある夜、祖父は大分気分が良いとみえ、寝所から起きだしてストーブの前に座り、「今夜は大事な話をするからよく聞いておけ」と言って、私に向かってゆっくりとした口調でしゃべりだしました。

聞いているうちに、これは私たちの先祖の話であり、

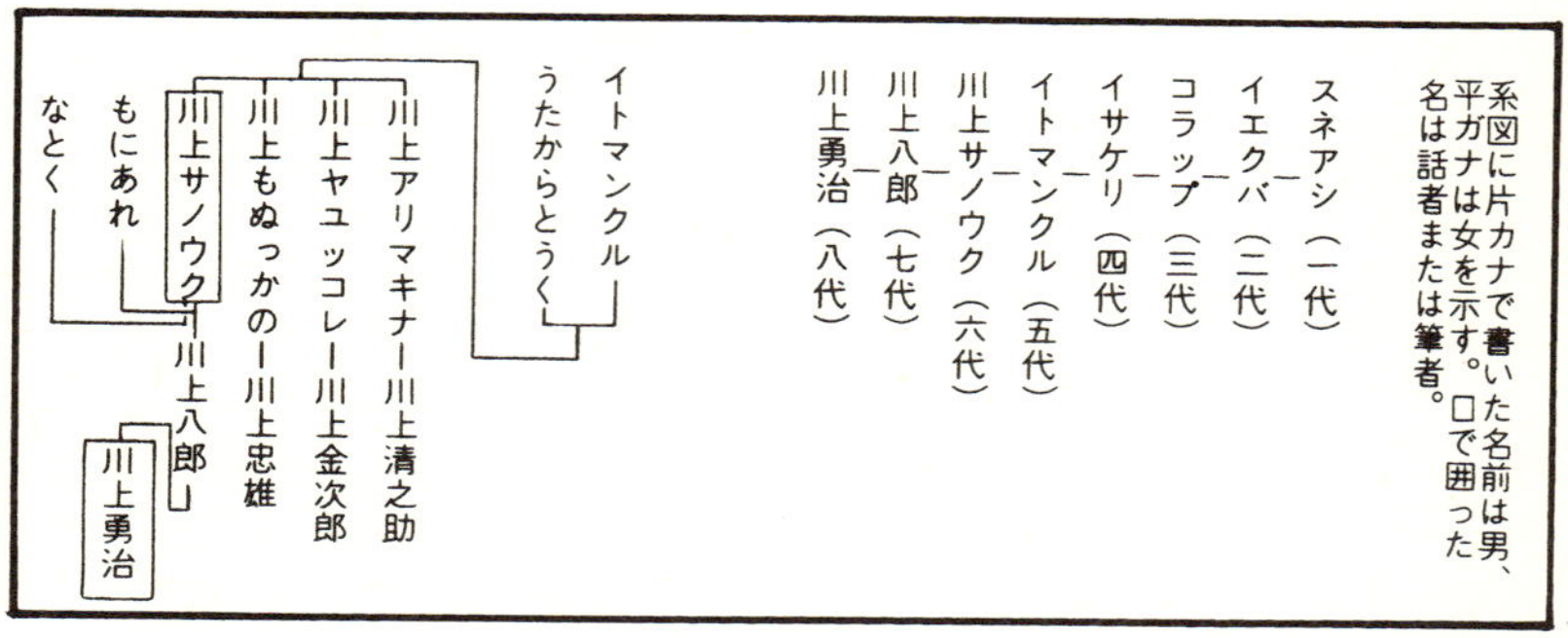

祖父の川上サノウク

大事な話だと思ったので、私は急いで紙と鉛筆を用意してメモの準備をし、要点だけを書きとめました。
祖父の話を要訳すると大体次のようなことでした。

昔、十勝にスネアシというアイヌがおった。このアイヌの妻はかべかれという名で、二人はいたって夫婦仲睦まじく、数人の子宝にも恵まれた。また、彼はイソンクルすなわち猟上手であったので、食物などに何不自由なく平和な生活を送っていた。

その頃――多分徳川時代の初期あたりのことと思いますが――から沙流のアイヌと十勝のアイヌと交流があったものか、沙流川のシウンコツのハルンカという男がスネアシと懇意になり、十勝にでかけるたびにスネアシを訪ね、寝泊まりしていた。また、ハルンカはそこを根拠にして狩猟を続け、獲得した獲物をスネアシに預けておき、いったんシウンコツへ帰ってから何日か経て、コタンの人々を何人か連れ、預けた沢山の獲物を運びに行った。

その頃は沙流川伝いに、今の日高町を経て、チロロ、ウエンザルを通り、日高山脈の麓まで行って、さらに獣の道の峠を越え、今の清水町へ下っていったものと想像されますが、片道多分三日位かかったでしょう。ですからハルンカらは往復一週間位かかる道を、沢山の荷物を背負い毎晩野宿しながら、大変な苦労をして通い続けたのです。

ある年の秋、また例年のようにハルンカはスネアシのチセ（家）に寄宿して、狩猟に励み、牝鹿十頭をとり、貯蔵に適するように加工をしてそれをスネアシに預け、コタンへ帰った。ところが、その後幾日も過ぎ、雪が積もるようになっても、ハルンカの一行はスネアシのところへ荷物をとりに行かなかった。

運悪く、その冬は十勝地方が何十年来ないような寒気と豪雪に見舞われ、スネアシは猟に出かけることもできず、食糧の貯えが日ましに少なくなっていった。晴れた日を選び、雪の多い寒い山野を歩きまわり、少しでも多く獲物を得ようと努力はしたが、あれほど沢山山野をかけめぐっていた鹿の群も、暖かい日高地方へ移動をしたのか、ほとんど姿が見えず、なに一つ猟のない日が続いた。さすがのスネアシも困ったが、どうすることもできなかった。

こうした状態をアイヌは「ケカチ」といった。多分それは凶猟ということでしょう。

スネアシの妻も、食糧が日ましに欠乏してくるので、日に二回食べるものを一回にしたり、またいっぺん煮て食べ残してあった鹿の骨などをもう一度煮てスープを

祖母の川上なとく。昭和10年（1935）ころ

作ったりして、食糧不足を我慢していたが、食べ盛りの子供たちが日ごとに栄養失調になっていく。それを見てスネアシ夫婦は泣きながら、
「アイヌはいかに困っても他人のものに手をつけてはいけないという厳しい掟があるが、このままの状態が続けば子供たちが餓死することになる。自分たちは死んでも仕方がないが、せめて子供たちは成人するまで生き長らえさせてやるのが親としてのつとめだ。ハルンカに合わせる顔もないが、あの鹿を一時借用しよう」
と相談し、預かった鹿十頭で春雪が消えるまで命つなぎをすることにした。この鹿は秋にとった鹿なので非常に肉質も良く、少量食べても栄養は充分とれ、痩せていた子供たちも日一日と元気をとり戻した。

日勝峠の原生林。撮影・姫田忠義

　こうして二月も過ぎ、三月の半ば頃になって、ある日突然ハルンカがコタンの者たちを沢山連れて、固雪の上を歩いてスネアシのチセを訪れてきた。

　アイヌたちは固雪の上をものすごく足早に歩くことができる。一日数十里の道を歩いたという話を聞いたことがあります。例によってスネアシは丁重にハルンカをチセの中へ案内し、上座に座らせて、アイヌ式の挨拶をした。ハルンカもしばらくのご無沙汰の挨拶をし、その後おもむろに預けた品物を受け取りにくるのが遅れた理由を説明し、実は本日品物を受け取りにきたので引き渡して欲しい旨申述べた。

　そのことで毎日頭を悩ませていたスネアシは、今日までの事情を説明し、やむを得ず勝手に借用して申し訳ないが、春になり、鹿猟ができるようになれば倍にして返すから勘弁して欲しいと、辞をつくして謝罪した。

　驚いたのはハルンカであった。折角こうしてわがコタンから人を頼み、荷物を運搬すべくきているのに、それでは困る。スネアシのような正直な人なら安心と信用しておったが、絶対に許すわけにはいかぬ、とものすごい剣幕で怒りだした。こうして二人のウコチャランケすなわち口論は三日三晩も続いたという。それでも結局ハルンカはこの十頭の鹿の代償として何一つとるものがないので、スネアシ夫婦と子供たちを永久にハルンカのウッシューすなわち召使いとすることにし、ハルンカの住むシウンコツのコタンへ連れて帰ることになった。

　正直者のスネアシ夫婦は、泣く泣く自分のチセに火をつけて焼き払い、身のまわりのものを子供たちにも背負わせ、幼い子供たちの手を引き、ハルンカたち一行の後からとぼとぼと歩いてついて行き、峠の上から自分のイオル、すなわち狩場を振り返り振り返り十勝を後にした。

　二晩ほどの野宿を終え、スネアシ夫妻と子供たちを含めた一行は無事にシウンコツのコタンに到着した。早

速、ハルンカの物置き小屋に住むようになって、スネアシ夫妻は主人ハルンカのため一生懸命働くようになった。正直者のスネアシ夫妻はコタンの人たちに同情され、慕われるようになったが、ハルンカは相変わらずスネアシ一家に冷たく、毎日毎日無理な仕事を押しつけていびっていた。それでもスネアシは、自分たち一家はアイヌのイレンカ（掟）を破ったのであるから、ハルンカにどのようなつらい思いをさせられても文句を言えぬと、毎日毎日一生懸命働いていた。

こうして何年かたった。子供たちも段々大きくなり、一番上の男の子が二十歳位になったが、それでもスネアシには自由が与えられなかった。

ある冬の寒い日、スネアシは主人ハルンカの用事で、ハエ（日高町豊郷《とよさと》）の浜まででかけた。ハルンカの知人の家でスネアシは使いの役目を果し、日暮れ近く帰路についたが、その頃からものすごい吹雪になってきた。山の雪道に慣れているスネアシも、この猛吹雪のためにまもなく道に迷ってしまった。視界は白一色で、道も何もまったく見えなかった。スネアシはシンピラカ（日高町福満《ふくみつ》）のチペシコツという小さな窪みまできた。シウンコツのコタンは、もう目の前の沙流川の氷の上を歩いて渡ればすぐである。けれど、スネアシは疲れと寒さのために気を失ってしまった。

スネアシの小屋では、火を消さないようにして、妻と子供たちが父の帰りを待っていた。朝になった。昨夜にひきかえ良い天気になった。

スネアシが帰ってこないということでコタンは大騒ぎになり、総動員でスネアシの捜索がはじまり、まもなく彼は凍死体で発見された。チペシコツの窪みのまん中あたりの深い雪の中で、うずくまるような姿で死んでいたという。

スネアシ一家の嘆きは非常に深いものだった。コタンの人たちも同情して、スネアシの葬儀のため大勢の人たちが集まった。そうして、人々は口をそろえてハルンカを非難した。

「ハルンカの仕打ちは無理だ。スネアシは何年もハルンカに忠実に仕えており、鹿の代償はもう済んだはずだ。かわいそうだからスネアシの子供や妻をハルンカから解放してやろう」

ということに相談がまとまり、これからはお前たちが自由に漁猟をしても農耕をしてもよいというオッテナ（首長）の許しも出た。スネアシを失った悲しみはあったが、彼の妻や子供たちにもやっと幸せが訪れた。

スネアシの長男はイエクパという名であった。非常にしっかりした男で、またすばらしいパエトックル（雄弁家）でもあって、コタンの人たちにも信頼されるように成長していた。アッペツ（厚賀）の新しいコタンの長になるようにとオッテナに推薦され、アッペツのコタンに移り住むようになった。そして、イエクパの息子コラップ、コラップの息子イサケリなどの一族が、広くアッペツ（厚賀）、ハエ（豊郷）、ユクチセ（幾千世）付近に住むようになった。

祖父の父であるイトマンクルという男は、アッペツ川の入口の左側のプンカルウシというところで、イサケリの子として生まれたということであり、若い頃に沙流へきて、うたからとうくというメノコ（女）と結婚して祖父たちができたという。

また話は祖父の兄弟のことにも及びました。

祖父の一番上の兄はアリマキナ、二番目の兄がヤユッコレ、三番目は女でもぬっかのといい、祖父は四番目で末っ子だったそうです。

左から筆者　姉、弟、祖母。昭和15年（1940）

ここまで話し終えると、祖父は「疲れた」といって話を止め、つきそいの祖父の娘たちに助けられながら寝床につきました。祖父の容体を心配して見舞いにきていた沢山の人たちも、感心したように話に聞き入っていました。祖父が話を終えたのは夜中の十二時頃だったと記憶しておりますが、話が終って小用に外に出ましたら、すばらしい星空で、あたり一面に真白に霜がおりていたのが妙に印象に残っています。

祖父は明治七年（一八七四）の生まれでしたが、片カナぐらいは読み書きしました。また、どこで習ったのかそろばんも二桁ぐらいの加算減算ができました。祖父の遺品のそろばんが現在も家に残っています。

新しい進歩的なことが好きな祖父は、農業をするのにもほかの人と変わっていました。秋の穫り入れ時期になると、十人近くの常雇いの人たちを、朝三時頃から起床させて野良へ出して働かせたといいます。非常に厳格な人でしたが、どこか良いところがあったようで、同じ人が何年も祖父のところで使われていたようです。明治の半ば、この地方の開墾が盛んにおこなわれていた頃、畑を耕すブラオがアメリカから取り入れられましたが、一番先にこれに目をつけ、使いこなすようになったのも祖父だったということです。

その頃、本州の淡路島から沢山の和人が平取《びらとり》の奥地に入植しました。なかでも振内《ふれない》や岩知志《いわちし》、貫気別《ぬきべつ》へ入った人たちは、道が悪く橋がなかったため、穫れた雑穀を運搬して販売するのに相当に苦労したようです。道産馬の背に駄鞍をつけ、両側に一俵ずつ計二俵を負わせて、一人が五、六頭の馬を引き連れて門別《もんべつ》まで行っていました。ちょうど私の家は中間地点にあたり、祖父は誰彼の区別なくその人たちの世話をしました。奥地に帰るのに夜遅くなって困っている人を、馬といっしょに無料で泊めてあげたことも数えきれません。今でもその頃の古い人たちに会うと、

「サノウクアチャポにはな、昔ずい分世話になったものだ。私らが今こうして少しは良い生活ができるようになったのも、アチャポたちの協力があったればこそだ」

と、昔をなつかしみ、感謝しながらいってくれます。そ

して、お前の爺さんは偉い人だった、お前も爺さんに負けないように頑張って欲しいと励ましてくれます。

祖父はまた畜産にも意欲を燃やしました。全盛時代には、馬の所有頭数が五十頭を数えたということです。現在平取町有牧野になっている芽生《めむ》地区のシュクシュベツ付近に放牧したのですが、一年でその半数以上がブラリ病（現在この病気は伝染貧血症、略して伝貧といわれ、馬の法定伝染病に指定されている）にかかり、さらにその翌年には、生き残った馬は数頭を数えるのみになったということでした。日露戦争が終わった頃のことです。

また蚕を飼ったり、和人の農家のすることは何でも試みてみる祖父でした。大正四年（一九一五）、奥地ナミワッカの古川アシンノカラという人が豚の牧場を開設したのを知ると、この人に豚の入牧を頼みました。祖父が甥たち三人と五十頭の豚を追い、貫気別を経て上貫気別のニッタナイという沢の奥で野宿し、次の日アッペツの奥のイタラッキの沢へ出て、リビラの溝尾ニバッテという富農に泊めてもらい、三日目にはじめてナミワッカの豚牧場に到着した話や、そこで春五月から秋十月まで放牧した豚をまた家に連れて帰り、肥育してから汽車のきている早来《はやきた》まで連れていって売った話は、本当に今にして思えば嘘のような話です。

また祖父はアイヌ子弟の教育の重大さを痛感し、せっかく苦労して開墾した所有地一町二反を、大正初期に荷負小学校の敷地として寄付しています。私もこの学校を卒業し、私の子供たちも現在この学校に通学中です。そのほか祖父は現在の町会議員にあたる部落部長を二十年間も務め、昭和二十四年（一九四九）の平取村開基五十周年記念式典で、晴れの表彰を受けてもいます。

しかし、祖父の晩年は不幸続きでした。利口者で、祖父のいろいろの用件を一手に引き受け、家事一切をきりまわしていた長男の嫁である私の母が、昭和十年（一九三五）に亡くなり、頼りにしていた私の父には昭和十二年（一九三七）に先立たれ、悲嘆のどん底に突き落とされたのです。

祖父母のもとには、姉と弟と私の孫が残されたのですが、私の小学校五、六年生の頃には、本当に淋しい家庭でした。そして祖父は私たち兄弟を小学校を卒業させ、一人前にするために大変苦労しました。昭和十八年頃といえば、太平洋戦争の真最中です。私はその頃六年生でしたが、ゴム長靴は配給制でなかなか手に入れることができず、祖父の手作りのケリ（靴）をはいて雪道を通学したものでした。教室のなかで勉強している時は何でもないのですが、体育の時間など雪の校庭で私だけが馬の皮のケリをはいておりますと、熊の足の形に似ていますから、先生までがおかしさに笑いをこらえているようでした。

私も無事に小学校を卒業することができ、受け持ちの先生が何度も家へ足を運んでくれましたが、私は高等科に入りませんでした。一日も早く働いて、少しのお金でも祖父たちの手に入れたかったからです。こうして本当にわずかでしたが私も家にお金を入れるようになりました。

昭和二十六年（一九五一）十一月、祖父が病床についたので、親戚の者たちが集まって相談した結果、私に妻を迎えるように説得されました。私はまだ二十二歳でしたし、そんな考えはありませんでしたが、祖母が涙ながらに頼みました。私はその時一度も見たことのない娘を妻にすることに決めました。そしてその妻の実家は、奇しくも私たちの先祖スネアシが行き倒れになったシンピラカコタンでした。

昭和二十六年十二月十八日、この日は私の結婚式でした。大勢の人たちが祝いにかけつけてくださり、祖父も病床から出て記念写真の仲間に入りました。

私の結婚式も終わり、気ぜわしい年の暮れも過ぎ、昭和二十七年の新しい年を迎えました。例年通り正月三日に部落の長老たちが私の家に集まり、シンヌラッパの儀式をはじめました。祖父は長老たちが止めるのも聞かず、祖母に言いつけて一番上等なチカㇻカㇻペ（刺しゅう着物）を着せてもらい、顔や手を清め、長老たち一人一人に、お前はチセコロカムイ（家を守る神）、お前はワッカウㇱカムイ（水の神）にノミ（拝む）せよと指図しました。そして、自分は病身であるので、カムイノミをしたら神々に対して無礼になるから遠慮するといい、下座の方に正座して「エカシ疲れるから休みなさい」とたびたび皆にいわれても聞き入れず、とうとう最後までその場に座り続けました。最後のシンヌラッパに加わり、責任を果たしたという満足感がありありと浮かび、微笑を浮かべたうれしそうな、また神々しい祖父の表情が今でもくっきりと私の脳裏に焼きついています。

祖父が亡くなったのはそれから二十日後、私が新婚の妻や祖父たちを残して冬山造材の馬追いの仕事に出てい

筆者夫婦の結婚式。昭和26年（1951）

馬をひく筆者。昭和35年（1960）ころ

筆者夫婦。昭和42年（1967）

た間のことでした。私は茯伏《おぎふし》の上流ショロカンベツというところで、「ソフキトク」の電報を受けとり、馬追い仲間に馬を託して急いで家へ帰ってみると、祖父はもう亡くなっていました。私は声をあげてなき、祖父の遺体にすがりつきました。

その後三年たって、実母より私たち兄弟に愛情をそそいでくれた祖母も他界し、私たちの家庭はますます淋しくなってしまいました。今日まで生きてこられたのも祖父たち夫婦のお陰だったと、しみじみ思う今日この頃です。

昔私たちの先祖が苦労して峠を越えた沙流川上流のあたりも、今では立派な日勝道路が完成し、十勝まで行くのも二時間半ほどとなってしまいました。昔アイヌの都として栄えたという平取、二風谷、ペナコリのコタンも今や昔の面影はなく、カラートタンの立派な文化住宅が立ち並び、家ごとに各種の電化製品や乗用車をもって、和人と何ら変わらない生活を営むようになりました。私もまた祖父の遺志をつぎ、競走馬の生産に従事して、愛馬の手入れに余念のない毎日です。

＊

本稿はすでに発表されたものですが、この特集のために許可を得て『北海道の文化』第二十二号、第二十三号より転載しました。ただし、頁の制約のために後半を約半分に圧縮してあります。

祖母《フチ》のウパシクマ

祖母の祖父が片目を失った熊との戦い

あれは、たしか終戦になって五、六年たってからの、ある秋の夜の話だったと思う。祖母《フチ》が私たち孫に、昔の話を聞かせてくれた。秋の夜は長いし、ラジオやテレビもなかったから、退屈なのでストーブの上に南瓜や馬鈴薯のゆでたのをのせて温めて、それを手でつまんで食べながら、優しく話してくれる祖母の話に耳を傾けたものだった。

昔シケレベコタンに、祖母の祖父にあたる人で、アバカアイヌという有名な猟上手《イソンクル》が住んでいたという。彼は非常に勇気のある人で、特に熊捕りの名人であった。彼の手にかかるとどんな性悪の熊でもわけなく捕えることができるので、山親父ともいわれる熊たちには非常に恐れられる存在であった。

ある年の冬のことである。アバカアイヌは妻をとも

語ってくれた川上なとく

芽生《めむ》の雪原。撮影・姫田忠義

なって、シケレベのコタンからヌカビラ川の上流ソウシベツにある彼の狩場の中の狩小屋《クチャチセ》へ、雪の道を歩いていた。狩小屋に寝泊まりして一か月も猟を続けるには、かなりの食糧や寝具などが必要なので、二、三日前から準備したいろいろな荷物を、自分も背負い妻にも背負わせて、小屋まで送らせていたのである。途中ヌキベツコタンに一服し、またメムコタンの知人の家《チセ》などで休んだ夫妻は、夕方ソウシベツに着いた。

しばらく狩小屋へはきていなかったが、木の間から、降り積もった雪の中に小屋がポツンと見える場所まできて、やれやれもう一息だなあと、夫妻が話しながらだんだん近寄っていくと、小屋の中に異様な雰囲気がただよっている。夫妻の足はピタリと止まった。

彼らは注意深く小屋の入口を見つめた。薄暗い小屋の中から、宝石のようにキラキラ光る二つの目がこちらをじっーと見ている。もの凄く大きな熊がチセの中で夫妻が近づくのを見て、今にも飛びかかってきそうに毛を逆立てていたのである。彼は注意深くチセの入口を見ながら、

「おれはしばらくここで焚木を取っているふりをしているから、お前先に逃げてメムの人たちに知らせてくれ、お前が充分逃げた頃おれも後からいく。荷物はそこへ置け、チセから少し離れるまで走ってはいかんぞ」

と、急いで妻に耳うちをした。

妻は小さな声で「あなた気をつけてね」といって静かに荷物を背中からおろし、いわれたとおり最初静かに歩きだした。そして木の間に入って自分の姿が見えなくなった頃合いを見て、夫の身を気づかいながら一心に走りだした。

焚木を取るふりをしばらく続けていた彼は、妻が女の足でもかなりの距離まで走る間熊の注意を引いておき、頃合いを見て矢で射とめようとも考えたが、真冬の寒中に狩小屋で自分を待ち伏せしている程の悪い獣《ウエンユップ》だから、こいつちょっと油断ができんぞと、短い緊張した時間に判断した。

彼は背負っていた荷物を静かに足もとに置いて、矢筒を背中につけ、左手に弓を持って、いつでも戦闘態勢に入れる準備を整えた。腰には山刀《タシロ》がつけてある。彼は妻の走っている距離を頭の中ではかった。

突然あたりの静けさを破るように、熊は一声すざまじいうなり声をあげて彼に向かって突進してきた。瞬間彼の弓からも一矢が熊の首の付け根あたりに命中した。たしかに手応えはあった。だがこの熊は本当にウエンユップであった。全身に松やにを塗りたくって毛が固まってしまい、ちょうど鎧を全身につけているような感じである。彼の矢など全然肉までとどかない。もし二、三センチでも熊の肉体に食いこめば、たちどころに矢尻につけた矢毒で熊は倒れるのであるが、狡賢《ずるがしこ》い熊は全身に松や

にをつけて毒矢から身を守るという。

　矢を射た瞬間突進してきた熊から危うく体をかわした彼は、近くの立木に立てかけてあった焚木用の細い棒をすばやくつかみ、熊の頭をめがけて力一杯一撃二撃と叩きつけた。そのため熊がいくらかひるんだすきに、今きた道を夢中で走りだした。熊も彼の後を追って走りだす。

　夏山の足場の良い場所を走るのと違って、深い雪の上を雪輪《テシマ》（かんじき）をつけて走るのだが、彼の足はもの凄く速かった。間もなくソウシベツの沢の入口を出て、モソシベツという小沢を過ぎ、メムの原野へ出た。広い白一色の雪原である。彼はそのかたなに妻の姿がポツンと小さく、一生懸命走っているのを確かめて安心した。妻はもうメムのコタンに近い。

熊を射る矢を作る萱野茂。昭和52年（1977）撮影・須藤　功

　熊は四百キロ近い巨体ですぐ後を雪煙りをあげて追ってくる。走りながら彼は後を振りかえり、何度か熊に矢を射かけたが、松やにの鎧にはどうしても歯が立たなかった。

　走っているうちに前方に鹿を捕えるために作られた柵が見えてきた。少し遠まわりをすれば出入口があるのだが、この場合そんな悠長なことなど考えている暇はない。柵の高さは雪の上でも約二メートル位ある。この柵を飛びこさなければならない。彼はテシマをはいているのでうまく飛びこせるかどうか。彼は心の中で神に祈った。神よ、どうか我にこの柵を無事に飛びこさせ、危急を救ってください、と口に祈りの言葉をとなえながら、勢いよく走ってきたはずみで〝えいっ〟とばかりに飛びあがった。だが、彼は運が悪かった。柵の横棒に小枝のふしがついていて、これに左足のテシマが引っかかったのである。その瞬間、彼は宙づりになってしまった。

　真赤な口をあけ、恐ろしいうなり声をあげて、熊は彼に襲いかかった。そのためテシマが引っかかった小枝が折れて彼の体は自由になったが、完全に熊に押さえつけられてしまった。しかし勇気のある彼はひるまず、アイヌと熊との、もの凄い格闘がはじまった。熊にはおもしろい習性があるというが、この熊も彼をつかまえて力一杯上へ放りあげ、落ちてくるのを受けとめて、また上へ放りあげる。彼は腹だけは上へ向けないようにして何とか守ったが、こうやって何回か放りあげられているうちに、背中数カ所にかなりの爪傷を負った。頭の皮も半面ぺろりとはがされた。

　もうだめかと思う頃、メムのコタンの人々が駆けつけてくる声が聞こえた。熊は一瞬気をとられた。そのすきを彼が見逃すはずはない。意識もうろうとしかかる自分の体にムチ打って、持っていた山刀《タシロ》で渾身の力をふりしぼり、熊の心臓めがけて一突きした。さすが獰猛な熊もこの一突きにがっくりと力つき、アイヌもまた熊を倒した安心感と多量の出血のために意識を失った。

　間もなく到着したメムのアイヌたちは、その光景に目を見はった。あたり一面、白い雪は真赤に血で染まり、地獄絵そのものであった。熊の巨体のそばに倒れているアバカアイヌに、急いで応急手当てが施された。アイヌ独特の血止め法がある。頭の皮ももとの位置に合わせて包帯された。片方の目もやられていた。急ごしらえの担架に乗せられて、彼はメムのコタンへ運ばれた。彼は一時重体であったが、コタンの人たちと妻の必死の看護で、どうやら命はとりとめた。

　アイヌたちにいわせると、熊にやられた傷は割合回復が早いという。彼も片目だけは失明したが、一か月程で無事にシケレベのコタンへ帰ってきたという。このアイヌの孫がすなわち私の祖母《フチ》であった。

〔昭和四十六年（一九七一）三月〕

女たちのペウタンケが響き渡った

コタンの火事

　ペナコリのコタンは明治初めまで今の下荷負《におい》というバス停留所付近にあった。だから今でもペナコリの古老たちはこのあたりをフシコタンと呼んでいる。

　沙流川のすぐ側にあったこのコタンも、コタンの人口が増えたのと、アイヌたちの生活様式が狩猟から農耕へとだんだん変わったので、湿地帯の狭い土地を離れて現在のペナコリへ、農耕を目的として移住したものとみられている。

　明治三十八年（一九〇五）十月の中旬頃と私の叔母の木村きみさんはいうが、コタンの中央あたりにヤユッコレとサノウクの兄弟がフシコタンから移住して、仲良く隣同士に家を建てて住んでいた。

　この日朝十一時頃、突然フォーイー、フォーイーというメノコのあわただしいペウタンケ（危急を告げる声）が響き渡った。それもそのはず、コタンの一軒のチセから、黒煙がもの凄い勢いで空に舞い上がっている。

　盛んにペウタンケを続けているのは、火事になっている家の一軒向こう隣りのトサントッカの妻ことしぱ婆さんである。婆さんは一声下に、二声上にというように、

語ってくれた木村きみ
撮影・長井　博

「二風谷アイヌ文化資料館」に隣接して並ぶチセ（家）。撮影・須藤　功

ペナコリの生活館。撮影・長井　博

交互に何回もペウタンケを続けている。

　すると上手の家からも、下手の家からも、ことしぱ婆さんに呼応するように、メノコたちがあわてて飛び出して来て、ペウタンケしながら、イカオパシ（救援のために駆けつける）して来た。

「サノウクアチャポの家が火事だ、それ急げ」

　コタンの男たちも方々から駆けつけた。

　幸い家の近くに兄弟が共同で使う井戸があったので、ここから水を汲み上げて火消しに取りかかったが、茅ぶき屋根で茅囲いの家は火のまわりが早く、手のほどこしようもなく間もなく屋根も焼け落ちた。そうしてすぐ隣りのヤユッコレの家に火がつき始めた。

　サノウクは、大きな声で、

「おれの家はかまうな、兄貴の家の物を少しでも多く運び出せ。それからトサントッカの家を守れ」

とどなっていた。コタンの男たちは大急ぎでヤユッコレの家の中から家財道具を運び出しにかかった。

　シントコ（塗物の器）、エムシ（刀）、トマ（ござ）、鍋、食器類、寝具、ヒエ、アワ、イナキビのはいった大きなサラニㇷ゚（編袋）等々。

　男たちがあわてて物を運び出しているうちに、みるみるヤユッコレの家にも火がまわった。

　今度はトサントッカの家が危い。メノコたちは大急ぎで隣近所の家々からトマを集めてきた。トサントッカの家に男たちは登って、茅ぶきの屋根をトマで覆うた。大きな巾の広いトマで家を上から下まで包んでしまうのである。そうしてそのトマの上から、ニアトゥシという桜の木の皮で作った桶を使って、水を運んでふりかける。するとトマが水で湿っているので、火を防げるのである。

　このようなことをアイヌ語でチセハヨッテという。家を武装するという意味である。

　こうしてコタンの人たちの必死の協力により、ヤユッコレとサノウクの家を失っただけで、火はしずまった。

　ペナコリの火事を伝え聞いた、二風谷《にぶたに》、平取《びらとり》、長知《おさち》内《ない》、ニオイ本村の各コタンから、大勢のアイヌたちが見舞いに集まって来た。

男も女も一人一人が火事を出したサノウク兄弟に丁重に見舞いの言葉をのべる。そうしていろいろな見舞いの品物を渡す。イタンキ（お椀）、鍋、ヒエ、アワ、イナキビなどのピリケップ（精白した穀物）を袋に入れてある。

早速ウニウェンテという儀式が始まる。火事で焼けた器の魂をなぐさめ、またこれからこういうことがないようにといましめるわけである。各コタンの長老たちがエムシ（刀）の抜き身を片手に順々に並び、フォーと、大地に響くような鋭い声で気合いを入れ、メノコたちがフォーイとちょっと悲しげな声で男たちの声に合わせる。

男たちは、エムシの抜身を交互に天に向かって突きあげ、突きあげ、男は怒り、女は悲しみのウニウェンテが、いつ果てるのかと思われるように続けられる。

夕方になって見舞いのアイヌもメノコたちもそれぞれのコタンへ引き揚げていった。火事になった家族はいかに親族の家にでも泊めてもらえないようなきびしいイレンカ（掟）があるので、コタンの人たちは火事の家族に、新しい家ができるまでの仮小屋を建ててやらなければならない。細い丸太棒で骨組みして、屋根も壁もトマで囲っただけの小屋に、火事の家族を収容するのである。

ヤエッコレの息子の金次郎とサノウクの息子の八郎は、当時、二風谷の小学校に通っていたが、家が焼けて帰る家がなくなり、金次郎の弟の善助が養子に行っている二風谷の貝沢シラベノの家に一晩泊めてもらったという。

後年金次郎氏は笑いながら、本当に子供というものは仕方がないもので、こんなにたくさん食べ物や衣料品が見舞いにもらえるのなら、火事は何回あってもいいものだと、子供心に思ったもんだったといっていた。

この話を私に教えてくれた叔母のきみは、その火事のあった当時六歳であった。叔母の祖母であるすたんの婆さんに、火事になった家の中で昼寝をさせられていたのだが、叔母が気づいた時は、少し離れたセム（入口の囲い、前室）の壁付近がバチバチ音をたてて燃えていたという。すたんの婆さんがそれに気づいて、窓から急いで救い出したから叔母は助かったわけだが、その時は子供心にもおっかなかったと叔母はいう。

自分の家から火が出て、兄貴の家に迷惑をかけて申し訳ないと、サノウクは三反歩の給与地を兄のヤエッコレに与えて、現在の屋敷に移転した。

昭和四十九年（一九七四）十一月、この仲の良い兄弟の住んでいた屋敷跡に、昔流にいうとポロチセ（大きい家）、現在は生活館というが、四十坪ほどのいわば公民館と共同作業場を兼ねた建物が誕生した。

この生活館が完成した時、部落の有志が相談して、形ばかりのチセノミ（家をまつる儀式）を、菊三おと（九一頁）に頼んでおこなった。そして、今度新しくできた生活館が、部落の柱となり、部落がますます発展することと、火事その他の災難に遭わないよう、サノウクエカシよ、ヤエッコレエカシよ、どうぞコタンの私たちをお守り下さいと、敬虔なるカムイノミ（お祈り）を捧げたのであった。

〔昭和五十年（一九七五）二月十三日〕

アリマキナ伯父《アチャポ》の災難

祖父の長兄は山奥で鱒の頭のために死にかかった

川上金次郎氏は明治二十八年（一八九五）ペナコリに生まれ、昭和四十三年（一九六八）同地で亡くなりましたが、私の祖父《エカシ》の兄ヤユッコレの二男で、私たちは金次郎アチャポ（おじ）と呼んでいました。

金次郎氏は私の父の同級生で、二風谷の小学校で父と一緒に学び、小学校四年で卒業しました。そのころアイヌの子弟は小学校四年だけで卒業させるという制度だったからです。

この人は大正六年（一九一七）の徴兵検査に甲種合格になり、札幌の月寒《つきさっぷ》歩兵第二十五連隊第十中隊に入隊し、機関銃手として非常に優秀な兵隊でした。そうして満州独立守備隊に編入され、遠い満州の地鉄領とか、ハルピン、チチハルなどで軍隊生活を送り、またシベリアまでも出兵しました。

金次郎氏や私の父の八郎が現役で入営した頃は、日露戦争が終って、第一次世界大戦が勃発した時分でしたが、当時は現役で入隊する人は数少なく、もれた人たちから見ると羨望の的でした。まだ沙流地方は道路もととのわず、平取《びらとり》大橋もできていない時代ですから、サルフト（富川）の日高線の汽車に乗るため、二人は馬で出発し、二風谷の下流のオヨンペという場所から馬で川を越したということです。

金次郎氏はいつも口癖のように、軍隊のあのきびしい訓練や、初年兵に対する制裁などを考えると、少しぐらい辛いことがあっても、軍隊にいた時のように我慢して辛棒すれば、何の仕事でも必ず成功するんだと私たちに教え、一杯飲んでほろ酔い機嫌の時など、「ここはお国を何百里」と軍歌を口ずさんでいたものです。

ある夏の夕方、ちょっとした用事があって私は金次郎氏のお宅を訪ねました。氏はよく働く人で、農繁期になると朝は夜明けとともに起きて田畑の見まわりをしたり、日中は息子や嫁たちと一緒に畑の草取りに精を出す

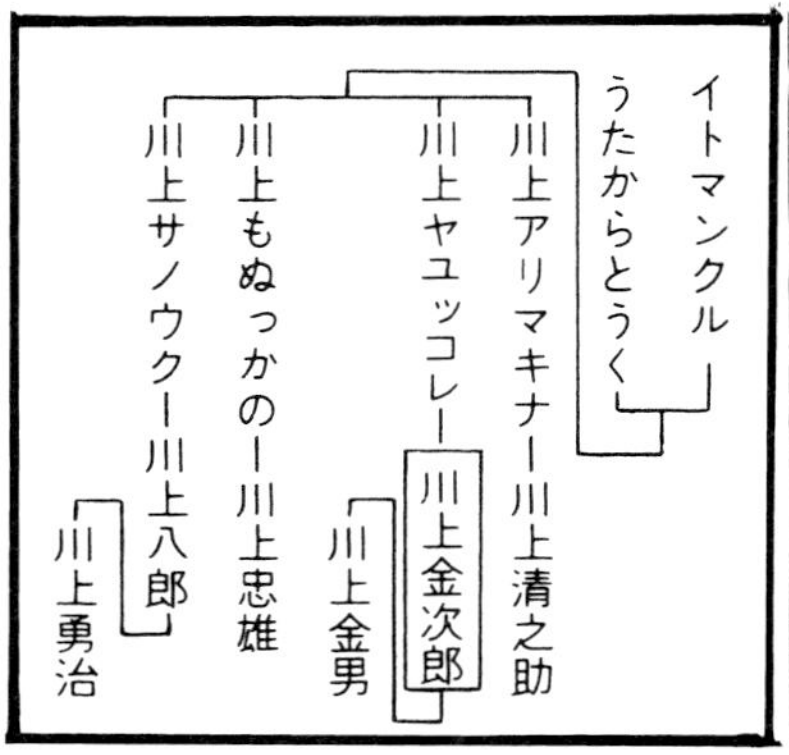

語ってくれた川上金次郎

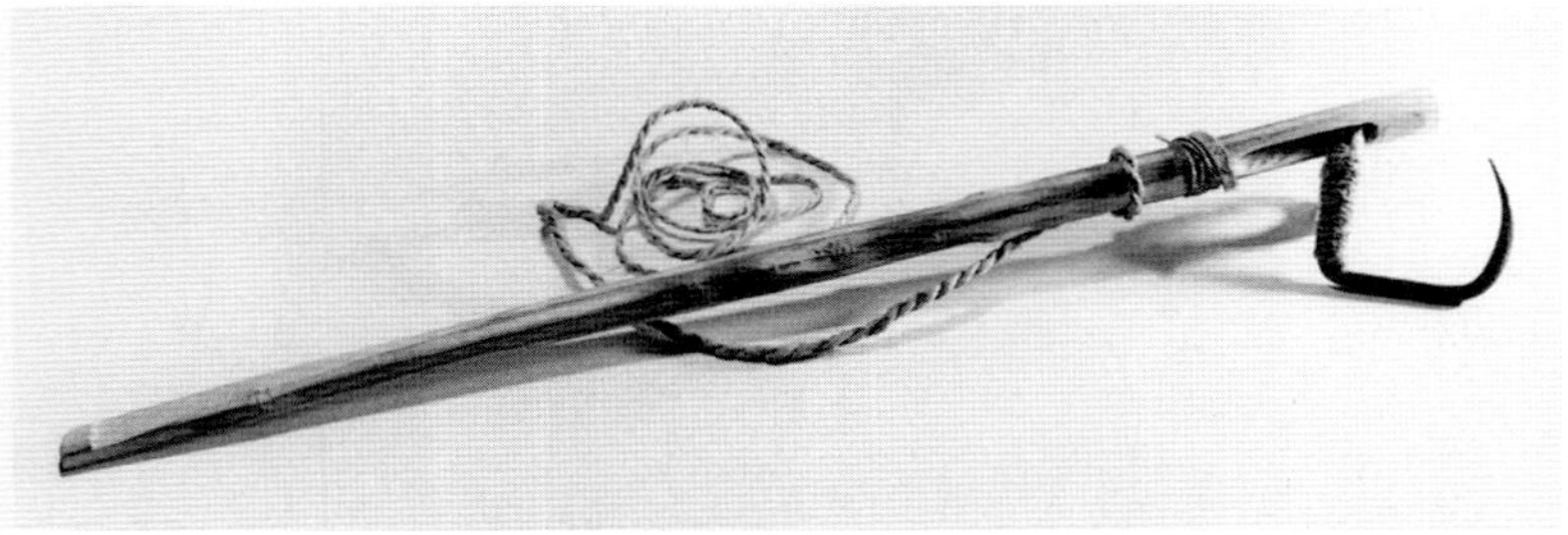
魚を獲るマレプ（自在鉤）。撮影・須藤　功

人でしたが、夕方は割合早く家に入る方でした。この日もまだ少し日はありましたが、上がれ上がれといわれて私が中へ入っていくと、氏は風呂に入りゆかたに着替えて、晩酌を飲んでいました。ニコニコしながら、畑の出来具合や世間話を名調子ではじめます。とてもトンチの良い人で、ユーモアに富んでいるから、話を聞いていても全然あきがきません。そして、お前は若いけれど、我々年寄りの話をまじめに聞く奴だから、今晩はおれの若い頃の話を少し聞かせてやろう、といって話しはじめたのが、この話です。

あれはおれが二十歳の時だった。おれが現役で入隊したのが大正六年だったから、たしか大正四年秋八月の末頃だな。おれも元気の良い盛りだった。

新冠《にいかっぷ》の上流へ五人で鱒獲りに行ったんだ。行く道はなあ、ヌキベツとメム（芽生）のコタンを通って、シュクシュベツまで行き、シュクシュベツの川伝いに一番奥まで登って、そこから山越しをして陰へ落ちれば、もう新冠の上流よ。あそこはヌカンライという場所だが、年寄り二人を道案内につれて行ったから、年寄りの足に合わせてゆっくり行ったんだ。途中シュクシュベツの枝沢で、ルトゥラシシュンベツという沢の一番源《カッチ》で野宿した。簡単な三角小屋を作って、フキの葉で屋根とまわりを囲い、その中で寝る段取りをして、小屋の入口の近くで焚火して泊まるんだが、めいめいヒエの白にしたものを二、三升ずつも持ってるから、小さい鍋をぶらさげて、ヒエのお粥を作って食べた。それから一晩中火種を絶やさぬようにしながらみんなで眠ったんだ。

翌朝その場所を出発してな、峰一つ越えるともう新冠の奥よ。野宿した場所から二、三時間も歩けばヌカンライの鱒獲りの場所に着くわけだが、その場所へ着いて見て驚いた。鱒がうようよいるわ、いるわ、川の底が見えないぐらい沢山いるんだ。川といったって、夏だから水が枯れて、小沢だからな、網もカギも何もいらない。適当な三尺ぐらいの棒を作って、鱒を手当りしだい叩いて獲るんだ。そのおもしろいこと。

少し獲ってから、鱒が珍しいからまず腹一杯食べてから仕事にかかるべしということで、おれたちは焚火して、鱒を丸ごと串焼きにして塩をつけて食べたんだ。そのうまかったこと、今でも忘れられないよ、あの味は。

ところでよ。お前も覚えているだろ、アリマキナ爺さんよ、（私の祖父の長兄で、金次郎氏の伯父）おれたちはあの爺さんのことをポロアチャポ（一番上の伯父）と呼んでいたがよ。ポロアチャポともう一人年寄りのカンパロアチャポは、鱒の頭でチタタップ（ぬた）を作って食べたんだ。みんな食べ終って、一息ついてから、またチェプコイキ（魚獲り）がはじまった。

それから夕方まで、夢中で鱒を叩いては岸へ放りあげ、叩いては岸へ投げ、とにかくおれたち若い者三人が一生懸命獲ると、年寄りたち二人は片っぱしから鱒の腹をとり、開きにして焚火にいぶして燻製作りをしてるんだ。

時間のたつのも忘れて夢中で仕事をしていると、もう夕方になっていた。焚火の方から、カンパロアチャポの声で、おーいと、呼んでいるから、おれは獲った鱒を背負って、焚火のそばへ行ってみた。近づいてみると、ポロアチャポが焚火のそばに横たわって苦しんでいる。どうしたと聞いたら、エアリキンネ、ホニヒアルカ（とても腹痛い）という。

おれはその時、ははあ、これは昼前食べた鱒のチタタップの食あたりだなと思った。たいていの腹痛みは大便をしたら治ると聞いているから、ポロアチャポに、大便してみれ、そうしたら治るからといったら、どうも出そうに思うのだが、どうしても大便は出ないんだという。それで、これは糞づまりだと思った。

囲炉裏の上に吊るした保存食。撮影・須藤　功

どうもこのポロアチャポという人は、普段から食べ物を作るのでも何でも、少しそそっかしいところのある人で、チタタップのきざみ方が悪かったんだな。本当は鱒の頭を丁寧に小さくなたできざんで、魚のしらこと塩で味をつけて食べるものなのに、ポロアチャポはめんどうくさがって大ざっぱに料理したんだな。珍しいから急いで食べたのは良かったんだが、魚の骨が腹の中で消化できなかったんだろ。

これは弱ったことになった、こんな山奥で病人ができて、どうしたら良いのか、おれも思案にくれたよ。ポロアチャポは、だんだん痛みがひどいらしくて、大きな声でうなりだした。夢中で鱒取りをしてた連中も、日が暮れかけたので焚火のそばへ集まってきた。

ポロアチャポがますます痛みがひどいのを見て、カンパロアチャポは、早速カムイイオロイタック（諸々の神の座にお祈りする）をはじめたが、全然効果がなく、ポロアチャポはますます大きな声をあげて苦しんでいる。その間に我々若い者三人は、急いで小屋を作り、枯草を集めて敷き、トマをその上に敷いて、ポロアチャポを背負っていって横にさせた。

みんなで腹をさすったり、背中をなでたりするが、腹痛はいっこうに治まらない。ポロアチャポは便意をもよおすらしいので、小屋の外へ連れて用をたさせようとするのだが、昼前に食べた鱒のチタタップの骨が肛門の近くにつまっているらしい。それが痛んで苦しんでいるらしいんだ。

そこでみんなで相談したんだが、このままここへ置いておいたら、ポロアチャポは死んでしまうから、誰かコタンへ連絡に走らなければということになって、おれが一番若いし走るのが早いから、お前行けということになった。その頃はもう真暗だし、夜明けを待って出発することになったんだ。

一晩中痛み続けたポロアチャポは、すっかり元気がなくなった。やがて東の空が白み、足元が見える程度に夜が明けた。残った三人はおれにこういった。おれたちは何とかポロアチャポを交替で背負って、昨日野宿したとこまで連れて行ってるから、お前一刻も早くコタンへ行って、応援を頼んで迎えにきてくれということだった。

おれはポロアチャポを助けたい一心で、夜明けの山道を真剣に走りだしたんだ。道といったって細道もあるわけじゃあない。昨日自分たちが歩いた跡を頼りに走るんだ。その頃のシュクシュベツは造材も入っていなかったので、山は原始林で、昼間でも暗い程木が密生してる。昨日登る時に気をきかせて、要所要所の立木になたで皮を削って木番（目印）をつけておいたので、その目印を見ながら一生懸命走ったんだ。熊も相当いるらしく、ところどころに足跡があるんだが、おっかないも何もいっていられないんだ。

やっとシュクシュベツの本流まで出てきたら、アイヌたちがいつもマタンキ（狩）や何かで通ってる細道があるから、その道を脇目もふらず、一心に走った。

太陽が山の上へ一間ぐらい上った頃、やっとシュクシュベツの出とう（出合）まできた。ここまできたら、もうメムのコタンまで二里半ぐらいだし、道は大分良くなって、走り勾配だ。その頃はストゥケレ（葡萄蔓《ぶどうづる》の皮のわらじ）もすり切れたから、裸足になっていた。シュクシュベツの川の中の道をあっちに渡り、こっちに渡りして、砂利や玉石原を走っていた時は足の裏が少し痛かったけど、走っているうちに足の裏が馬鹿になって、痛みを感じなくなってたよ。でもシュクシュベツからメムまでの間は馬がいつも歩いてる道だから、砂が出ていて足ざわりが良いからとっても走りやすかったな。おれは猛烈にスピードをあげて、やっとメムまできた。

その頃メムにはアイヌチセが三、四軒しかなかったものだ。おれがコタンの前を走って通ったら、ロルンプヤラ（上座の窓）から一人のアイヌがおれを見て、あわててチセ（家）から飛んで出てきて、おい若い衆とおれを呼び止めて、何をそんなにあわてて走っているんだ、と聞くからわけを話したら、そうか、それは大変だ、アリマキナアチャポならおれもよくマタギで一緒になって覚えている。いいアチャポなのに可愛想に、ではお前は急いで知らせに行け、おれらは途中まで迎えに行くから、ヌキベツコタンにも、ニオイコタンにもこのことを知らせて行けよ、といったんだ。

おれはまた懸命に走りだした。メムからヌキベツまで二里半だが、ほんの一時の間にきてしまった。メムの人にいわれたように、ヌキベツコタンで覚えた家があったから、そこへ寄って事情を話したら、ペナコリのニシパアチャポが大変だ、よしおれたちも迎えに行く、お前は少しでも早くペナコリへ下って、メヨニアチャポに話して医者を手配するようにといわれ、ヒエのにぎりめしを一つもらったので、それを食べながらまた走りだした。

ヌキベツコタンからニオイ本村のコタンまで息もつかずに走ってきて、イトンビヤアチャポにこのことを知らせたら、それは大変だ、アリマキナクユポ（わが兄）を殺したら大変だ、すぐコタン全員に知らせて迎えに行くといいながら、若い者に馬小屋から馬を二頭引き出させて、お前この馬に乗って、すぐペナコリへ走れ、おれはこいつに乗ってアリマキナの迎えに行くといったんだ。

おれは貸してくれた馬にまたがり、矢のようにペナコリ目ざして、走った、走った。裸馬に乗るのは、小さい時から慣れているから、おれは上手だったんだ。

ニオイ本村から十分ぐらいでペナコリへ着いて、すぐおれの父やメヨニアチャポに報告したら、コタンも大騒ぎで、メノコたちはペウタンケ（急を告げる叫び声）して、大勢集まり、おれの父はすぐ幌尻《ぽろしり》の山のカムイに向かってカムイイオロイタックをしたり、その他諸々の神々に、ポロアチャポの無事を祈ったものだった。

さっそくお前のエカシのメヨニアチャポは、お前の親父の八郎を馬に乗せて、医者を迎えに走らせた。その頃ニナに橋本という医者が一人いたんだ。その人をお前の親父が無理いって馬の尻に乗せてきた。その医者がペナコリへきたのは昼過ぎ頃だったんだが、山からはまだポロアチャポが到着してないので、また医者を馬の尻に乗せて先へ行ったら、ヌキベツから少し行ったところで、もうポロアチャポはきてた。それが荷負やヌキベツ、メムのアイヌたちが部落総出で迎えに行ったらしく、総勢五、六十人の人数で、まるでお祭り騒ぎのように病人を担架に乗せて小走りに走ってきてる。

これにはびっくりしたなあ。ポロアチャポたち兄弟の信用があったことと、近郷近在のコタンのアイヌたちが、ここ一番誰かが困った時に助け合うこと。本当に団結心があったんだなあ。

橋本医者は、人家も何もないこんな道ばたでは手術も何もできないから、どうせだからペナコリの家まで担いで行け、大丈夫家へ着くまで死ぬことはないというもんだから、そのまま家まで運んできたんだ。

そうして急ごしらいの手術台を作った。馬車の腕木に台をつけて水平にして、その上へ板をのせ、またその上に戸板をのせ、ポロアチャポをその上へあお向けに寝かせて、医者は尻の方へまわって糞出しにかかったんだが、なかなか出せない。石けん水で完腸したり、肛門へ指を突っこんだり、いろんな道具を入れて何とか取りだそうとしている。しかし医者も機嫌が悪いわな。糞が指についてきたないし、臭いのでぶつぶつ小言をいう。ポロアチャポは昨夜から痛み通しだからすっかり元気が衰えて、うなり声も弱々しい。おれの父もお前のエカシも医者に平身低頭して、ニシパ、兄貴を何とか助けてくれ、頼む頼むと真剣に頭を下げていたもんだ。

そのうちに、かぎのようなものを直腸の中へ入れていた医者が、にわかに緊張した顔で静かに手元へたぐり寄せているので、みんな真剣に見てると、魚の頭の骨がかぎの先について肛門から出てきた。その骨が出てくると同時に、奥の方でつまっていた排泄物が勢いよく出てきて、ポロアチャポは大きなため息をした。

囲炉裏はチセの中心で神聖な場所。撮影・須藤　功

それを見ていた大勢のアイヌたちは、歓声をあげ、踊りあがって喜んだ。医者もニッコリして、おいアチャポ、もう大丈夫だ、死ぬことはない、元気を出せといって、ポロアチャポの大きな尻を平手でバチンと音を立てるように叩いた。それまで心配そうに見ていた家族の者も、その外の人たちも、いっせいに笑い声をあげたもんだった。もう夕暮れ近かったな。

おれの父もお前のエカシも、兄貴が助かったので、お祝いだといって、酒屋に人をやって樽酒を買い、その日迎えに行ってくれた人たちにうんとごちそうし、また橋本医者にも充分お礼して馬で送らせ、メムやヌキベツコタンの人たちには遅くなったので一晩泊まってもらい、全員でにぎやかに飲み明かしたものだった。

翌日具合いの良くなったポロアチャポに、おれの父とお前のエカシはかなりお説教をしたらしいが、おれもあんなに一生懸命走ったのは、生まれてはじめてだったよ。軍隊でもおれは走るのは負けなかった。今から五十年も前の話だが、昔はいろいろなことがあったな。しかし良い時代だった。アイヌたちみんな仲良しだった。

どうだ、おもしろかったか？　アハハハハ……。

金次郎アチャポは、こういって私に昔の話を聞かせてくれたものでした。

〔昭和四十八年（一九七三）五月〕

もちゃし婆さん

婆さんがくると不思議に病気は良くなった

もちゃし婆さんは、私が書いた前章の「あるラメトックルの思い出」に出てくる大男で力持ちのアイヌ、カブさんの連れあいである。口もとの入墨がくっきりと鮮やかによく似合う、非常に声の良い人であった。アイヌの伝統のシノッチャ（恋唄）とかヤイサマ（即興唄）などをよく歌っていたのを、幼心に憶えている。

また婆さんは、アイヌメノコ独特のイム（陽性ヒステリー）をよくしたので、コタンの人気者であった。

コタンで寄合いがある時など、よくいたずら好きの男や女どもが、婆さんにイムを仕掛けた。誰かが手ごろな棒を持って、婆さんの見ている前で、他の人を叩きつける仕ぐさをしながら、「イテキキツキツ（叩いてはいけない）、イテキキツキツ」と続けているうちに、イムがはじまる。イムというのは何でも人のいっていることの逆に作用するので、もちゃし婆さんは、仕掛けている人から棒を奪い取り、この方は本気で叩こうとする。相手はあわてて逃げだすがそれがとてもおかしくて、皆どっと笑う。

また誰かがイテキ歌わない、イテキ歌わない、面倒くさいからおれ歌うとかなんとかいってると、イムがはじまって、婆さんのすばらしい声のヤイサマやシノッチャが飛び出してくる。歌っている途中で別の人が、おれ踊らない、踊らないといいながら踊る仕ぐさをはじめると、もちゃし婆さん、座って歌っていたのが急に立ち上がって、踊りながら歌いだす。そのおかしさやおもしろさは抜群である。見ている者みんなが笑いころげているうちに、イムが切れて正気に返った婆さんは、人をからかうのもいい加減にせいとか何とかいいながら、もとの場所へ怒り怒り坐ったものである。

でも婆さん本当は案外腹を立てていない。なぜならこのイムをするくせのあるメノコは幾日もイムをしないでいると体に悪いといわれていて、力一杯イムをやった後は、体がさっぱりして気分がよいのだそうである。

もちゃし婆さんはトゥス（巫術）の名人でもあった。トゥスというのは、たとえばコタンの誰かが急に腹が痛くなったとか、急に頭が痛くなった時に、このトゥスを行なう婆さんを頼んで、病人についていると思われるウエンカムイ（悪い神）とか、バウチ（悪霊）を追い払う

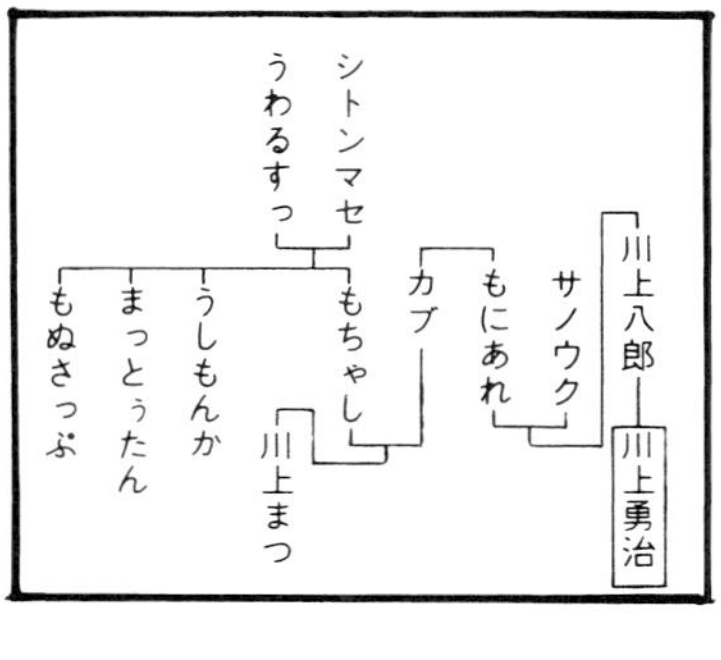

まじないをしてもらうのである。動物では蛇とか犬、猫、狐の死んだのが、悪霊として人間にとりつくというが、人間の死霊がつきものになる場合が多いとされている。これは人間が死んだあと、その霊に対して、遺族の人たちが充分にシンヌラッパ（追善供養）を行なってあげないと、霊はあの世で浮かばれずに迷っていて、そのことを知らせにとりつくという。現在ではトゥスを行なう人もいなくなって見られなくなったが、私の幼い頃には何回か見たことがある。

ある時私と元気に遊びたわむれていた隣りの家の男の子が、突然腹痛を訴えて、七転八倒の苦しみをはじめたことがある。すぐに家の中へかかえ入れられた男の子は、悲鳴をあげて苦しがった。母親はすぐもちゃし婆さんを呼びに行かせた。すると婆さんは自分の仕事を投げだして、急いで駆けつけて来て、すぐに苦しんでいる病人のそばへ座り、痛んでいる患部を手でもんだりさすったりしはじめた。そして大きく息を吸いこんで、ふうーっと痛むところに吹きつける。

その間その家の長老がいろりの上座に座り、フチアペ（火の神）に、病人の体にとりついているウエンカムイ（悪い神）が、一刻も早く婆さんに乗り移るように祈った。そのうち婆さんのようすが変ってきた。体全身異様にふるわせながら、目つきも気狂いのようになり、ウエンカムイの本性を現わしてきたのである。婆さんは体を前後左右に振り振り、キャンキャン、ワンワンと、犬の鳴き声を出しながら、苦しいよ、苦しいよと泣きながらアイヌ語でしゃべりだす。

そこで長老は、

「何だ、お前はセタ（犬）だな。畜生の分際で、どういう訳でここへ来た。何の恨みがあってこの家の者についたんだ、バカ野郎」

と、大きな声でどなりつける。

すると犬の霊は泣きながら、

「おれはこの家で大事にされ、かわいがられていた犬だけど、お前たちも覚えがあるだろう、昨年の秋からおれはこの家へ帰ってこられなくなったんだ。おれはペナコリ沢のずうっと奥山の、お前たちの目のとどかない場所で、イセポ（兎）を獲るヘビタニにかかって、死んだんだよ。それが一遍に首がしまってひと思いに死んだのなら恨みも残らんのだけど、宙づりになったまま十日も生きていたんだ。おれは生きてる間中力一杯暴れて、声を限りに助けを呼んだけど、誰も助けにきてくれなかったではないか。おれは苦しかったよ。キャンキャン。おれは苦しかったよ、ワンワン」

婆さんはいかにも犬が苦しんで悲鳴をあげているような姿で暴れまわる。

そこで長老は、

「そうかお前はそんな苦しい思いをして死んだのか。それは気の毒なことをした。ではかわいそうだからお前のいい分を聞いてやるから話してみろ」

という。

するとこのつきものの犬の霊は、

「おれがこんな苦しみ方をして死んだことを、この家で一番おれをかわいがっていた子供に知らせたくてついたんだから、おれが生きている時一番好きだった握り飯と鮭の頭と、それからあの世へ行っても銭は必要だから、穴のあいた銭に紐を通したのをおれにくれ。そうすればおれはすぐこの家から出て行くから」

という。

　すると長老は、

「よしよし、お前のいい分はよく分かった。お前のいうとおり、ちゃんとカムイノミ（祈り）してやるから、安心してすぐこの子供から離れろ。ホクレホクレ（早く早く）」

　婆さんは四つんばいになって、いかにも犬が謝ってでもいるようなかっこうをしながら、

「悪かった、悪かった。坊やごめんね。もう出て行くからかんべんしてね。おれが出て行ったらすぐに元気になるからね。本当にすまなかった。おれは帰るぞ、ワンワン」

といって、四つんばいのまま犬のような足どりで入口の方に出て行った。

　長老はフチアペ（火の神）にお礼のカムイノミを行ない、そばでようすを見ていたメノコたちが、前室の付近で、もちゃし婆さんがタクサという草で体を払って清めるのを手伝って、トゥスを終わった。もちろん正気に返ったもちゃし婆さんは、自分が今まで何をしたのかまったく覚えていないのである。

　トゥスが終わるとすぐに約束した贈り物を取りだしてきて、犬の霊に対してねんごろにシンヌラッパ（供養）して一切が終わるのである。先ほどまで七転八倒の苦しみだった子供も、その頃にはウソのように痛みが止まり、スヤスヤと眠っていた。

　私も幼年時代腹が痛いといえばもちゃし婆さんに来てもらい、頭が痛いといえば来てもらった。そしてもちゃし婆さんに痛い場所をさすってもらえば、奇妙に痛みが止まった。

　アイヌは、このような人のことをテケヘイタクルといった。すなわち医者のような人という意味である。施設の完備した町立病院があり、急病人が出れば真夜中でも電話一本で往診してもらえる現在から思えば隔世の感がある。

　トゥスの名人であったもちゃし婆さんも、夫のカブさんが亡くなった二年後の昭和十七年（一九四二）の十一月に、ふとした風邪が悪化してカブさんの後へ旅立った。当時小学生であった私も、学校を早退して、野辺の送りに参加したのを憶えている。本当になつかしい、思い出多いアイヌ夫妻であった。

（昭和五十年（一九七五）二月六日）

祖先に神酒を捧げる。撮影・須藤　功

言い伝えは本当に迷信だったのか

谷地のおばけ《ケナシウナルベ》

私の父さんは、和名を長野平三郎といい、アイヌ名をイラバエといって、ポロサルコタンのアイヌでした。

私が生まれて間もなく、父は北見の何という場所だか知らないけど、狩りに出かけたとのことです。それが、ちょっとした風邪が悪くなって、クチャチセ（狩小屋）で亡くなって帰ってきませんでした。それ以来私と母だけが残されたのです。身内の人たち二、三人で北見へ行って父を埋葬した話をだいぶ後になってから聞きましたが、私は父の顔も覚えがありません。

それで母は私をつれて、当時のお金で五十円ぐらい嫁入り先からもらって、実家へ帰ってきたとのことでした。

あなたも知っているように、母の実家はあなたのエカシさんの兄さんの家です。その頃、母の弟の、私からいえば叔父ですが、川上金次郎さんが除隊して帰ってきて、結婚したばかりでした。母は働く人だから、叔父を助けて、一生懸命農家を手伝っていました。ただ母は、嫁入りしてきて間もない叔父の嫁と意見が合わなくて、大変苦労した様子でした。

ポロサルのコタンから帰って、実家で二、三年暮した頃に、母は私を残して叔父の家を出て行きました。これも後で聞いたのですが、母は二《に》風谷《ぶたに》の二谷一太郎さんの紹介で、平《びら》取《とり》の平村福二という人と一緒に暮らすようになったのです。

叔父の家に一人残された私は、何にも分からない五歳ぐらいの時でしたが、叔父に頬ずりされながら、お前の母さんは、お前を残して出て行ったが、お前だけは手放さないぞ、これからどんなことが

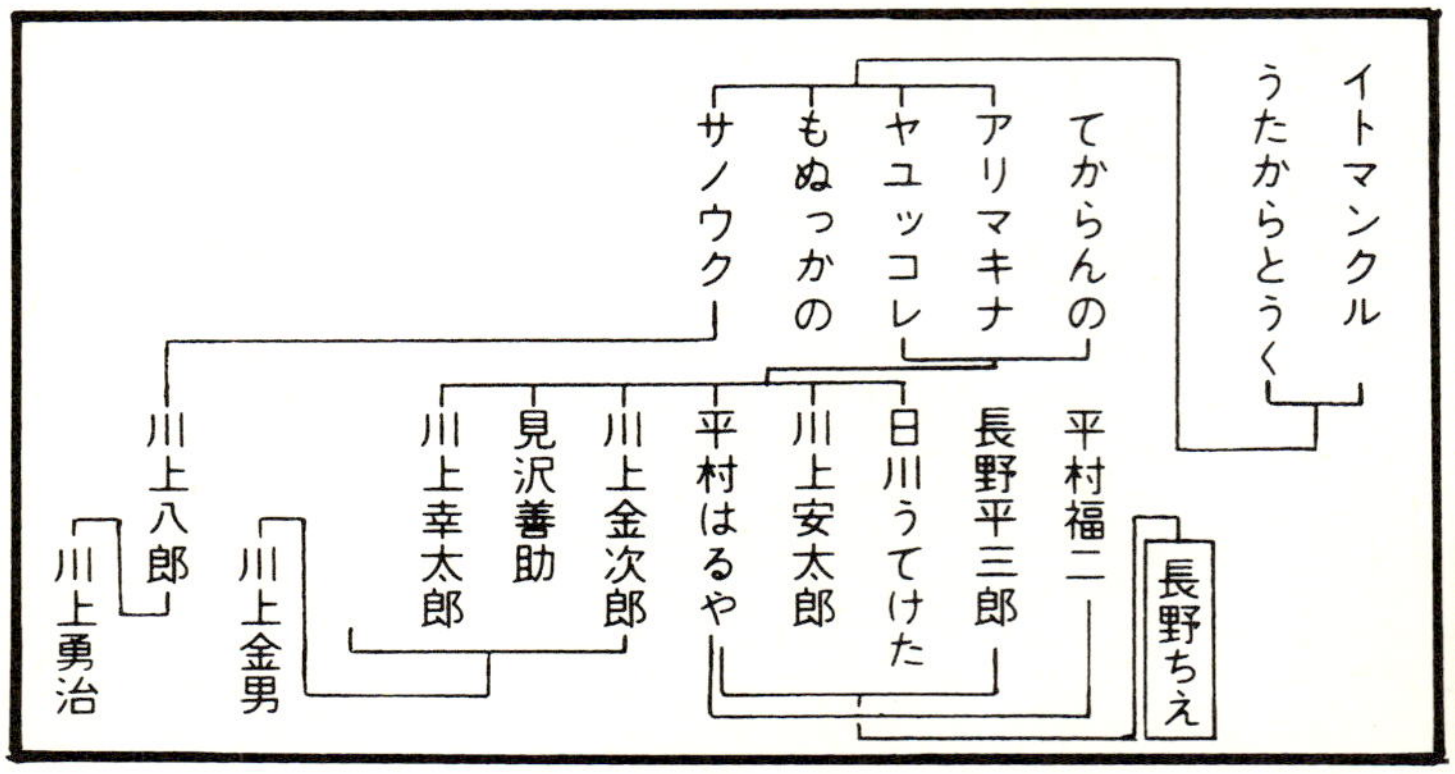

語ってくれた長野ちえ

あっても、お前はおれの娘として育てなければならないと、母に対する怒りと、私に対するあわれみとで、涙を流しているのを、幼心に憶えていたものです。

母が平取へ行って間もなくでした。

正式な仲人の入った嫁入りではなくて、ただ二谷一太郎さんが母に話しただけで勝手に平取へ行った母のことで、親戚の人たちが怒りだし、チャランケ（談判）の話がもちあがりました。結局母が悪いのではなく、平村福二の方が母を誘惑したということで、こちらから先方に抗議を申し入れたのでした。

チャランケの当日でした。叔父が私にメヨニアチャポ（筆者の祖父）の家へ行ってみろ、お前の母さんがきているからというので、私が急いで行ってみると、幼心に私もびっくりしたものでした。

平取の人たち十人ぐらいと、ペナコリのおもだった人

エムシ（刀）。撮影・須藤　功

たちが、ポロチセ（大きい家）の中が狭いほど大勢集まっていました。もちろん私の母もいました。いろりの中央にはあなたの爺さんが正座して、チャランケをつける側の代表になっていました。またチャランケをつけられる側の、平取代表のヤスケアチャポや、ヨンケアチャポも、あんたの爺さんの正面に陣取って正座しています。そうして双方の代表者格の横の方に、聞人としてか審判員としてなのか、大勢のアイヌやメノコたちが勢ぞろいしているのでした。

あなたの爺さんは、五十歳ぐらいの元気のよい盛りで、チャランケをつける側の代表者、つまり弁士で、右手にエムシ（刀）を持ち、大きな声で堂々とチャランケを続けています。チャランケを受ける側の代表ヤスケアチャポは、これまた自分が座っている目の下にエムシを横に置き、じいっとあんたの爺さんのチャランケの言葉を聞いています。

やがてあなたの爺さんのチャランケが終わり、今度は受けてたつ側のヤスケアチャポの答弁がはじまりました。これまた平取のコタンでは、この人以上のパエトックル（雄弁家）はいないといわれるだけに、実に堂々とすじを立てて答弁した模様でした。

私は母が買ってきたお菓子を無心に食べていましたが、母が悲しそうに涙をポロポロこぼしていたのと、あなたの爺さんの怒りの声と恐ろしい剣幕だけが、今でも脳裏にくっきり焼きついています。

※　※　※

少し、チャランケのことを説明しておこう。

チャランケというのは、昔からアイヌ社会に伝えられた紛争解決の方法で、いわば裁判の機能を持っている。告発する側、される側の代表者同士が討論しあうのだが、大勢の人たちが見守る中で、長いのであれば二日二晩も休みなしに続けられたという。長い時間しゃべり続けていると、疲れが出てくるし、眠けはするしで、優れた言葉を豊富に持ち、はたそれに合わせて、強い体力と気力が必要で、とにかく大変だったということである。

長い討論の末、相手に意表をつかれ、どうしても次の文句が出てこなくて絶句すると、そのとたん、審判役の人たちが、勝負あったという意味のことをいう。それでチャランケは終わり、負けた方は疲労困憊その極に達し、そのまま後へ倒れて昏睡状態になるという話を聞いたことがある。チャランケに負けた側は、勝った方の要求を全面的に受け入れなければならないのであるから、コタンから選ばれて、よそのコタンへチャランケに行く場合、相当の雄弁と体力と、また勇気のある者でなければつとまらなかったわけである。

※　※　※

私はチャランケの勝ち負けは知りませんでしたが、母は平村福二さんと晴れて夫婦になりました。でも私は母のもとへは行きませんでした。叔父の娘として小学校へも入学し、そのうちに叔父の子供たちが次々に生まれると、私はその姉娘として成長しました。

私が十七、義弟の金男が十四の年の五月はじめの頃でした。その頃私は叔父のことを、おとっちゃんと呼び、叔父の嫁をおかちゃんと呼んで、本当に叔父の家の家族の一員として、楽しい毎日を送っていた頃のことです。

ペナコリ沢の向かい側の台地ポロコッに、叔父は広い土地を持っていました。自作農地として国から払い下げられた土地で、約二十町歩の面積でした。

そこの畑で私と金男は、二頭挽きの馬で朝早くから畑起こしをしていたのです。畑に開墾されたところはまだあまり広くはなく、その頃で四、五町歩ぐらいだったでしょう。畑の南東すぐ目の前は、タッコップという高い山で、原始林でしたし、畑の西側は藪《やぶ》原で、藪の中に谷《や》地《ち》坊主が密生しており、昼間でも淋しい場所でした。

一日中金男は馬の手綱を取り、私は二頭ブラウを握って、一生懸命畑起こしを続けていたのですが、春の日の長い時だったけど、だいぶ陽が西に落ちてきたので、私は金男と二人で仕事をやめ、馬の道具を始末して、馬は放し、帰る仕度にかかりました。

その頃馬はコタンで申し合わせて、畑に種をまいて新芽が出るまで自由放牧でしたから、呑気なものでした。夕方馬を放し朝馬をつかまえて畑起こしをしたものです。

馬の道具を始末して、弁当を入れたサ

タッコップ山。撮影・姫田忠義

ラニプ（編袋）を肩にかついで、二人は家に向かって歩きだしました。昼でも暗い薮の中の畑道を、金男が先になり、私が後から歩いていました。

　畑起こしの現場から二百メートルほど家に向かって歩いてくると、カエル沢といって小さな沢が流れています。その沢のふちにきれいな泉があって、冷たいきれいな水が湧いているので、よくそこで馬に水を飲ませたり、水を汲んだりしたものでしたが、その泉を通り過ぎて間もなくでした。先に歩いていた金男が急に立ちどまり、顔色を変え、声をふるわせながら「姉ちゃん、あれなんだ?」と指をさしたので、その方を見ました。その瞬間、身の毛もよだつとはあのことをいうのだと、今でも思い出すのですが、私たちは化物を見たのです。

　ちょうどアイヌの婆さんが座ったようなかっこうで、私たちの目の前にいるのです。それが夕方で、木立の中でもあり薄暗いので、顔の輪郭もはっきり見えないのですが、とにかく髪が長い老婆の姿で、顔も体も髪の毛でおおわれ、トゥス（口寄せ、巫術）をする婆さんが座って体をふるわせているように、風もないのに体全身をふるわせ、見るからにきたならしい髪の毛が、荒々しく波うっていました。その気味の悪いこと。今にも私たちに襲いかかってくるような気配で、体全身をふるわせているのです。

　座っているので、足があったのか、腰があったのか憶えていませんが、あんな恐ろしいものは、今までの一生のうちに見たことがありません。

「おっかない、姉ちゃん」

と金男が私に飛びついてきたので、私は金男に、

「さあ急いで家へ帰るんだ」

といって、後も見ないで走った走った、小学校時代私も金男も走る方の選手だったので走るのは相当早い方でしたが、家まで約千五百メートルぐらいもある距離を、バライチゴのつるに足を取られて転び、あわてて起きあがって、一心に走ってきたのです。

　ペナコリ沢を横切り、坂道を駆けあがり、本当に夢中で逃げて家へ帰ってきたら、台所の窓からおかちゃんが顔を出して、

「何してお前たちそんなにあわてて帰ってきたんだ？　馬でもなんとかなったのか?」

と聞きました。私は恐ろしさと、走ったのとで、息が切れて声が出ないのです。やっと、

「おっかないお化けを見たんだ」

と泣き声で答えたら、おかちゃんも顔色をかえて、

「そのまま家の外にいれよ。家の中さはいったらダメだよ」

といったので、私たちは家の外で立っていました。

　おかちゃんはあわてて家から飛び出て、あなたの爺さんとすぐ隣りのモネタル婆さんを呼びに行き、早速爺さんと婆さんが飛んできて、私たちを便所の前へつれて行き、祈り言葉をとなえながらタクサ（清め草）でお払いしてくれたのです。便所の神様はルコロカムイといって、危急の場合にお願いすると、一番早く助けてくださる神様というでしょう。

　その次に私たちは、家の東側にまつられている祭壇の

前へつれていかれ、諸々の神にお祈りの言葉をとなえてもらいながら、同じようにタクサでお払いしてもらいました。それから家の前で一番上に身につけている着物をぬがされて、家の中へ入れてもらいました。

家の中でも、あなたの爺さんは、チセコロカムイ（家の守護神）に私たちの身の安全を祈ってくださいました。それでいくらか気持ちもおさまりましたが、まだまだ恐ろしくて、その晩はご飯が喉を通りませんでした。

そのお化けの正体が何であったのか、その時は知りませんでした。大人になって分かったのですが、あれはケナシウナルベ（谷地おば）という化物だったのです。谷地に住む老婆の姿をした化物だそうです。

※　※　※

アイヌ古来の伝説によると、アイヌは谷地の中で野宿したり、住居を作ったりしては絶対いけないとされている。なぜなら、谷地の中はもちろん湿気もあり、蚊も多く、生活に適さないばかりでなく、谷地に住むこのケナシウナルベに取りつかれて狂い死にすることがあるということで特に好まれないのである。アイヌがコタンを作るのは、高原のような場所で、見晴し良く風通しも良く、また水の便利の良い場所である。しかし明治以後に北海道に渡った和人の移住者たちは、進んで谷地坊主原を開墾した。和人たちの力には、さすがのケナシウナルベも、あるいは降参したのかもしれない。

チセコロカムイ（家の守護神）を祀る。
撮影・須藤　功

※　※　※

私も二十歳を超え、おとっちゃん、おかちゃんとなついていた叔父の家から、現在の二風谷の夫のところへ嫁いで、今ではもう三十年余りたちました。叔父たちの長男の金男が兵隊から復員して間もなく、私が娘の頃ケナシウナルベを見たポロコッに新居をかまえて、ペナコリのコタンから移り住みました。

でも、ああいうケナシウナルベが住むような谷地坊主の近くで住むのはやはりよくなかったのか、九十歳を超えた私の祖母が亡くなった頃から、叔父の家の家運が傾き、病人の絶えまがなくなりました。祖母の次に、長い間入院していたおかちゃんが亡くなり、おかちゃんが亡くなって何年もたたないうちに孫の女の子が亡くなり、一年たって嫁が亡くなり、嫁が亡くなってから一か月後におとっちゃんが亡くなり、その一年後にはおとっちゃんの跡継ぎの勝治も亡くなって、とうとう内孫三人だけが後に残されたのです。

一時はペナコリの御殿といわれて建て坪四十坪あまり

あった二階建ての叔父の家も、今はなくなり、本当に淋しくなってしまいました。やはり、ケナシウナルべがおとっちゃんたち一家を破滅させてしまったのでしょうか。

私の母は現在八十余歳で元気で暮らしているのですが、若い時から不幸続きの人で、チャランケまでされて嫁いだ夫にも先立たれてしまい、夫の一人娘に婿を取って女の子と男の子と孫ができて喜んでいるうちに、その一人娘もポックリと亡くなってしまったのです。残された孫を育てて最近まで平取に住んでいたのですが、四年ほど前から私の家の前に小さな隠居所を建ててやり、朝晩の食事の面倒を見ながら母と暮らすようになりました。本当に、母も長い苦労の多い人生でした。

私は北見のクチャチセで亡くなった父の一人娘であったのに、今は十一人の孫に取りかこまれて、毎日毎日にぎやかな幸せな日を送っています。

（昭和四十九年（一九七四）四月十二日）

〈追記〉

ちえさんが語っているように、ペナコリコタンの北東にタッコップという三角形の山がある。下流の二風谷からも見える山で、かなりの高さである。天気の良い日にこの山へ登り、頂上に立つと、はるか南西の方向に太平洋が見えて、景色がすばらしい。もちろんペナコリも二風谷も一望できる。

この山の麓にポロコッ（大きな窪み）という谷地があり、娘時代のちえさんは、そこでケナシウナルべを見たわけである。

この谷地に一番最初に入植したのは、明治末期に淡路島から移住した和人、奥村小三郎という人であった。しかしどうしたわけかこの人はこの地で成功できず、大正十二年（一九二三）にこの地を離れ、いまは厚真方面に住んでいる。

その後、昭和十一年（一九三六）、台地は自作農地としてペナコリの川上金次郎氏、川上清之助氏、川上栄吉氏、川上松雄氏等へ、約十五町歩ずつ払い下げになり、それぞれ住居を建てて、ペナコリから移り住んだが、本文にも出てくるように、不思議に誰もがこの地に永住することができず、二十年足らずのうちに、またペナコリへ戻って生計をたてることになった。

昭和三十年頃、樺太からの引揚者小田留吉氏が、川上金次郎氏から借地して、この付近に住居を建てたが、五、六年後同氏は精神病にかかり、現在鵡川町更生病院で療養中であるが、入院十年後の今日いまだに快復のきざしは見えない。

昭和14年（1939）冬のペナコリ。撮影・フォスコ・マラィーニ

万一あなたがこんなことに出会ったら

洪水の晩に

昭和三十年（一九五五）、私が二十五歳の秋のある夜、私は二風谷の二谷一太郎アチャポ宅で、夕食を終えたアチャポ親子といろいろな世間話をしていました。話題はもっぱらその年の七月三十日に沙流川流域を襲った水害の話でした。

この水害の被害は莫大なものでした。せっかく丹精した田や畑が全部水没して、収穫が皆無だったのです。私の部落では、川上松雄氏の馬と、川上金次郎氏の馬などが救助できずに流されるなど、大変な年でした。

アチャポと子息の貢君と私は、いろいろな話をして時間のたつのも忘れていましたが、かなり遅い時間になったので、挨拶をして立ち上がろうとしましたら、アチャポが急に厳しい顔で、

「おい若い衆ちょっと待て。夜歩く時は充分気を付けて歩くもんだ。おれは今年の夏本当にヤイケウコル（恐ろしい思い）したことがあるもんだ。おれのような経験はお前たちこれから先ないだろうと思うけど」

といってこんな話をしてくれました。

語ってくれた二谷一太郎。
撮影・姫田忠義

七月二十九日の朝に貝沢喜一郎さんの家から使いの人が来てな、おれとおれの兄の国松とにカムイノミ（お祈り）を頼むというんだ。わけを聞いたら、喜一郎さんの母親が急な病いで亡くなったので、葬式はちゃんと出したのに、アコロモシリ（あの世、死の世界）まで行くことができずに途中で迷っているらしく、夜になると家族の人の夢見が悪いとか、誰かが夜歩いていると、その人の亡霊を見たとかいろいろ噂が流れていたんだ。それでおれと国《くに》クュポ（兄）を頼んで、迷わずアコロモシリまで行けるようにカムイノミをしてくれという話なんだ。

二風谷でそのカムイノミのできるのはおれたち兄弟だけなので、朝十時頃国クュポと二人でその家へ出向いてカムイノミをしたわけだが、その日は朝から大雨で滝のように降り続いていたんだ。カムイノミには酒はつき物なので、カムイノミが終ってから充分御馳走になり、たしか午後三時近くなってからその家の人に送られて帰って来たんだが、酔っぱらうとすぐ眠る癖のあるおれは、家へ着いてからすぐ部屋に入って寝てしまったんだ。

ぐっすり眠っていたおれは屋根に物凄い音をたてて

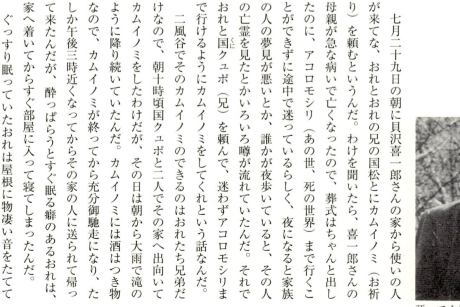

ペナコリ

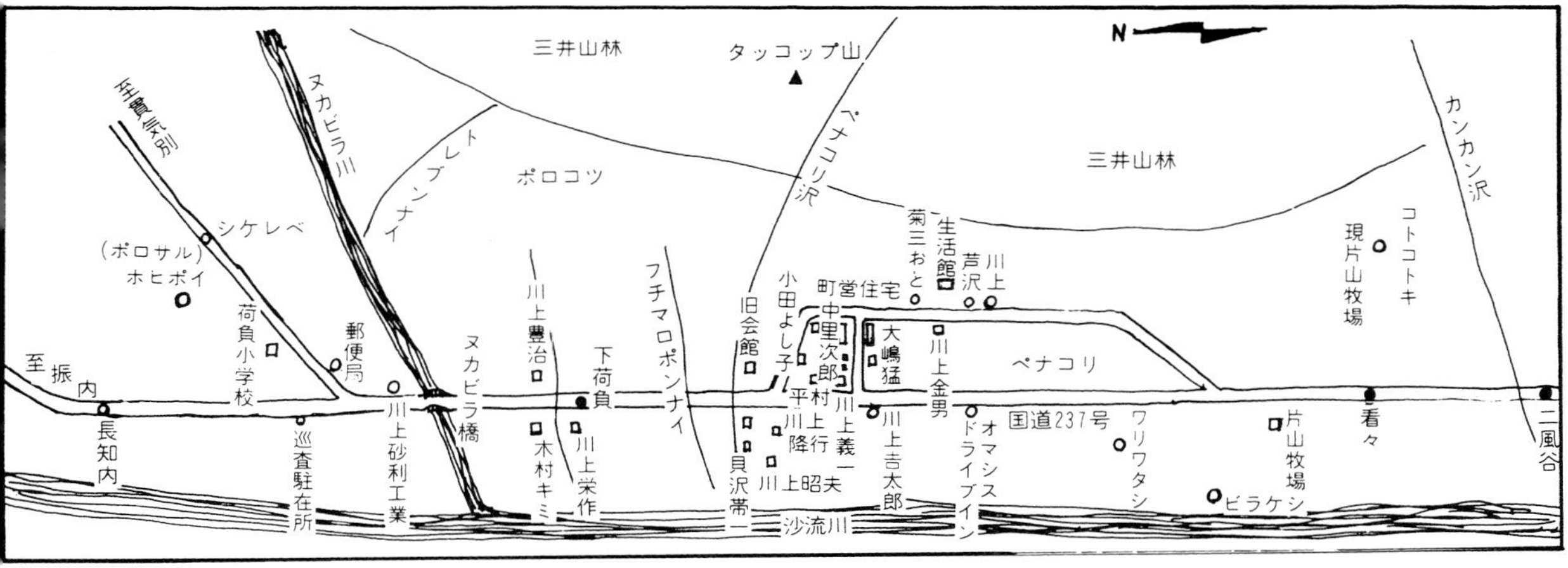

降っている雨の音で目が覚めたんだ。たしか夜中の十二時頃だった。土砂降りの雨の音に混って、はるか彼方に沙流川がゴーとすさまじく氾濫している音が聞こえてくるんだ。

　おれはふと気がついたのだが、看々《かんかん》の堤防地の牧場に馬をつないでおいたのを忘れていた。

「これは大変だ。この調子で降り続いたら馬が押し流されるにちがいない。今のうちに馬を安全地帯に避難させなければいけない」

　おれはそう思って、急いで床から起き出して、玄関にあった合羽を身につけて外へ出た。

　空から水のかたまりを大地に叩きつけるような雨の中を、おれは看々の方へ歩いて行った。真暗な夜道で、あたり一面白いもやが立ちこめて、一寸先も分からない土砂降りだ。看々沢もマカウシ沢も水量が増して、昼間歩いた道もなにもなくなって、ただあたり一面水浸しだった。どこを歩いても足の膝以上に水があったんだ。どうにか馬のいる場所まで行ってみたら、暗がりの水の中で馬がジーッと立っている。もう間もなく馬の腹の近くまで水位が上がっているんだ。おれは馬をつないでいるロープを水の中でたぐり寄せるようにしながらどうにか外し、水の中で馬を引いて歩くのも大変なので馬の背中にまたがり、安全な場所までようやく馬を移して、やれやれと一息ついた。それから馬の手綱を束にして、肩にかついで家に帰ろうと歩き出した。

　雨は幾分小降りになった。夏の夜明けは早いから、東の空がいくらか白みがかっていた。それでもまだかなり暗い。おれはマカウシ沢から国道に出て、マカウシの小橋を渡って看々坂の登りにさしかかった。そうしたらおれも驚いたな。突然、おれの右側すぐ横一間ぐらいの間を置いて、ちょうど学校で使うドッチボールくらいの大きさの青い火の玉が現われたんだ。火の玉はおれの目の高さのあたりを宙に浮いているんだ。本当に背中に冷水を掛けられた気持とはあの時のことなんだな。

　でもおれはぐっと下腹に力を入れて、驚いたふりもしなかった。そういう場面にぶつかった場合、少しでも動揺したり恐ろしがったりしたら、ウエンカムイ（悪い神）はなおつけ込んで、しつこく悪さをするとアイヌの昔からの言い伝えがあるから、おれは恐ろしいことは恐ろしいんだが、わざと落ち着きはらったようなかっこうをしたわけよ。

火の玉を見た瞬間、おれの口から日頃鍛えたアイヌ語のウエンパシロタ（悪口）が飛び出し、肩にかついでいた手綱の束を片手につかんで、エイッと気合いを入れてその火の玉めがけて叩きつけた。手綱の束は火の玉の真ん中に命中し、音もなく破裂したようにあたりにパッと火の粉が飛び散った。「やった！」とおれは思った。だがやっつけたと思ったのは束の間で、不思議なことに飛び散った火の粉が一か所へ静かに近より、もとのような青白い火のかたまりになったんだ。そしておれと一緒に看々板を登り始めたんだ。それがずっとおれの右横一間位の間隔で、やはり目の高さの位置でおれと一緒に歩くんだ。おれは火の玉より先に坂の上へ駆け上がって逃げたいと思ったが、ここでおれが逃げればウエンカムイに負けることになるので、ジッと我慢しながら大きな声でウエンパシロタを続け、もう一度力一杯手綱の束を火の玉に叩きつけた。火の玉はまたチラチラと線香花火のように飛び散った。すると一回目に叩きつけた時のように、また親玉に子玉が集まるように一か所に寄り集まって、以前のような大きさの火の玉になった。そうしておれと一緒の早さですぐ横の目の前を並んで歩いている。ちょうどおれは火の玉と肩を並べて歩いているようなものなんだ。

その間にもおれは頭の中にあるアイヌ語のウエンパシロタを全部はき出すように、その火の玉に浴びせかけていたんだ。そして、おれがすきを見て火の玉にロープの束を叩きつけようとすると、それを避けるかのように上下左右に玉が動くんだ。それでもおれは、坂の途中あたりまで一生懸命ウエンパシロタを続けながら、三回四回とその火の玉を叩きつけていたんだ。おれも本当に疲れたし参ったよ。そうしておれと火の玉は、百間あまりある看々の坂道の頂上まで一緒に来てしまったんだ。

ちょうど頂上の平らな場所まで来た時、火の玉の速度が急に早くなった。おれの先をジャンジャン二風谷の方へ向いて行っている。そのうち急に空へ飛び上がった。三十メートルぐらいの高さにあがった頃、今度は宮越さんという家の附近から急に向きを変えて沙流川の方をめがけて矢のような速さで飛び出した。そして、沙流川の上空あたりで川をめがけて急降下し、崖に隠れて見えなくなってしまったんだ。

おれはほっと一息大きな溜め息をついて、急いで我が家めざして歩き出した。家の近くまで来るとピパウシというポンナイ（小沢）があるので、そこでワッカウシカムイ（水の神）にアイヌ語でカムイイオロイタッ（神々への願いの言葉）をして、タクサで自分の体にカシキキ（お払い）して家へ来た。家の前で、身に着けてる衣類を全部脱ぎ捨てて家に入り、別の衣類を取り出して身に着け、チセコロカムイ（家の神様）に今までのことを報告して「私をお守り下さい」とお願いしているうちに夜が明けた。思いかえしてみると、六十年余りの人生であんな恐しい思いしたことはなかった。若い衆、お前も気をつけて帰れよ。といって話は終った。

私はボロ自転車で二風谷へ遊びに行ったのでしたが、看々坂の附近は特に寂しかったので、一生懸命ペタルを踏んで、猛スピードで家へ帰って来たことでした。

〔昭和四十八年（一九七三）八月三十一日〕

樺太には忘れることができない思い出がある

菊三おとの放浪

去る昭和四十七年（一九七二）二月十三日の夜、私は木幡菊三さんを訪問した。菊三さんは、明治三十五年（一九〇二）生まれで今年七十一歳、私どものペナコリでは数少ない古老の一人である。私が「お晩です」と玄関からはいっていくと、菊三さんはびっくりして、

「どうしたんだ、めずらしい。明日大雨降るぞ！」

と笑いながら私を迎え入れ、消しかけていたストーブにまた薪を入れた。

おれの父親はな、木幡ダイロクという名前で、母親はアニカタンといった。おれはシケレペで生まれたが、父親に妾ができたので父と母との夫婦仲が悪くなり、母はおれを連れて母の実家のあるこのペナコリへ帰って来たんだが、おれが物心つく頃に、おれをエカシ（祖父）とフチ（祖母）に預けて荷負《におい》本村へ嫁に行ってしまったんだ。そうして弟文吉が生まれたが、四、五年たつと、嫁ぎ先の亭主が亡くなり、母は文吉を連れてまたペナコリへ帰って来たんだ。

エカシとフチに育てられたので、おれはもちろん学校なども行けなかった。それでも一年ぐらいは学校へ行ったかなあ。七、八歳頃から、ペナコリのあちこちの家で子守りや畑仕事の手伝いをさせられてだんだん大きくなり、十五、六から一人前の農家の雇いになった。大正十一年（一九二二）頃だな。

ちょうどその頃水害があったが、おれは今まであんな凄い水害を見たことがない。沙流川のこっちの岸から向かいの山の岸まで、全然何もかも水にうまって、泥水が濁流になり、それは恐ろしいものだった。馬や牛や豚などたくさん流れているのをこの目で見たものだ。人も何人も流されて、死んだ人も大勢いたという話だったな。その頃も、ペナコリの人たちが沙流川ぞいの堤防地を拓いて畑にしていたが、水害のため大小豆が流されて、みんな非常に困ったものだった。

その翌年におれも徴兵検査に門別へ行ったが、第二乙

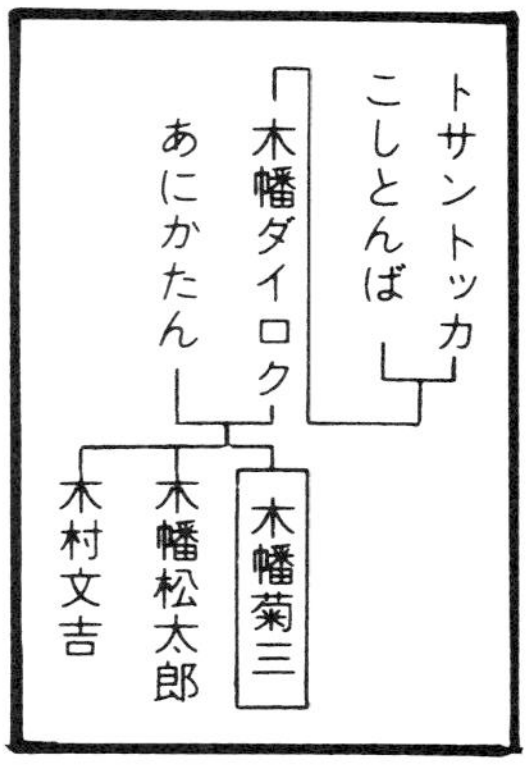

語ってくれた木幡菊三。
撮影・長井　博

種だった。片方の目が少し悪かったので兵隊にとられなくてすんだんだなあ。徴兵検査も終わって、やっとおれも一人前になり、もう農家の雇いもバカくさくなったので、夏は土方の現場、冬は造材山へと転々と働きに出たが、若い時は体も丈夫だったので、いくら働いても病気などしたことがなかった。

土方の現場は、おもに道路工事だったんだ。今のようにトラックやブルドーザーのない頃だったので、土を運ぶのはもっこ担ぎばっかりだった。使う道具は、スコップとツルハシとクワぐらいしかなかった。かたい岩石が出た場合は、ダイナマイトではっぱをかけていたが、おれはおもに道路のはじののり切りの仕事を覚えた。

この仕事が一人前になると、土方も本職になり、普通の人夫の二、三倍ぐらいは働けた。道内の土方の現場もあちこち歩いてみたが、たこ部屋も沢山あった。おれは、道内ではおもに信用部屋に入った。一度だまされて夕張の溜め池工事に入ったことがあったが、ここはたこ部屋だった。内地の奴等が沢山たこ部屋に来ていたが、土方になれていない連中が、無理な仕事をさせられていて本当にかわいそうだったなあ。

昭和のはじめ頃から、支那事変が始まった昭和十二年（一九三七）まではすごい不景気だった。その頃、おれもかかあもらって女の子が一人できていたが、畑も不作だったし仕事もないので、困る人が沢山いたな。凶作で困る人のために、国道の救済工事が始まったのもこのあたりだったんだ。スコップもって現場へ出ると、男で二円、女で一円か一円五十銭しか出面賃あたらなかったものな。砂利を馬そりで運ぶ馬の日当が一日三円から四円くらいだったかなあ。馬の頭数も一日何頭と割当なので、皆んな朝早く起きて、現場へ出て仕事をもらったもんだった。それが寒中の一月から三月までだったので、本当にゆるくなかったなあ。

昭和十三年（一九三八）の春四月の末にな、ほら、お前も覚えてるべ、あの瀧沢よ、東北生まれのシャモ（和人）で、ペナコリへ婿に入っておったろう。あの瀧沢がな、

「カムチャッカへ働きに行くべ」

とおれをさそったんだ。あいつは口もうまいし、前借りを踏み倒す専門のジャコだったんだ。おれもかかあに逃げられて、むしゃくしゃしていたんで、あいつの誘いに乗ったんだ。平取《びらとり》の平村某という男に頼まれたんだが、前借りは百二十円との約束だった。ところが、平村はおれたちに半分の六十円しか渡さないだ。あとの半分は函館で舟に乗る前に渡すというんだ。それでおれたちも本気で北洋へ行って一稼ぎするつもりだったが、約束が違うのでおもしろくない。

「面倒くさいから樺太へ飛びっちょするか」

と瀧沢がいうので、函館へ向かう途中から樺太へ飛んでしまったわけよ。

樺太さついてみて驚いたな、ものすごく景気が良いんだ。瀧沢は口がうまいからすぐ仕事を見つけたんだ。雨龍川という川の奥に、王子会社の下請けの伊藤木材という造材飯場があって、おれたちは流送人夫に雇われたんだ。前金は一人当り百円ずつ借りたんだ。その金で二、

三日景気よく飲んだなあ。おもしろかった。おれはその頃、けっこう歌もうまかったんだ。宿賃も安い宿で一円五十銭、上宿で三円から五円ぐらいだったなあ。

前金も大方使って、瀧沢とおれは山へ上っていった。たしか十三年の五月十日だったが、樺太の山はその頃でも雪があるんだ。川の氷だけは落ちて川の面は出ているが、雪どけ水ですごい大きな川なんだ。

次の日から土入《どい》れの仕事が始まったが、出面賃は一日六円と決めてもらった。一冬中かかって伐り出した何万石という材木を流送するため、毎日毎日何十人という人夫たちが、川に丸太を入れているんだけど、北海道から行った連中も沢山おったようだったなあ。

おれもここの現場で一儲けするつもりで一生懸命やっていたが、三日目からものすごく足が痛みだしてどうにもならないんだ。冷たい川へ急にはいったので、リューマチが出たんだなあ。おれも困ってしまった。足が痛んで痛んで飯場で寝ていると、事務所の帳場が来て、フシコまで下って医者に診てもらえ、というんだ。そうして、医者に診てもらうための証明書を書いてくれたんだ。

帳場は瀧沢に、「お前つきそって行ってやれ」といったので、瀧沢と一緒にフシコの病院へ行くことになったが、足が痛くて歩くこともどうすることもできないだ。仕方がないから、川のふちで青木丸太の適当なのを五本ぐらい合わせて、針金でしっかりくくりつけて筏を作り、筏の後の方へ箱を置いておれが座り、前の方へ瀧沢が立って竿でかじを取って、川を下ったんだが、本当にあんな恐ろしいことはあまり経験したことがない。川幅もかなりある大きな川だが、すごい急流や岩石原を竿一丁頼りに下って行くので、本当に心細いものだった。

フシコの町近くなり、川の流れもおだやかになって、やれやれ安心と思う頃、瀧沢が急に筏を岸の方につけたので「どうした」と聞いたら、

「まあどうするか見ていろ」

というので黙って見ていたら、おれたちが今朝出て来た山の連絡用の電話線の電柱へスルスルと登り、どこで手に入れたのか、ポケットからペンチを出して電話線を切ってしまったんだ。おれもびっくりしたなあ。奴は最初から逃げるつもりだったんだなあ。筏で下って来た距離か？　やっぱり十四、五里ぐらいあったんだべ、フシコまで六時間余りかかったからなあ。

その日は、前に山へ上る前の夜泊まった宿屋に泊まって、次の日、瀧沢は山へもどるといって宿を出ていった。おれは山の事務所の本部があるから、そこへ行ってわけを話して医者へ案内してもらったが、宿の人が針治療した方が良いんではないかというので、針医者を尋ねて行ってみたら、鵡川《むかわ》出身で橋本というアイヌが和人のかかあをもって針医者をしていた。この人に二、三日治療してもらったらすっかり良くなって、もとのように楽に歩けるようになった。

明日あたり山へ上るかなと思っていたら、フシコの隣りの町の駅前の宿から電話で、おれに用事がある人が待っているから、すぐ来てくれというもんだから、すぐその宿まで行ってみると、瀧沢がいるんではないか。おれもまたびっくりしたなあ。奴はおれに「あんな冷たい

川に入る現場にもどったら、体をこわしてしまう。あそこをやめて他に行くことにしたからお前も行くべ」というんだ。出面賃も良いし、一辛棒したいと思っていた現場だけど、瀧沢のいう通り、体をこわしたら大変だと思ったので、前借りは大分残っているが、また瀧沢と二人で飛びっちょすることにしたんだ。

樺太へ渡ってから、おれは向井一郎という偽名を使って歩いていたんだ。なぜかといったら、北洋の前金を踏み倒して樺太に渡ったんだから、警察がおっかなくてなあ。身の回り品を宿屋に預けたまま、フシコの隣り町から汽車に乗るとつかまる恐れがあるから、バスに乗って大泊まで出て来てそれから東海岸のヤマンという町まで来て、仕事をさがしていたら、ある周旋屋が、

「美田炭鉱という良い現場があるが、どうだお前たち、行く気があるなら前金貸してやるぞ」

というから、早速六カ月働くという契約書にはんこを押して前金百円ずつ借りて、その晩からぶっ通し料理屋に上って飲んだ飲んだ。半分やけくそだったんだなあ。三日目に周旋屋に案内されて現場に着いたんだ。

まず現場の世話役に紹介され、周旋屋と世話役が立ち会いして試験もっこというのをやらされるんだ。おれは若くて力があったから、六十貫の目方のもっこを後棒でも先棒でも平気でかつぐんだ。瀧沢もおれも合格したわけだ。終ると、周旋屋はおれたちの身代金を受け取って帰って行く。おれたちは錠のかかっているたこ部屋の戸口へ連れて行かれ、中にぶち込まれるというわけよ。

おれたちがはいったたこ部屋は大きな飯場で、一部屋で百人ぐらい入っていたな。夜中に逃げられるおそれがあるんで、戸口という戸口は全部錠をかけて、便所も風呂も食事する場所も全部部屋の中なんだ。夜九時に点呼があって、週番がいろいろ説教して、その後部屋頭にまかされて床につくんだが、二人でせんべいぶとんが一組で、夜中に便所へ行くのでも、絶対勝手に行けないだ。

一回一回番兵がつくんだ。十人くらいが一本の木の枕を使っているんだが、朝四時に幹部がこの木の枕をハンマーで力一杯叩くんだ。みんな頭が痛いもんだから一せいに飛び起きる。そうして立飯台の食堂へ行くと、どんぶりに半分くらいの麦めしと、だしの入っていないみそ汁とタクアンのシッポを一つあてに食わせるんだ。それが五分ぐらいで、すぐ戸口の錠があいてみんな外に出るんだ。

外はまだ真っ暗だしとても寒いんだ。飯場の前で全員整列して番号いって、一人の幹部に六人あて割当になるんだ。スコップ一丁あて持たされて、現場へ連れていかれて仕事をさせるんだが、おれは土方は何仕事でも慣れているから、仕事は大して辛くはなかったなあ。でも一日一人あたり五合の麦めしにはまいったな。腹が減って腹が減って、かなわないだ。

朝五時に現場に出て、昼は十一時半か十二時かから作業が始まり、晩六時まで全然休みなしに働かされるんだ。体の弱い和人たちは次から次から参ってしまうんだ。幹部たちのすきを見て逃げる奴もいるが、体力が弱っているのですぐつかまるんだ。するとみんなに見せしめのため、もの凄いせっかんをするんだ。丸裸にし

て、ふしがたくさん出ている棒や皮のムチでメチャクチャに叩くんだ。それくらいならまだ良い方で、裸にして天井から逆さ吊りにして、下で火を焚く。苦しさに大きな声で泣いて、

「助けてくれ、助けてくれ」

と悲鳴を上げているんだ。まったくこの世の地獄だよ、あれは。

幹部たちは大方やくざくずれか前科持ちで、体全身に入墨が入っているんだなあ。最初は本当におっかなかったなあ。でもおれは仕事は慣れているしまじめに働くので、幹部はおれを信用して、あんまり無理なことはさせなかったなあ。

瀧沢は要領の良い奴で、幹部の機嫌取りも上手なので、楽な現場ばかり回されていたが、奴は逃げるのは本当に天才なんだな。二か月くらい仕事をしているうちに、とうとう逃げてしまったんだ。おれの相棒になって仕事をしていた何人かも、疲れと栄養失調で次々と動けなくなるんだ。すると医者にも見せないで、生きているうちからトロッコに積んで行って、土の中に埋めてしまうんだ。本当に残酷なもんだ。

八月の中頃、ちょうどお盆頃に、日高出身の宇南山という男がおれたちの現場へひょっこりと姿をあらわしたんだな。あいつは土方にしては学のある男で、日高のあちこちの土方部屋で一緒に働いたことがあるんだ。奴は下世話役ということでこの現場に来たんだな。おれがいるんでびっくりしたんだなあ。奴の口ききでおれはその次の日から幹部になったんだ。今までと違って、飯は食えるし酒も飲ませてもらえるようになったんだ。本当にあいつが来たんで、おれも助かったよ。

おれも幹部になったんで、たこ人夫十二人を管理するようになったんだ。炭鉱のいろいろな建物の基礎工事をするため、川から砂利を山まで運ぶんだが、運ぶのはガソリンエンジンのついたトロッコなんだ。おれたちの組はこのトロッコに、砂利を背中で背負って行って積む作業なんだ。砂利は農家の人たちが一坪なんぼというように、請負いで取っているんだ。おれはたこたちがかわいそうでどうにもならないから、農家に頼んでジャガイモを分けてもらって、石油カンに入れて皮のまま煮て食わせたら、奴等喜んでなあ。おれは毎日焚火して、石油カンで芋ばかり煮て、たこの監視をしたもんだよ。

そのうちにだんだん日がたって、おれの期限が終わったんだ。十一月二十日にこのたこ部屋を出たのだが、おれが使っていた連中はみんな泣いてな。

「向井さんのおかげで、本当に助かった」

といってよ。おれの使っていた連中は期限はまだまだ長い奴等だったが、その後あいつらどうしたかなあ。

おれはその後、珍内へ出て行ったよ。珍内ではおれの弟夫婦が、一山請負いして造伐していたんだ。おれが尋ねて行くとびっくりしてな。おれは一冬中弟のところで働いたよ。三月末まで山にいたんだども、春はチライという漁場へニシン獲りに頼まれて行って、そこで大分働いて、秋にはまた弟の山へ行って稼いだんだ。その頃、おれの娘も弟のところへ来ていたが、病気になってな。医者にかけたんだけど、とうとうだめになったんだ。本

当にかわいそうだったな。

　そうやって夏は漁場、冬は造材山へはいって稼いでいたんだが、昭和十六年（一九四一）の夏、北内牛《きたないうし》のトウロ炭鉱の増田組から人夫募集がかかってきたんだ。漁場で知り合った男と、そこの現場へ前金五十円借りて乗り込んでみたが、それが凄いたこ部屋なんだ。おれたちは信用部屋で良い金になるという話なので来てみたら、それがうそだったんだ。以前にはいった美田炭鉱より、よっぽど悪いんだ。おれは相棒と相談して、こんなところでいつまでもいたら殺されるから、二、三日のうちに幹部のすきを見て逃げることにしたんだ。

　おれたちの現場は、たこ部屋から奥地に一里ぐらい離れた場所で、材料伐りをさせられていたんだ。幹部を含めて十人ぐらいいたかなあ。おれと相棒は朝のうちに、

「今日はずらかるぞ」

と話し合っていたので、なるべく山の上で木を伐っていたんだ。ほかの連中は、おれたちが伐った木を下の方へと落とす作業をしていたし、幹部は土佐犬を連れて、おれたちから百メートルぐらいの場所で監視していたんだ。幹部がほかの連中に、大きな声でどなっているすきに、相棒とおれは山の頂上目がけて一目散に走り出したんだ。二、三十メートル走った頃に幹部が気づいて、大きな声でどなりながら、子牛ぐらいも大きい土佐犬をおれたち目がけて放したんだ。おれたちは犬に襲われるのを覚悟していたから、三尺余りの手頃の棒を持って走っていたんだが、すぐ犬に追いつかれたんだ。恐ろしい声で吠えながら、おれの背中に飛びかかろうとした瞬間、おれは力いっぱい後の方へ棒を横に振った。運よく犬の頭に棒があたって、犬はキャンキャンなきながら、元の場所へ引き返してしまったんだ。

　山を走り回ることにかけては、おれは小さい時から慣れていたから、無我夢中で走ったよ。相棒もおれより年は若いし、二人で一生懸命峰を越え、谷を越えて、とにかく五里程走ったんだ。そうしたら木の間から浜が見えるんだが、その頃はもう夕方だったし、明るいうちに国道に出たら捕まる恐れがあるから、おれたちは夜になるのを待ってその場所で一服していたんだ。相棒は、もうここまで来たら、追って来ないだろうといって、おれのそばで寝ていたんだ。

　突然、おれたちのすぐ近くで犬が吠えたんだ。おれたちはびっくりしたな。犬は大きな声で吠えてはいるが、今朝の一発がかなりこたえているらしく、おれたちにかかってこないんだ。犬の吠え声で、おれたちを監視していた幹部が一人ですぐ近づいて来た。あたりを見ても、ほかには誰もいないらしいんだ。おれの相棒はすぐ飛び起きて、幹部にくってかかったんだ。幹部は二人相手に一人では勝ち目がないと見てか、静かにおれたちを説得しはじめたが、相棒は全然聞き入れないんだ。幹部は、

「お前たちが逃げれば、おれも責任負わされてひどい目にあうから、おれも現場へは帰れない。だからお前たち逃げるのなら、おれも一緒に連れて行ってくれ」

というんだ。それでは一緒に逃げるかということに話が決まり、

「おれはこのあたりの地形に明るいから、案内してやる」

沙流川。遠くかすむのは日高山脈。撮影・須藤　功

といって、幹部は先に立って歩き出したんだ。

　夕暮れ近くの山の中をかなり歩いたが、浜の方へ全然出て行く気配がないんだ。おかしい、とおれは思った。幹部はおれたちをだまして、元の現場へ連れて帰る魂胆だな、おれはそう思った。その瞬間、おれは相棒に、

「やれ！」

と目で合図した。相棒はとっさに腰にさしてあったタッピロという手マサカリで、幹部の頭の耳のつけ根あたりに一撃をくらわせた。幹部は、一声悲鳴を上げてその場に倒れた。

　それからまもなくおれたちは国道に出て、浜の漁師の家を尋ねた。たこ部屋から逃げてきた事情を話して、手を合わせて頼み、漁師が着ているドンザとか、ももひきや風呂敷などを分けてもらい、すっかり漁師に変装して、トウロの町へ出て来た。町の入口あたりでは、たこの脱走にそなえて監視が沢山出ていたが、おれたちは漁師の姿なので、怪しみもされず、声もかけられず、その場所を越えたんだ。それから恵寿取《えすとり》を通り、珍内まで約三十里の道を歩き続けたが、次の日の夕方、どうにか珍内へたどりついたもんだった。

　その後、泊居《とまりおる》まで来て港の築港の仕事をしたり、あちこちの土方の現場で働いていたが、本当に恐ろしいことやおもしろいことが沢山あったなあ。ちょうど七年目の、昭和二十年（一九四五）の一月十八日にペナコリへ帰って来たが、樺太のことは忘れられないことがたくさんあるなあ…。

　この話を聞いた次の日、おとのいったように、大雨が降ってひどい目にあった。札幌オリンピックの終わった次の日だった。

〈昭和四十七年（一九七二）二月十八日〉

馬と私

わが喜びと悲しみは馬とともに

東蝦夷地《えぞち》に属した沙流《さる》地方に馬が見られるようになったのは早く、すでに寛政元年（一七八九）の国後《くなしり》騒動の際、将士が馬二十頭を持って、砂原《さわら》から海上を絵鞆《えとも》（室蘭）に渡ったのが最初で、後その馬を留めておいて有珠《うす》で若干頭が飼育され、ここから様似《さまに》までの運搬の用に供せられた、といわれていますから、佐瑠太《さるふと》（富川）付近の人々は、二百年前から馬を知るようになっていたわけです。

ことに今から百六十余年前の文化五年（一八〇八）には当時沙流会所は佐瑠太といったいまの富川にあって、三十一頭の馬が配置されて飼育し、人馬継立てならびに荷物の運搬に供されるようになったと、平取《びらとり》町史には書かれてあり、さらに平取地方の馬については、大正六年六十八歳で亡くなった平村ユクノウクの話として、十二～三歳のとき、つまり文久二～三年（一八六二～三）門別に馬がきたとてわざわざ見物に行ったとあり、その頃でもまだ馬はめずらしい時代であったらしいと書きそえてあります。

二風谷《にぶたに》やペナコリへ馬が入って来たのは、明治の初期であったらしく、昨年亡くなった私の伯父川上清之助の話によると、伯父の父であったアリマキナと、二風谷のシラベノとが十七～八歳の頃、二人でどこか厚岸《あっけし》あたりで一年漁場で働き、その代償にアリマキナはシントコを一個もらい、シラベノは馬を一頭もらって引いて帰ったところ、当時は馬の価値も知らないアイヌたちは、シントコを背負って来たアリマキナをほめたたえて、ニシパ（長者）になる素質のある良い若い者だといい、馬を引いて来たシラベノの方は両親にも叱られ、付近のアイヌの物笑いにされたということです。

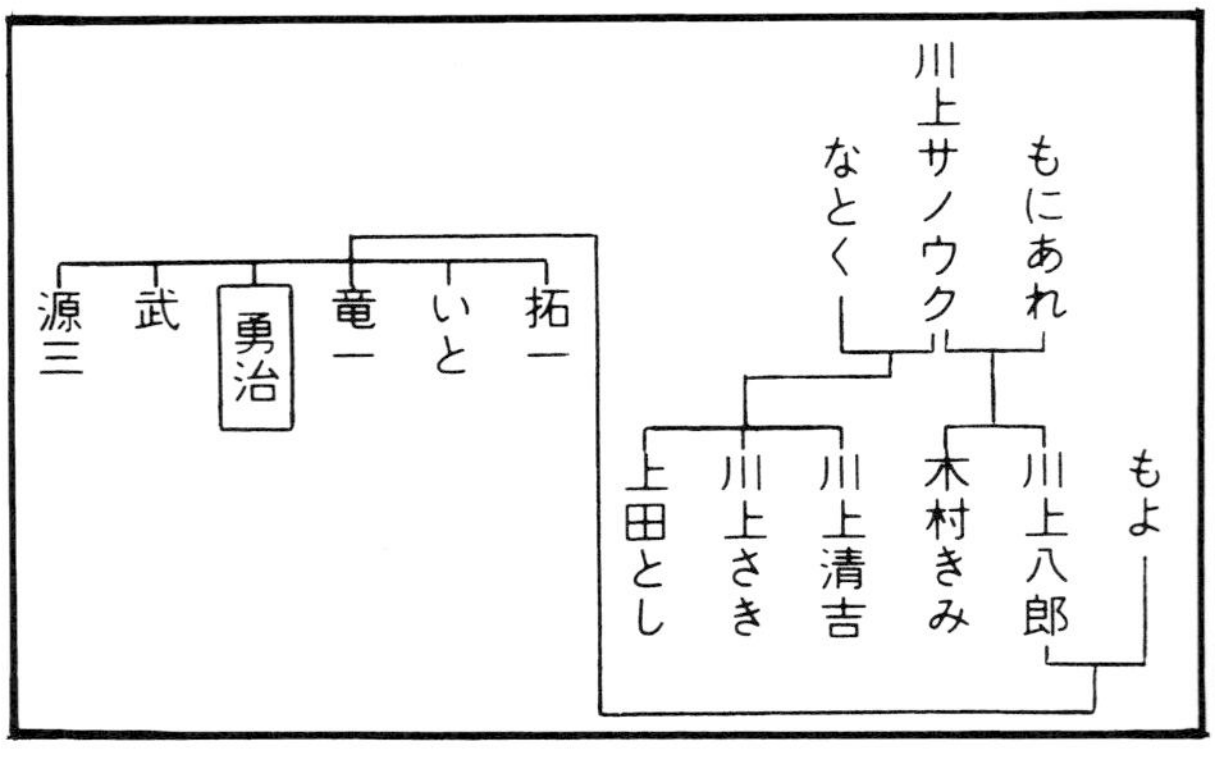

筆者・川上勇治。

しかしその頃から先見の明のあったシラベノは、のちに沙流随一の馬産家になり、二風谷の土地の八割までを所有するアイヌ富豪として一世を風靡したものです。

私が競走馬を飼うようになって十年になりますが、考えてみると競走馬を飼う以前から今日まで、私の半生は馬とともに歩んで来たようなものです。

私の家は祖父の代からの農家で、馬とは切っても切れない縁がありました。

明治四十年（一九〇七）頃祖父は四十頭あまりの馬を所有していたようで、私が少年の頃、秋の夜長に祖父がストーブに背中あぶりをしながら、馬の話をいろいろしてくれたことを記憶しています。

祖父は沙流川の上流シュクシュベツの牧野や、振内《ふれない》の西側にそびえるキフルという高い山の頂上の姫笹の高原地帯に、馬を放牧したといいます。

でも祖父は馬では失敗したようで、当時ブラリ病といっていた伝染病（伝染性貧血症略して伝貧）にかかり、二年二夏で四十頭の大半を失ってしまったとのことでした。現在であれば、毎年一回この病気の検査をおこない、患馬を発見したらただちに屠殺処分して、病気のまんえんを防ぐことができるのですが、明治の末期ではそのような技術もない時代ですから、一度この病気が発生したら他の馬へ次々と伝染し、馬がやせおとろえて、死亡したということでした。

私が物心つくようになった昭和八年（一九三三）頃、家ではまだかなりの馬の頭数を飼育していました。

建坪三十坪あまりの、東北地方の農家風に作られた茅の本ぶき屋根の私の家の前に、これも祖父が建てた馬小屋が立っていましたが、かなり大きなものでした。屋根は茅の段ぶきで、外がこいは桂の大木の皮であり、たしか二十頭ぐらいは収容できるような大きさでした。そうしてその馬小屋の前には、追い込みという三反歩ほどの土地を囲う牧柵《チャシ》がありました。

これは仔馬が生まれた時、生まれてすぐには目も見えないし、足腰もしっかりしていないので、生後一週間位はこの牧柵で母馬と一緒に日光浴がてら軽い運動をさせるためのものです。そうして一週間たって仔馬が丈夫になると、他の馬たちと一緒に広い放牧地へ放したのです。この追い込みという牧柵も変った作り方をしたもので、私の家では二本通しを使っていました。二本通しの作り方は、楢か栗の大木を切り倒し、それを長さ六尺に切断したのを大きなマサカリと金ヤを使ってみかん割りにし、厚さ三寸幅六寸位の割り板を作り、二本通しであれば二ケ所、三本通しであれば三ケ所に幅三寸五分長さ六寸程の長方形の穴をあけ、その穴にやはり割り木の横棒を通して作りました。それは非常に丈夫な物で、木の質の良い栗の木など使用した場合、二十年も三十年も腐らず長もちしたものです。

昔の村有牧野も、このような割り木で作った牧柵を使用していたようで、今でも沙流川の上流芽生《めむ》部落の奥地シュクシュベツの方へ行くと、二本通し坂とか三本通しの崖などという地名が残っていますし、そのあたりに二本通しの朽木も見られます。

仔馬と筆者。撮影・須藤　功

昔アイヌの若者たちは随分この牧柵《チャシ》作りに狩りだされたもののようです。つい最近まで生きていた古老たちがよく「喧嘩で負けたらチャシ割りこい」という言葉を口にしていたのを思い出します。これは、おれはお前に喧嘩では負けたがチャシ割りでは負けないぞという負け惜しみの言葉なのですが、当時の若いアイヌたちがこの二本通し三本通しの牧柵作りの腕をいかに自慢にしたり誇りにしたりしていたかがしのばれます。実際この牧柵作りの早いアイヌたちは、かなり良い金を稼いだという話です。

日清日露の戦争で、我国の軍馬が粗悪なため、特にロシアのコサック騎兵にさんざん痛い目にあわされた軍首脳部は、日高の新冠《にいかっぷ》や浦河の西舎《にしちゃ》に牧場を新設して軍馬を改良育成する計画をたて、その場所にコタンをつくって住みついていたアイヌたちを強制的に奥山へ移住させ、その後に新冠御料牧場や浦河の西舎種畜場などを開設したのでしたが、最初の頃の古い写真など見ると牧柵は全部この二本通し、三本通しを使用しています。

このような訳で、私の家でもその頃盛んに使われていた、二本通しの牧柵が随分あったのですが、今ではもう一本も残っていません。

私が五歳頃だったと思います。家の前の馬小屋の前に鉄輪の馬車が一台置いてありました。そうしてこの馬車の横に父が山の牧場から連れて帰った黒鹿毛の馬が一頭つないでありました。ちょうど昼飯時分であったらしく、家の表の方には誰も人がいなかったので、その頃から私は馬が好きだったのか、その繋いである馬のそばへ、よちよちと歩いて行ったのです。普通のおとなしい馬であれば、子供が足にさわっても顔をなでても怒らないのですが、運悪くこの馬は少しきかない馬でした。馬の後から私が近づいたのでしたら、けり飛ばされて大変でしたが、幸い私は馬の前の方から近より、馬車の上へよじ登って馬の顔をなでようとしたのです。

とたんに馬は耳を後へ寝かせて歯をむき出し、私にかじりつきました。幸いかじりついたのは、私の着ていた木綿のかすりの着物の襟首でしたが、馬は私をくわえて宙づりにし、左右に振り廻したのです。

私は驚きのあまり声を限りに泣き叫びました。

家の中で昼食を食べていた父や母や姉たちがあわてて裸足で飛び出して来て私を助け、私は怪我もなくて無事に済みましたが、このことにこりたかといえば私は全然

雪に覆われた牧場。撮影・須藤　功

こりずに、父が野良で馬耕などすると、いつも父にねだって馬の背に乗せてもらい、はしゃいでいたのです。

春のカッコウの鳴き声のする暖い日差しのなかで、広く長い大きな畑を二頭挽きプラオを使って耕して、あっちへ行ったり、こっちへ来たり、おとなしいよく働く馬の背で、五歳かそこらの小さな私はよく居眠りをして、今たがやされたばかりの土の香のぷんぷんする畑のど真ん中へ、馬の背からころがり落ちたりしたものでした。馬も心得たもので、私が馬から落ちたとたんにピタリと歩くのをやめて、首をまげ、自分の足もとに尻もちをついている私をふしぎそうな目で見つめるのでした。そしてそのたびにひげ面の父が大きな声で笑いながら、私を抱き上げて、さあしっかりつかまえていれよと頬擦りしながら、馬の背に乗せてくれたのをなつかしく記憶しています。

こうして私の五歳ぐらいのあたりの我家はまことに平和そのものでした。兄弟たちも皆んな元気で、本当に笑いの絶えない家庭でしたが、私が六歳になった昭和十年（一九三五）は不幸続きの年でした。

私の弟の猛という子が、三月二十一日に風邪がもとで引きつけを起し、一夜のうちに急死したのが始まりで、八月四日にガッチャキという病気で入院していた私の兄の拓一が亡くなり、利口者で母のお気に入りで頼りにしていた長男の死により、母は落胆のあまり脳膜炎という病気にかかって、十一月七日にあの世へ旅立ってしまったのでした。このような訳でこの年家から三回も葬式を出したのです。

幼年のいたずら盛りの私でしたが、二度と帰って来ない母の名を呼んでしばらく泣きながら暮していました。

しっかり者で家の家計のやりくり一切を引き受けていた母を失った父は、半分自棄《やけ》になり、ずるい和人の馬喰《ばくろう》にだまされたり、おだてられたりして、あれ程たくさんいた馬も次々と人手に渡り、父は毎日酒びたりになるようになりました。

翌昭和十一年（一九三六）に長知内《おさちない》橋の架け換え工事が始まりました。いくらか気を取りなおした父は、秋の野良仕事を終えてからこの工事に出て働くようになりました。十一月末から十二月にかけて寒い日が続くなかを、橋の築堤に使う玉石を長知内の上流から舟に積んで運ぶ船頭の仕事でしたが、寒いなかを川底から玉石をすくい上げて舟に積み込む作業ですっかり体をこわしてしまい、とうとう寝込んでしまったのです。当時は現在のように医療制度もよくなかったし、苫小牧《とまこまい》や札幌の町の大きな病院へ入院するのは、金がかかり過ぎるので入院出来ず、二風谷にいたマンロー先生に診てもらい、薬をもらって療養するぐらいが関の山でした。

二本通し。撮影・長井　博

そうして昭和十二年（一九三七）の九月十一日に父も他界しました。

父の亡くなった時の祖父の悲しみはひとかたならぬものでした。父の遺体にすがりつき、父の名の八郎を大きな声で連呼しながら男泣きに泣いていたのと、短い期間に両親を失った私たち姉弟がうつろな目でぼんやりとこの光景を見守っていたのを記憶しています。

こうして父も帰らぬ人になり、家は淋しい家庭になりました。祖父も祖母もすでに六十歳を超えた初老でしたが、働き者の老夫婦は私たちをとても大事にして可愛がって育ててくれたのです。

父が亡くなる前の年のことでした。父はどこからか栗毛の牝馬を引いて来ました。三才馬でしたが、とても良い馬で、名は第十倉織号という馬でした。

額から鼻にかけて真白い流星があり、後足は二本とも白い、とても気品のある良い馬でした。父はこの馬に非常に期待していたようで、これは血統もいいし、必ず良い仔を産む馬だから、この馬だけはいくら困っても手放さないぞと言っていたのを幼心に聞いたものでした。

昭和十二年（一九三七）春この倉織号は四才になり、配合検査で合格したので、その頃平取産馬組合で繋養していた、ヨーロッパ輸入のアングロノルマン種の種牡馬アンシャンツール号という馬に種付けされました。

当時は軍馬の改良育成ということに農林省も軍も重点をおき、力を入れていたので、農家の所有している馬でも、自分の好きな種牡馬に勝手に配合する訳にはいかず、村内各地区ごとに馬検所を設け、秋十一月頃日程を決めて翌年の春に種付される馬を集め、牝馬を一頭一頭丁寧に検査し、それぞれ馬体によって軍の重砲を引く小格輓馬とか、将校用乗馬、騎兵用乗馬などを生産するため、この馬にはこの種牡馬を配合する、お前の馬にはこの種牡馬をというように、全部の牝馬に配合決定されたのです。馬の検査は農林省の役人と軍馬補充部の将校と村役場の畜産係と産馬組合の獣医等によって行っていた模様でした。

こうして倉織号はアンシャンツール号によって種付され、受胎したのですが、翌年仔馬が生まれるのを楽しみにしていた父はそれを待たずに他界したのです。

倉織号はこの年私の家の裏にあるタッコップという山で、他の仲間たち十頭程と一緒に、雪の中から姫笹を前足で掘りおこして食べて越年しましたが、若馬なのでとても良く太って、毛艶もよくて、元気でした。お産の時期が近づいたので家へ連れて帰り、昭和十三年五月、ちょうど桜の花の咲く頃倉織は牡の仔馬を産みました。

私は小学校の二年生でした。

この仔馬は母馬に似て栗毛の流星でとても良い馬でした。そして何よりも丈夫で元気でした。倉織号はアングロノルマンの純血種でしたし、また配合した種牡馬アンシャンツール号もアングロノルマン種であったので、この仔馬は両親の美点を全部受け継いだような、とてもすばらしい乗馬体型でした。

生まれたての頃は毎日母馬に甘えて、お乳ばかりをねだっていた仔馬も、夏を過ぎ秋になると一段と馬らしくなり、男馬らしいたくましさが出て来てますます良い馬に成長し、部落の馬作りの仲間たちからほめられるようになっていました。私は夢中でこの仔馬を愛していて、学校から帰っても、勉強道具を家の中へ放り投げてすぐこの馬の親仔のそばへかけて行き、仔馬をなでていました。母を失い、父を失った悲しみもこの一時だけは忘れるようになっていたのです。

この年倉織は同じ平取産馬組合の種牡馬バイヤイ号を配合検査でもらい、種付けされたのですが、残念ながら不受胎でした。

秋になって母馬が受胎しておなかが大きくなってくると、仔馬にお乳を呑ませるのを嫌うようになります。また仔馬も母馬の乳を呑もうとすると母馬に叱られるので、自然に乳を呑まなくなって乳ばなれし、一人前に草を食べるようになるのですが、倉織はおなかに仔馬がいないため、いつまでも親の大きさに近いような大きな仔馬に乳を呑ませていました。ですから倉織は翌年の春まで二才馬になった仔馬に乳を呑ませていたのです。

二才馬に乳を呑ませているのを馬仲間では二番乳といって、二番乳を呑んだ仔馬は普通の馬より成長が早くて、すばらしく良い二才馬になるのです。

倉織号の二世も二番乳を呑んで育ったので、本当に立派な二才駒に成長しました。

昭和十四年（一九三九）八月、例年のように平取の馬市が始まりました。日支事変が始まって二年近くなり、軍馬の需要も益々加わるに至り、馬もまた軍用資源として重要性をおびてきたので、倉織の二才も将校用乗馬として、軍に買い上げてもらうことになりました。

川上牧場全景。昭和50年（1975）撮影・長井　博

もちろん下検査、適性検査と、あらゆるきびしい検査に合格し、選ばれた優秀な二才駒たちが買い上げられたのですが、この二才駒のなかに、ペナコリの川上金次郎氏の生産した二才駒が種牡馬に合格して、当時の最高価格の千二百円で売れたのを記憶しています。

家の倉織号の二才は、足の蹄の形が一寸悪かったので残念ながら種牡馬には合格できず、将校乗馬として八百五十円で売れたのでした。

その頃の米の値段は一俵八円～十円ぐらいの時代だったので、家にとっては大変なお金でした。

伯父が二才の売れた代金を受取って来て祖父に手渡したのですが、祖父も祖母も大喜びで、家族中で御祝いしたものでした。祖父はお盆にそのお金をのせて炉端の火の神に供え、神々の御加護により息子が残していった馬の仔が売れて、自分たちに恵みをあたえてくれたことを心から感謝する、と敬虔なるカムイノミ（祈り）をおこない、またその後で父の仏壇にもお金を供えて、線香を立てたのでした。

その後何日かたって二才と別れる日が来ました。門別から貨車に積んで釧路の白糠《しらぬか》という所の軍馬補充部へ引きとられて行くのです。

私は出発の朝二才にそっと燕麦《えんばく》と人参を食べさせて、顔や体をなでて別れをおしみました。伯父と姉が門別まで引いて行ったのですが、私たちは二才が見えなくなるまで見送っていました。

今になって考えてみると、亡くなった父は、馬を見る目だけはかなりしっかりした人だったようです。父の馬仲間であった人たちもそういいますし、私もそう思いながら現在に至りました。

こうしてたった一頭だけ父が残していった倉織号だけを頼りに、私たち家族は細々と生きていました。ただこの馬の欠点は、一年おきにでないと仔馬を産まないことでした。馬の繁殖について知らない方もいることでしょうが、馬の妊娠期間は十一か月で、大抵の馬は分娩後十日目位で種付けできるので、すぐに次の妊娠が始まるのです。ですから大方の馬は毎年仔を産むわけですが、倉織はそういきませんでした。

でもこの馬はおとなしくて利口な馬でした。一番上の姉に使われて、畑を耕していたのですが、どんな農作業でもすぐ覚える、本当に使いやすい馬でした。

畑の中耕除草を馬でおこなうのを、このあたりではアイカケといっているのですが、手綱を使わなくとも畑の畝の中を正確に歩いて作物を蹄でいためないように上手に仕事のできる馬でした。

昭和十四年（一九三九）に倉織に種付けした種牡馬はまたこの年に売れた二才の父のアンシャンツール号でしたが、これはうまく受胎して翌十五年にはまた牡馬が生まれました。

こうして昭和十六年（一九四一）の馬市には、この馬も当時としては最高価格に近い八百五十円で、軍用馬として買い上げてもらいました。

倉織号はその後どうしたわけか三年程種付けしても不受胎が続きましたが、十六年に売れた二才のお金の半分を利用して、祖父は青毛の二才の牝馬を購入しました。

この馬は伯父の川上清之助が生産した馬で、名は初錦といいました。母馬はリキヤという名のアラブ系の馬で、父馬は当時産駒成績抜群の噂の高い十勝産のペルシュロン種で、頭門《ママ》という名の種牡馬でしたから、両親の良さを受け継いだ、軽快さと太さのミックスした良い馬でした。

このような馬を中半血種というのです。

初錦も三才になり、早速農耕に使われるようになりました。この馬もすなおな馬で、二頭引のブラオを引いて倉織の相棒馬としてよく働くようになり、私もブラオをにぎって畑おこしができるようになっていました。

昭和十九年（一九四四）、この年は倉織に荷負《におい》の松下種付所に繋養されていた、家の初錦号の父馬頭内《ママ》を種付けしたのですが、これは運良く受胎しました。そうして、明けて二十年の春牝馬を分娩しました。これはすばらしい馬で、アングロノルマン種の牝馬にペルシュロンの種牡馬を配合したので、頭といい、首差しといい、背通りといい尻台といい、また太さといい、幅といい、歩様といい、馬体の総体にどこ一つ欠点のない、気品に満ちた良い馬でした。

母馬と同じ栗毛馬で、額から鼻にかけてやはり細い流星がありました。馬体は父の血を受け継いだのか、父にそっくりに出ていて、この馬の兄たちは乗馬体型であったのに、これは輓馬体型でした。

その頃私は小学校を卒業して二年目でしたが、馬を見る目も多少出ていました。

祖父にこの馬は牝馬で良い馬だから、倉織の跡継ぎにしたいから、いくら良い値段で買手がついても、絶対に売らないで欲しいと頼んだら、祖父もニコニコしながら、売らないから心配するな、そのかわり一生懸命馬の面倒を見れよといわれて、おどり上がって喜んだものでした。

その頃平取管内にも沢山の馬産家や馬喰がいて、私の家の仔馬の評判を聞いて、買いに来てくれる人も何人かはいましたが、祖父はがんとして売りませんでした。あの仔馬は孫にくれてあるから駄目だと……。

私は毎日暇さえあれば仔馬とたわむれたり、夏の暑い時に親仔を川に連れて行って仔馬に水浴させたりして、可愛いがっていました。この頃の馬の飼い方は、祖父が榀《しな》の皮で作ったロープ十メートルぐらいの長さの物を使って、畑のすみの空地の草のおい繁った場所などを利用してつなぎ、綱のとどく範囲の草を食べるようにして飼っていました。これをこのあたりでは、馬のつなぎ持ちといっていました。

このつなぎ持ちをするのには、一日朝昼晩三回はつなぎ替えをするのですが、それは私の役目でした。

私が馬のつなぎ替えの時間に親仔がいる場所の近くへ行って、ポーポーと呼ぶと、仔馬は私の声を知っていて、ヒヒヒンといいなきながら私のそばへ走ってくる

馬橇で材木を運ぶ。絵・川上勇治

のです。私は仔馬が可愛いくてしょうがないので、顔や首をなでてやりながら一人言で仔馬に話しかけるのです。そうして母馬に私が乗って水のある場所まで連れて行き、水を腹一杯呑ませてから草の良い場所を選び、立木にロープがからまないように注意しながら、繋いでやるのでした。

　そうしてこの年の夏も過ぎ、秋十一月の中旬を過ぎると、農家の穫り入れも終るので、部落で申し合わせて、馬たちも自由放牧になるのです。

　その頃になると部落の各家は、放れ馬に食い荒らされないように、乾草や大豆がらの積んである場所に柵を作って防備しておきます。だからいくら放れ馬の群が家の近くまで来ても心配ありませんでした。

　永年部落で飼いならされた年寄り馬たちは、どこの野や山の草が良いか場所を知っていますので、こういった年寄り馬たちが誘導馬となって、若馬の一群をひきいて、ペナコリの下流のコトコトキの高台、ワリワタシの原野、ピラケシの川原など、あちらこちら歩き廻って、食べたり、運動したりするのでした。

　十二月も過ぎ、一月も中ば過ぎると、今まで里にいた馬たちも一せいに裏の三角山タッコップの中腹へ登って、前足の蹄で雪をかきわけて姫笹を食べ始めます。水のかわりに雪をなめているのでのどは乾かないのです。

　その年によって積雪量が多い場合は、二月のはじめ頃か山から馬を連れて来て舎飼いする人もいましたが、ペナコリの馬たちは例年春雪が消える頃まで裏山で過していました。

　私は冬中毎日のように裏山に登り、馬たちの見廻りをしていたのですが、小さなサラニップという袋に馬の好きな燕麦と新聞紙にわずかの塩を包んだのを入れて、肩にぶらさげて馬たちのそばに行き、顔を並べている馬たちにかわり番に塩をなめさせたり、燕麦を食べさせたりしていました。倉織はあいかわらず空胎で、おなかは大きくはないが元気であったし、私の愛馬の二才も寒さに負けず元気で育っていました。また青の初錦も妊娠しているので大きなおなかを抱えて、元気で前足で雪をかきわけて笹を食べていました。

　山の中腹の傾斜面は、馬たちが横切るように雪をかきわけて笹を食べているので、段々に下から上に雪の階段ができあがり、足で踏み固められて雪はすっかり堅雪になり、格好な休み場所にもなっています。そうして利口な馬たちは嵐で西風の吹く夜は、陰の方の東側の木陰の立場に集まり、寒い北風の日は南側の日当りの良い場所で笹を食み、というようにその日その日の風向きの加減で馬がいる場所が変わることを、私はその時体験したのでした。

やがて雪がとけ始める三月の末頃になると、馬たちは自然に山から里へ降りてきます。そうして早い馬は三月の末には分娩が始まり、四月早々種付けが始まるのです。

こうして倉織の二才は、丈夫にすくすくと成長し、春夏秋冬を過ぎ、明三才になりました。馬の年令の数え方は、昔から数え年をいいます。たとえば仔馬が生まれると、その馬を当才、普通このあたりではとねっこといいます。十二月が過ぎ新しい年になると明二才、すなわち二才仔というのです。

というわけで、倉織の仔も三才になったわけですが、春雪が消えて四月に入ると、三才馬たちを農耕に使うために三才ならしという仕事にかかるのです。

まず荷物を引くことを教えなければならないので、馬の体に、くびたま、わらびかた、よびだし、のぐら、どうびき、などを取り付けます。そうして、口には轡《くつわ》をつけ、轡にはげいしゃ綱（手綱）をつけます。

それから最初は荷物がわりに軽い丸太にひき木をつけ、ひき木にどうびきをつけて馬に引かせるのです。

三才ならしは、馬の取扱いの達者な人を二人程頼んで始めます。一人は馬の前方に引き手綱を持ち、一人は馬

三才馬ならし。撮影・宮本千晴

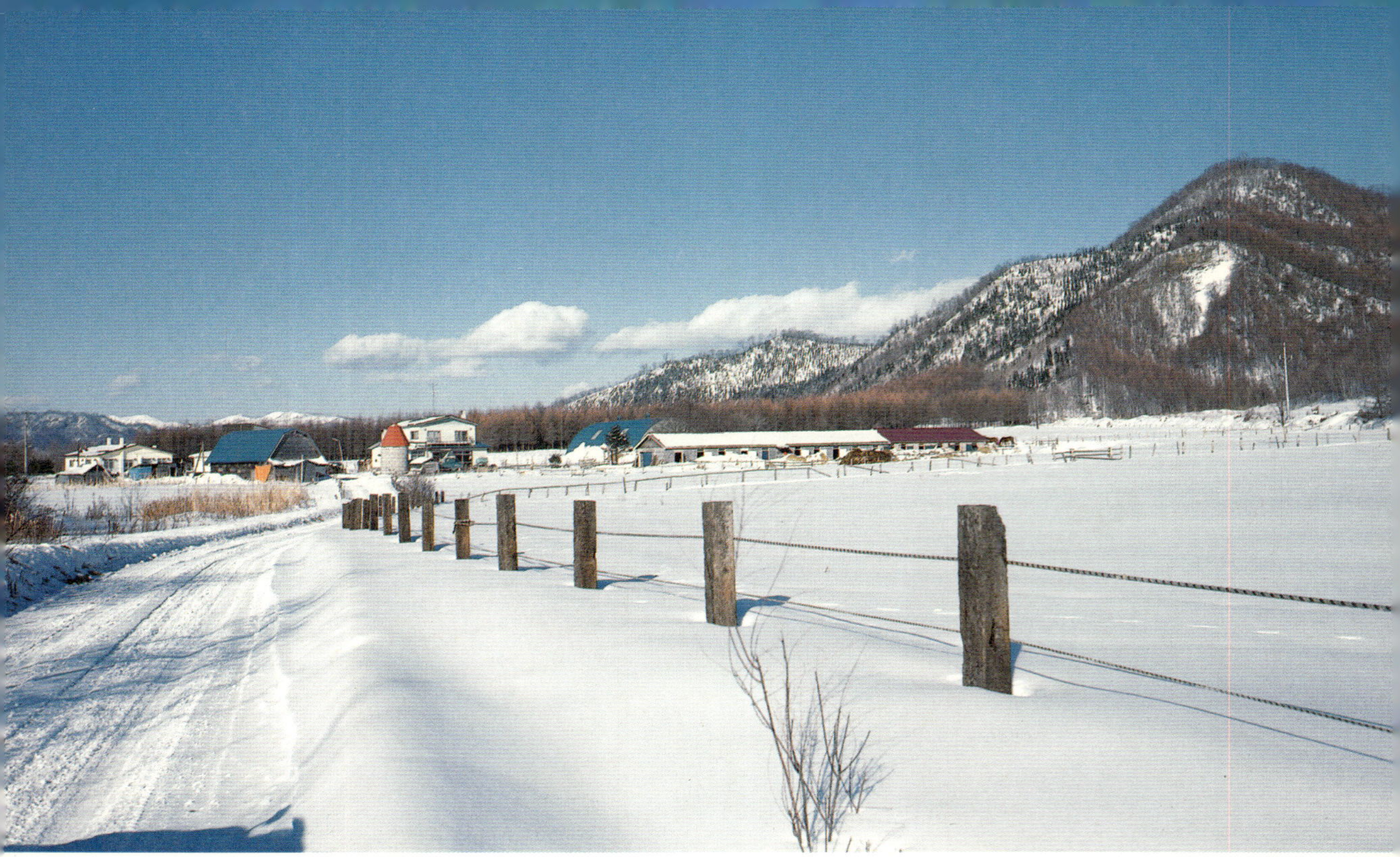
雪に埋もれた川上牧場。撮影・須藤　功

の後方にげいしゃ綱をにぎり、馬の呼吸に合わせて、はいよと、かけ声をかけながら、馬を追います。

野生馬に近い三才馬は、人間が突然変なものを自分の体にとりつけたのを見て、緊張して耳をぴんと立て、目は兎の目のように大きくし、鼻をぷうぷうと鳴らしています。それが急にはいよと声がかかって、追われ出したので、びっくり仰天、もの凄い馬力で走りだします。

最初一足飛びに走っていますが、たとえ軽くとも荷物をひいて走っているので、だんだん疲れが出て鼻息が荒くなり、全身から汗が吹きだして、脇腹や股の間に白泡がふき、汗の雫がぽたぽたとしたたり落ちるようになります。

かわいそうですが、農耕馬として一生使われる運命にある馬なので、仕方のないことなのです。馬の先走りと後走りの二人も大変なのです。馬に負けないぐらい大汗をかきながら、広い畑の中をあっちへ行ったり、こっちへ来たり、丸太を引いた跡が幾条もできるまで追いつづけます。

こうして最初は元気一杯はねたり走ったりしていた三才も、三十分もたつと人間の命令で止まったり歩いたりするようになるのです。そうして、おとなしくなった頃合いを見て、騎乗することも教えます。

このような調教を二、三日も続けると、大抵の馬はすっかり素直になり、最初のように暴れなくなり、汗もかかないようになります。そうして一週間もすると、もう一人前に母馬と並んで二頭挽きのプラオを引いて、畑を耕すようになるのです。

（未完）

雪晴れの日のチセ。撮影・須藤　功

ウパシクマのこと

姫田忠義

北海道の日高地方を流れる沙流《さる》川。

その中・下流地域の沙流郡平取《びらとり》町一帯は、アイヌの生活文化の始祖オキクルミ・カムイが住まいしたと伝えられる古い歴史の地です。

この章の著者・川上勇治さんは、その平取町のほぼまんなか辺りにあるペナコリという小さい集落で生まれ育ちました。

わたしがはじめてペナコリの勇治さんのお宅を訪ねたとき、勇治さんが書かれた二篇のウパシクマを読ませてもらいました。エカシ（祖父）のウパシクマとフチ（祖母）のウパシクマ。

ウパシクマというのは、家々の先祖の名前や系譜、先祖の生涯の足どりなどを、口伝えに伝えて来たいわばアイヌの先祖ばなしで、その二篇は勇治さんが御自分の祖父母から聞かされ覚えていたものを文字で書きとめられたものでした。この章のはじめに出ているのがそれですが、一読してわたしはうなりました。そこには、勇治さんの御先祖の、というより人間の、痛切な生活の姿、劇的な生存の姿が、ありありと記されているからです。エカシのウパシクマでは、もとは十勝地方に住んでいたエカシの御先祖が、のっぴきならない状況に追いこまれ、日高地方の人のウッシュー（召使い）として沙流川すじへ移住せざるを得なかったようすが語られています。またフチのウパシクマでは、妻とともに熊に遭遇したフチの御先祖が、熊と対峙しながらまず冷静に妻を逃がし、自らは重傷を負いながら熊を倒したときのことが語られています。前者は、厳しい自然のなかで生きた人間の不運な運命の物語であり、後者は、熊との遭遇という危機に立った人間の愛と沈着と豪胆の物語です。

わたしは、ちょうどすばらしい演劇や文学に接したときのような強い感動を受けました。けれどもちろん、これは虚構をこととした演劇や文学ではありません。そういう虚構とは無縁な実生活を、実生活者が語り伝えて来た物語なのです。事実は小説より奇なりと言いますが、正にその事実にわたしは深く感動したのでした。

アイヌ民族には、ウパシクマと同じように口伝えに伝えられて来たユーカラやウウェペケレなどの伝承があります。そしてそれらを通じてわたしたちは、アイヌ民族の持っていた想像力の豊かさや精神文化の高さを知ることができるのですが、しかし一軒一軒の家系や具体的な実生活のようすを知ることはできません。ウパシクマは、それの伝承なのです。

もしもこういうウパシクマが、できるだけたくさん記され、集められたならば、たとえば勇治さんの生まれ育ったペナコリや、ペナコリを含めた沙流川すじの村々の生きた歴史の書ができるのではないか。わたしはそんなことを夢想しました。

北海道の地名の多くは、先住者であったアイヌ民族が名づけたものです。そしてその地名のなかでも特に目立つのは、ペツ或いはナイという川を意味する言葉です。なぜそうなのでしょう。たぶんアイヌ民族の生活が川と強く結びつき、川を無視しては生活できないほどだったからでしょう。川は、サケやマスという重要な食糧の供給源であり、同時に村々をつなぐ最大の交通路でした。とすれば、ペナコリや沙流川すじの村々のことは、つまりはアイヌ民族全体に通じることであり、ペナコリや沙流川すじの生きた歴史を知る手がかりになりはしないか。

そういう理窟っぽいことはともかく、勇治さんはこつこつとウパシクマを書きつづけています。御自分と血のつながった人たちの永遠の記念のために。そして川上勇治という一人のアイヌがこの世に生きたことの記念のために。

この一文は、その一里塚にすぎません。

蕗《ふき》のとうを投げあげる。撮影・須藤　功

半生を語る
近文メノコ物語

文　杉村京子
文・写真　大塚一美

明治三一年（一八九八）、近文《ちかぶみ》一帯が大洪水になったことがあります。このとき一四歳という若さで全戸を避難させ、自分は全員の無事を見届けてから最後に、濁流の中を流木で傷だらけになりながら泳ぎ切り、高台の避難先へ辿り着いたというコキサンクルに惚れ込んだ近文に住む太田トリワ老人は、妹背牛《もせうし》に住む縁続きのイトモシマツの娘キナラブックに嫁入り話を持ち込みました。イトモシマツはこの話を二つ返事で承諾したといいます。明治四〇年（一九〇七）のことでした。このコキサンクルとキナラブックが、私の父と母です。

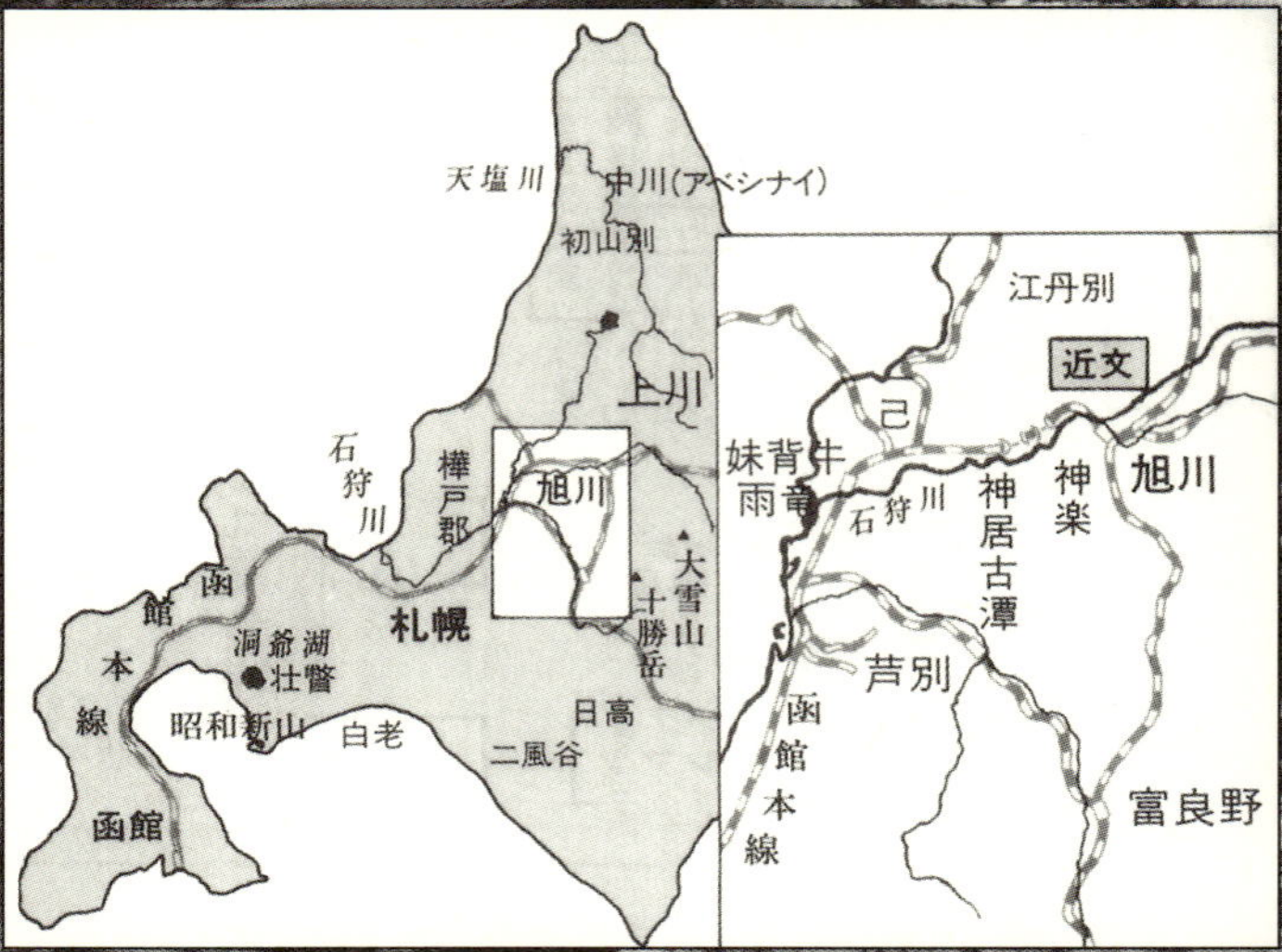

とうとうと流れる神居古潭付近の石狩川。撮影・須藤　功

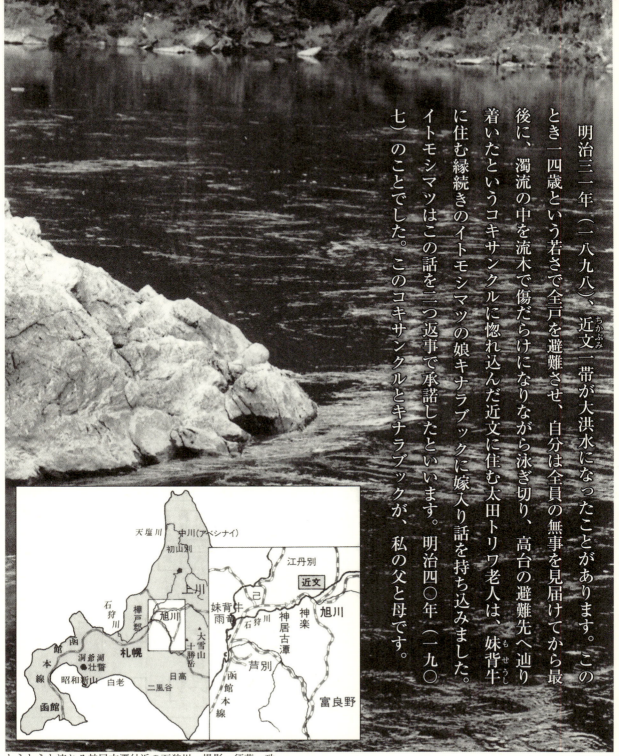

母の結婚した当時の近文

当時の近文《ちかぶみ》は、長い間給与地をめぐるさまざまな紛糾が続いていましたが、明治四〇年（一九〇七）の春にようやく一応の解決を見て、各戸に一町歩の土地と一〇坪の家が貸付けられることになりました。

コキサンクルと結婚することになった母キナラブックは、妹背牛《もせうし》から汽車で旭川に着き旭川からは歩いて、近文の現在、私の会社が建っている所にあった、小沢老《エカシ》の笹小屋《チセ》に腰を下ろしました。ここで初めて夫となるコキサンクルと顔を合わせたのです。駅から来る途中で太田トリワが、買って下げてきた清酒を大きな杯《トゥキ》につぎ、夫コキサンクルが先に、残りをキナラブックも一口飲んで夫婦の固めをした、と聞きました。

新居は建ったばかりの、まだ木の香の残っている一〇坪の和人風《シサムプリ》の給与住宅でしたが、コキサンクルは、かなり以前ヌタプ（現在の旭川市川端町六丁目辺り）の家で火災にあったため、代々伝えられた飾刀《エムシ》も行器《シントコ》もすべて焼失していたので、家の中は台所にある僅かな炊事用具と食器類、押入れの中の布団だけで、がらんどうだったそうです。

翌朝はどんな嫁かと見にくる同族《ウタリ》で、一時は窓も戸口も黒山の人だかりになった、と母は昔を思い出し、苦笑いしながら話してくれたことがあります。

母がまだ達者だった昭和四二年（一九六七）の正月、テープに録音した母の結婚当時の話があります。

「家は一町歩に一軒ずつの給与住宅と、大小の笹小屋もあった。近文はあちこちに林や原野が残っているくらいで、ほとんど開けていた。女《メノコ》は自分のとこの畑仕事と、近くの和人の農家の草取りなどの出面《でめん》（出仕事）をしていたし、男は狩猟《マタギ》をする者や、冬山造材や測量人夫など山仕事につくのが多かった。とにかく女はよく働いたもんだ。

コキサンクルは当時部落でも珍しかった馬を持っていて、毎日馬を追って大き

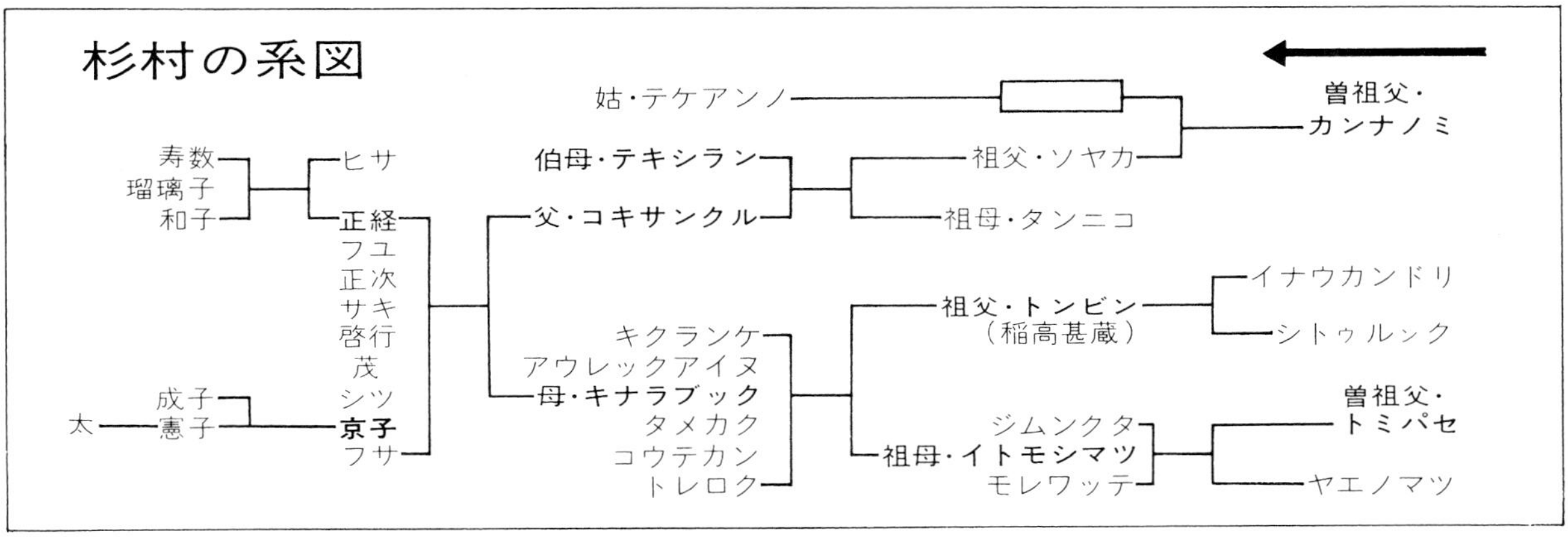

な店へ奉仕していた。嫁入りした年の冬は、馬をつれて造材の出稼ぎに行ったが、帰ってきた春先に二人で初山《しょさん》別《べつ》の方へ狩猟に行った。樏《かんじき》をはいて亭主は山ほど荷物を背負ってボッボッ歩くけど、おれは体がこまいからチョコチョコ、一生懸命歩いてもしまいには足跡だけを頼りに歩くべさ、だんだん暗くなるとおっかなくて、亭主が先に火を焚いて待ってるのを見つけると、本当にほっとしたもんだ。

家の周りの開墾もおれ一人でやったようなもんだが、草の根も木の根っこも抜くのにひどい目にあった。畑ではカボチャやゴショイモ（ジャガイモ）やイナキビや朝鮮キビやトウキビなんかを作った。

そのころは、どこの家も丸木舟を持っていた。一軒で二隻持ってるのもいた。函館線の鉄橋付近の流れがゆるいところで、丸木舟を二隻並べた間に網を張って鮭とりをしたが、一晩で二、三〇匹は捕った。

熊は川村、伊藤、松井、太田、村山など暮し向きの良い家で飼われていた。毎年子熊が飼われるんだから、熊《イオ》送《マンテ》りも毎年五、六ヶ所であって手伝いに忙しかった。山《キムン》の神《カムイ》（熊）を送るんだから、今みたいに出面賃《でめんちん》（労賃）なんかない。銘々の家から必ず少しずつでも持ち寄って仲間に入ったもんだ。

そのころ、すでにアイヌ細工はよく売れていた。旭川市街の神崎商店で買ってくれるんだが、衣紋掛《カケンザイ》は二〇銭、小さい花ござ《ポンチタラベ》は一銭、一銭五厘、二銭と大きさで違った。雨で畑仕事のできないときや、冬はよい稼ぎになるので、皆精出したもんだ。衣紋掛、手拭掛、針入れ、糸巻き、くさり付の箸など、どれも文様の彫りを手抜きしないから、それはいい物ばかりだった。今みたいにアイヌ人形や熊彫る者なんか一人もいなかったな。

亭主は嬉しいことがあると兎踊《イセポウポポ》りをすぐしたが、これも今ではできる者が一人もいなくなってしまった」

オタ　カタ　砂の上で
ポン　イセポ　こっこ兎
オタ　カタ　砂の上で
ポン　テレケ　ちょっと跳ねた
…………

大きな体の父が軽々と、小さく、大きく跳ね踊る姿が、今でも私の目に鮮やかに残っています。

私の誕生

私はバラック建てという方が早いような給与住宅で、大正一五年（一九二六）三月二九日に生まれたことになっていますが、出産届は小学校入学のとき、五〇銭の罰金を払って入籍したということですから、はたして本当の誕生日かどうかはわかりません。間違いないとすれば、母三九歳、父四三歳のときに、死産を含めて一二人兄弟の一〇番目に生まれたことになります。

取上げてくれた産婆さんは、〝イトゥンナレ〟という人で、私が大きくなるまで生きていました。いつもモンペをはき、坐っていると普通の人と変らないのですが、多分小児マヒかなにかの病気にかかったからでしょうか、歩くときは手に靴をはき、足に下駄をはいて四つん

曽祖父　トミパセ
トミパセ（宝物が山ほど集まるの意）は、松浦武四郎が安政三、四年（一八五六、一八五七年）の両年石狩川からの探検行をした時、彼の案内をしたことがその著書『石狩日誌』に記されており、同じく『蝦夷人物誌』に律義な孝行者として書き残されている。
祖母　イトモシマツ
片目がつぶれており、不美人《イポカシ》であったというが、声は細く澄んだ美しい声で、口承文学《ユーカラ》の語り手としては近隣に鳴り響いていた。日本語は不得手だった。通称メッコ婆。
曽祖父　カンナノミ
幕末から明治にかけて、近文からウシベツ（現旭川市内）までの乙名《オッテナ》（尊長＝村役人）シリアイヌ、小使《コンツカイ》（和人の場所役人の下役）カンナノミと、明治九年の松本十郎の手記に役土人として記されている。
祖父　トンビン
光の如く足速の意のとおり、常人ではついて歩くことは不可能なほど、足の速い人であったという。一念発起し、開墾生活に入ってからは、農業アイヌとして大成した人。
舅　小河原亀五郎
旧土人給与地とは名ばかりで有限の貸与だったので、この所有権を獲得するため、昭和七年（一九三二）六月、荒井源二郎、砂沢市太郎ら五名と共に上京し、関係官庁、衆議院等に働きかけ、昭和九年（一九三四）全部落一戸一町歩の所有権を得た功労者。

這いで歩く人でした。可愛がってくれたのをよく覚えていますが、そのせいか誰かれなしに、

「あれがお前の本当のおっかさんだ」

とからかわれるのには閉口したものです。

　最近聞いた話では、イトゥンナレさんが四つん這いで歩くのは、その母親が舅や姑さんに御飯をあげるとき、日常椀に入れた食べ物を犬にでもやるように投げ与え、日常の扱いも犬並みかそれ以下だったので、この母親の行いがイトゥンナレを犬のように歩かせるようにしたのだということですが、とても気のよい人でした。

　私の兄弟のほとんどは、生まれて三歳になるまでに死んでいます。それでも一二歳の兄正経《まさつね》と七歳の姉シツは元気で育っていましたが私の誕生日にはなぜか父も、潔癖症で気むずかし屋の父の姉テキシランも大変な喜びようで、二一日のお祝にはこの伯母《おんば》テキシランが祝の宴の陣頭に立ち、父コキサンクルは、当時では最も贅沢な乗物である和人の客馬車に乗って街へ行き、米を俵のまま一俵と宴会用の品を満載してきたということでした。

　祝に呼ばれたウタリの客は、八畳の茶の間と奥の八畳の二間を通して一杯になり、大変賑やかな宴会がくり広げられたそうです。

　このとき私の名前をつけたのが、和人の入婿で当時、最高の物知りだったという斉藤文七さんで、そのころの活動写真の、それは悲しいヒロインの名が気に入ったからと、その名の京子と名付けられました。名付けのお礼として足袋一足と手拭一本のほか、当日の御馳走を含めてでしょうが沢山のものを差し上げたと母から聞かされ

ましたが、どうやら私の人生は、その映画のヒロインに似てか、決して幸福とは言い切れない影を背負わされてきたような気がします。

私が二つくらいのときだと聞かされましたが、きっと畑仕事の忙しいころだったのでしょう。兄は学校より私の子守の方が大事だと、学校を休まされていた夏のことです。兄がちょっと目を離した隙に、私はおしめをした丸い尻を振り振り、家の前の道路へ出ました。そこへ近文駅前で雑貨屋をしているシローさんと呼ばれていたおとっつぁんで、馬車を追うとき馭者台でいつも〝こっくり、こっくり〟居眠《エスエ》りしてばかりいる人の馬車に轢かれ、重い大きな鉄輪で右足の腿が折れてしまうという事故にあいました。

馬は毎日決った道を歩いていると、馬車追いが居眠りしていても、ちゃんと目的地へ着き家にも帰る利口なものですから、きっとその日もシローおとっつぁんは〝こっくり、こっくり〟エスエをしながら街へ行き、仕入れ物を積込むとまた〝こっくり、こっくり〟しながら馬だけ勝手に我が家へ帰る途中だったのでしょう。シローおとっつぁんがまったく知らないうちに事故は起きてしまったのですが、馬は賢いもので止ったそうです。「ギャー」という悲鳴に驚いた兄が飛び出してみると、馬車の下から私が引き出されているところでした。兄が私を慌てて受け取ると、シローおとっつぁんは、そのまま私の体を確かめもせず行ってしまったそうです。

畑で仕事をしていた母は、もう乳を飲ませるころなのに兄が私を連れてこない、そのうちに乳が張ってくるので〈もう腹がへって泣くころなのにどうしたんだろう〉と心配しながら家に帰ってみると、私がもう今にも死にそうな変な声で泣いています。兄は机に向って勉強しているように見えたそうですが、きっと困り果てていたのでしょう。

母は「どうした、どうした」と私をあやしながらおしめを取替えようとすると、右足の腿がガクガクになっているので、驚いて兄を問いつめたところ、馬車に轢かれたというのですから慌てて、今も盛業している唐沢病院へ担ぎ込みました。

このとき、今はお亡くなりになりましたが唐沢東洋先生が、手厚い治療をして下さり、お陰で私はビッコにもならず、二ヶ月ほどの入院で帰ることができました。

私の生れた近文アイヌ地の拓かれた経過は、今からもう八〇年以上も前のことですから、記録に頼るほかないのですが、母キナラブックからは、

「和人はアイヌと一緒に住みたくないもんだから、市街の川向いに近在のウタリを皆集めたんだべ」

と、聞かされていました。

それでも私にとっては幼いころからの想い出一杯の故郷であり、愛してやまぬ安住の地なのです。

話によれば、当時年寄りのウポポ（坐り歌）に対して、若者の間には、

〈逢いたさ見たさに　怖さを忘れ……〉

〈おれは河原の　枯れすすき……〉

と「籠の鳥」や「船頭小唄」が口ずさまれ、
〈嫌だ嫌だ　ハイカラさんは　嫌だ……〉
と、まるで老人《エカシ》や老婆《フチ》が、旧習から離れて行くウタリの若者に抗議するような唄や、我がウタリを戒めるような
〜一杯飲んだ　アイヌ　家へ帰れば……
というのが流行する、新旧混在した大正デモクラシーのよき時代だったと聞かされていました。

大正10年頃、川上イタキシロマ記念館で観光客と共に写した。館は昭和41年頃焼失。

幼い頃のコタン

いつも絣《かすり》の着物の間見谷ヨッちゃん、簡単服の間見谷光子ちゃん、洋服着ていた小沢とおるちゃんと小沢みつるちゃん、そして簡単服の私と私の妹フサの六人は、親の生活の苦労も知らず遊びほうける毎日でした。

すぐ近くの大町貨物駅への国鉄支線は、朝九時、一二時、午後三時の三往復が通るだけですから、この線路の上をどこまで落ちずに歩けるか、とか、汽車の通った後、腹這いになって線路に耳をピタッとくっつけ、汽車の遠ざかる音を楽しんだりと、単純な遊びでしたが、線路へ行ったのがわかると、どの子も親からこっぴどく叱られたものです。

どの子だったか忘れましたが、パチンコで雀を射落とし、伯母《おんば》の家から丸見えなのも知らずに、ヨッちゃん家《ち》の納屋の所で、子供にしては高い大きな土饅頭を作って中に埋め、一番上には墓標がわりの棒《ぼっこ》を立て花も供えて、葬式ゴッコをしていたのですから、たまったものではありません。

見つけた伯母は走ってくるや、どの子もみさかいなしに大変な見幕で怒鳴りまくりました。後でこれを聞いた母に、私が現場へ連れられて行きますと、ヨッちゃんもおっ母さんに連れられて来ており、二人でかわりばんこに、

「もうしないから許して」

と泣きながら謝っても、どちらの母親も耳をかさず、

「このパウチコロベ（性悪憑神《つきがみ》のついた者）」

と、アイヌ語まじりの悪口を並べたて、ていっぱい二人とも叩かれましたが、これほどひどい折檻をされたの

は、後にも先にもこれだけでした。

今になって考えてみると、私にとんでもない悪い憑神がついて、最もいやらしい葬式のまねをさせたのだから、この悪い憑神を追い出さなければ、我が身内から不幸が出るというので、何としてもこの憑神を追い出すための折檻だったのです。

ヨッちゃんの家では、この仲間六人が八畳間一面に布団を敷き、泊めてもらったこともありました。

現在妹のフサと結婚している小沢満の家は、中通りでは一番立派で、当時では珍しい縁側がついており、花も一杯植えられていました。小沢さんのフチは年に似合わずハイカラな人で、あるとき見たこともないカレーライスを作ってくれましたが、嬉しいのと、どうやって食べたらいいのかわからなくて、大変戸惑ったものです。

当時のコタンは、同じ造りの木造給与住宅が上《かみ》の通り（現在の川村記念館前の通り）と、下《しも》の通り（現在の近文小学校横のバス通り）には、一部を除いて片側だけに並び、私の家のある中《なか》の通り（現在の生活館がある通り）だけは、両側に三〇間ずつ離れて並んでいて、所々に昔ながらの笹小屋もありましたから、この中の通りはウタリの通行が最も多く賑やかでした。そして家々のまわりには、巾一〇尺（約三メートル）、高さ六尺（約一・八メートル）ほどに薪が積んでありました。この薪採りは、女や子供の仕事でしたから、私も小さいときは小さいなりに、伯母に教えられて拾って運んだものです。

当時はどの家も生業は農業ですから、植物性食糧《ウタンケップ》の穀物の殻や糠捨て《ムルクタ》の神を祀る幣場《ぬさば》はどの家にもありました。

ヌササン（祭壇）は、私の家のほかには七軒ほどしかなく、どこの家のも東側にあり、黒ずんで削りかけ《イナウ》もむしれ、ただの棒のようになった古いイナウからまだ新しいのまで何年も次々に上げられるのですから、厚い垣根のようになっており、どの家のヌササンにも、山の神《キムンカムイ》（熊）の頭骨がいくつか上げられていました。特に何かで真新しいイナウが上がっているときなどは、子供心にも厳しさと美しさを感じたものです。

私が住んでいた給与住宅は、柾《まさ》屋根で外壁は下見板張り、それも節穴だらけで、時にはこの節穴に鳥が巣を造ることもあるほどでした。中の板は縦張りですが、板と板との間は反っていて、子供の指ならそっくり入るほどですから、隙間風を防ぐための新聞紙を、一面にべったりと張っていました。

また、建築工事が冬を越す最悪の条件の時期だったとかで、冬になると土台がしばれ上がり、屋根には雪の重さがかかるためでしょう、戸が動かなくなるので上を切りつめるのですが、夏はゆるくなるので袴をはかせる始末でした。

茶の間の真中には大きな炉があり、薪ストーブが置かれていましたが、煙筒が真直ぐ屋根上にでていましたし、何よりも天井板を張っていないのですから、熱効率が悪くストーブから直接の暖かさだけで熱をとるのです。

寒中はストーブに向かって座ると顔が焦げるほど熱いのに、背中の方は隙間風でとても寒かったものでした。吹雪の日などは窓や壁の隙間から粉雪が吹き込み、それがストーブの上で「ジュッジュッ」と鳴ったものです。

だから皆厚着をして着ぶくれしていましたし、子供らは背中に野兎やチンチラ兎の毛皮を内側に縫い付けたのを着ていました。

伯母テキシランの家は、昔ながらの笹小屋で、入口は萱の簾《すだれ》を下げただけであり、暖房は囲炉裏の焚火でしたが、この方がはるかに暖かかったものでした。

記録によれば、「給与住宅は寒いので、これを物置きとし、住む家は再度笹小屋を建てて暮らしている者もいた」とありますが、たしかに内地式のバラックのような家では厳寒の暮らしには不向きですし、理由はそれだけでなく、アイヌの神々の中でも最も大切なアペフチカムイ（火の神）を、ストーブの中に閉じ込めなければならないのですから、当時のアイヌにとってこれほど困ったことはないわけで、古来の生活を守りたい頑固な人が、再び笹小屋を建てて暮らしたともいえるでしょう。

私の伯母テキシランは、その最たる者だったらしく、酒はもちろんのこと日常の食事にしても、御飯をはじめ、魚や野菜などを最初に焚火の中に入れてからでなければ、決して食べませんでした。

私の母も「火が見えないのは淋しいといって、ストーブの前蓋を開き、部屋中を煙だらけにして中の火を覗いて満足していたフチがいた」と話していましたが、今の私には胸が痛くなるほど、この人たちの気持ちが伝わってくるのです。

このほか、私が遊びに行くたび膝の上に乗せて可愛がってくれた川村イタキシロマ老も、笹小屋暮らしでしたし、私が嫁入りした家の舅、小河原亀五郎の母も、納屋から下屋を降ろし、笹小屋風にして暮らしていましたから、私は旧習と極めて縁の深い育ち方をしたと言えましょう。

伯母テキシランの笹小屋は、三間（約五・四メートル）に四間（約七・二メートル）の約十二坪ほどだったと思いますが、これに長い大きな前室《モセム》が付属しており、ここには流しと水桶を備えた台所があって、沢山の薪が、きちんと積まれていましたし、母屋の真中《チセ》には大きな炉があって、がっしりとした自然木の炉ぶちは艶よく磨かれいつも火がほどよく燃えていました。この火の側で伯母に抱かれ、背あぶりしながら眠る心地よさは、やったことのある人でなければ決してわからないでしょう。

窓の下にはイテセニ（花ござ編みの道具）が置かれており、部屋の隅には夜具がきちんとたたんで置かれ、上からは多分古い布団皮だと思いますが、きれいな模様の大きな布がかけられていて、家の中どこを見ても塵一つ落ちていませんでした。

この家は、私が結婚した翌年の昭和一七年（一九四二）二月三〇日、テキシランが死ぬまで使用しており、翌一八年の冬には古来のしきたりどおり、伯母テキシランの来世の生活のためにと、什器一切を含めて燃やして送り届けたのですが、この風習も近文では伯母のが最後となってしまいました。

私の家の前の通りは、ウタリの通行が最も多い道とはいっても、馬車の通る轍《わだち》のところだけ二列に土がでていて、馬の通る真中は短い草、道の両側は大人の背丈よりも高い雑草が、びっしりとはえており、今の生活館のところにある小川（オホツナイ）はとてもきれいな水が流れ、魚の遊ぶ様がよく見えたものです。

一人暮らしで気兼ねのいらない老婆《フチ》の家には、仲間のフチが集まって、のんびりと背負い袋《サラニップ》や背負い縄《タラ》を作ったり、花ござ《チタラペ》を織ったりしながら、即興唄《ヤイサマ》や踊り《ウポポ》や昔話《トゥイタク》を楽しむ声が外にもれ、時にはフチ同士で日向ぼっこをしながらすき櫛で互いに頭のしらみ《ウリキ》を退治しあうなど、

石山長次郎が語る
私の生まれた頃のコタン

「俺は新しいものが好きだったせいか、親からも近所の人からもハイカラさんだ、と言われていた。

大正六年、一六歳位のときだったと思うが、川上コヌサ記念館のそばで自転車屋をしていた石川幸吉というウタリが、今でもある自転車や楽器などの大問屋、明治屋にあったラッパなどの楽器を借りて来ては、俺等に手ほどきをしてくれた。それが二年もたつと五、六人のウタリだけで楽隊も作れるようになった。

あるとき大町で旅館をしていた金持が興行主兼弁士になって、俺は映写技師兼太鼓《ドラム》叩き、後に熊彫の元祖といわれた名人彫師の松井梅太郎はクラリネットとトランペット、その弟はトロンボーン、石川幸吉はそのときどきで必要な楽器をやることに決り、映画の地方巡業に出かけた。

終った小屋から次の小屋へは馬車で送られ、着いたら先ず街廻りをするんだが、映画はすべて当時の人気者だった〝目だまの松ちゃん〟のチャンバラだ。カーバイトを光源に手廻しの映写機を廻しながら、足ではドラムを叩くのだから軽業師も顔負けするようなものだった。田舎者ほど映画も楽隊も珍しいものだから、俺たちは今でいうスター気取りだった。本当にハイカラな仕事だったと思うよ。

その後大正一〇年（一九二一）の夏からは、旭川市内にも映画の常設館ができたので、北鎮音楽隊と名付けてそこにも出たが、昭和六年（一九三一）にはトーキーに変わるというのでその仕事はやめた。

楽隊には、そのころ間見谷軍次郎、本田幸次郎も入っ

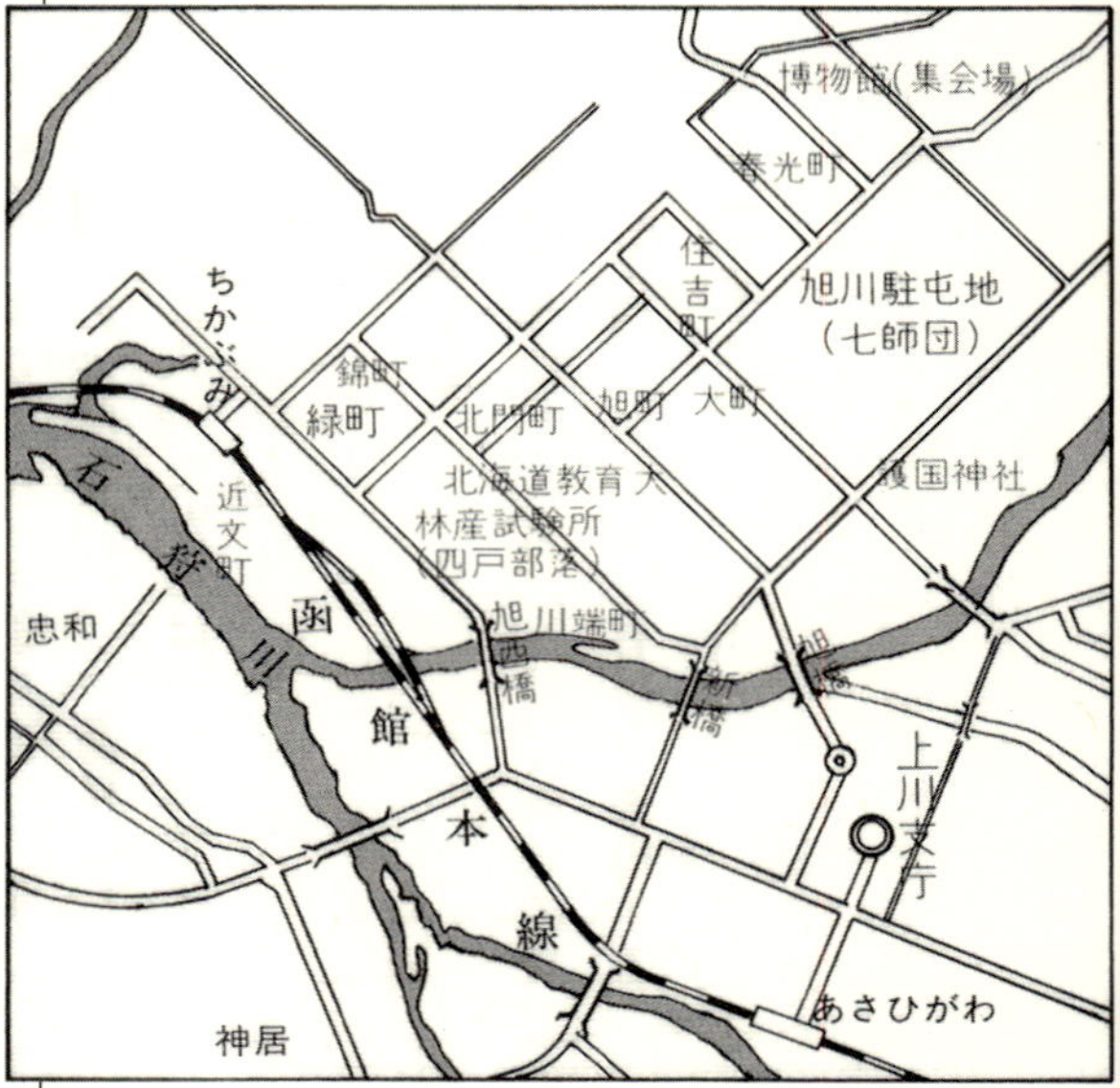

ていたが、当時六人の楽隊というと立派なものだったし、シャモの楽隊はすぐ疲れてやめるけど、アイヌの楽隊は体格がいいだけあって音もでかいし、三倍も四倍も長く吹いてくれるというので、小学校の運動会などでは引っ張りだこだ。旭川から芦別、富良野の方まで出かけて忙しかったものだ。

　年末の慈善鍋のときは、救世軍の制服・制帽で、俗に言う救世軍の歌〝酒飲むな　酒飲むな〟を朝から晩までしばれる外で吹くんだから、俺らも寒さで参ってしまう。そこで焼酎を腹の中にたっぷり入れ体の中から暖めておいてから〝酒飲むな　酒飲むな〟と吹いたもんだ。(井)デパートの前は、やはりいちばん金が集まったな。

　楽隊をやってていちばん気分よかったのは、大正十年（一九二六）だったと思うが、秩父載仁親王がおいでになったときだ。

　当時の七師団将校集会所（現旭川市立博物館）でお出迎えしたんだが、俺らアイヌの楽隊は宮様のすぐ側で「君が代」を吹き、シャモは偉方を始め大勢が俺らの尻の方に並んで、俺らの伴奏で歌うんだから気分上々、スッとしたもんだ。

　今でいうアルバイトで、札幌の木暮サーカスへ行き〝空に囀る　鳥の声〟とジンタをやり、ときには玉乗りや走る馬の背中で逆立ちなどやったが、家で百姓や熊彫りをするよりずっといい金になったな。

　お前の生まれたころの部落は、旧土人給与住宅が明治の終りに三七戸できたのが、三〇間（約一二〇ｍ）おきに並び、その間に笹小屋《チセ》が数戸ポツン、ポツンとあった。道路は凸凹のままだから、雨でも降ったら馬の肩までもぬかるグチャグチャ道で大変だったが、大正一四年に道路を均し、バラスも入れたので、それからはすっかりよくなった。

　あのころ、女は畑仕事に薪採りなどをし、男はマタギや造材や馬車追いや熊彫りなどをしているのが多かった。当時、馬を持つことは、今だと一〇トンの大型トラックを買うよりも大変なときだったから、馬を持っていたのは、鹿川利助、琴似栄次郎、能登健蔵とお前のお父っあんのコキサンクルの四人だったと思う。春は自分の家や親戚の畑起こし、終ると運搬屋というか馬車追いをし、冬になるとお前のお父っあんは、アベシナイ（天塩中川）などへ造材の運搬に行ったもんだ。

　出稼ぎが終って家へ帰ると、五銭もって街へ行き、映画を見て鱈腹《たらふく》くって一日遊べたもんだが、これが楽しみだった。俺だって冬には造材山へ行ったさ。

　何せお前の生れた大正一五年（一九二六）は、五月に十勝岳が噴火したんだが、近文のコタンまでは音も聞えないし、火山灰も飛んで来なかったから、大した話題にもならなかったんだが、そのためか美瑛《びえい》川が濁り、鱒も鮭もさっぱり上がらなかったな。畑もさっぱりだったから、ウタリの農家は皆困ったもんだ。

　あのころは部落のあちこちで、子熊は飼われていたから、いつでも一〇頭以上いただろう。子熊は子供らのいい遊び相手だったな」

本当にのどかなものでしたが、時たま夜になると酒のんべの喧嘩の声が聞こえたり、胸にこもった自分の言い分などのある人が、酒の勢いを借りて一晩中部落内を怒鳴り歩いたりと、居ながらにして部落中の出来事がわかり、幼い私の好奇心を高め、満足させてくれました。

本当に今の近文しか知らない人にとっても私のような年齢の者にとっても夢の世界の話のようです。

父の想い出

父は、まだ若いとき二日も三日も高熱の続く病気になり、熱が下がったときには耳がまったく聴こえなくなっていたということでした。

けれども私と父との間は、見えない糸で結ばれているかのように、互いによく気持ちが通じていたと思っています。

母は嫁入りしたときからずっと、一町歩の畑を一人で耕作するうえに、食事の用意、洗濯と家事全部を一人でしていたのですから、小さかった私などは時に煩《うるさ》く感じるのでしょう、よくどやされ叩かれたものですが、父には一度も叩かれた記憶がありません。ですから私は父ちゃん子でした。

父は、ひときわ大きな体で、真黒な髭だらけの顔をしていましたが、髭はいつもバリカンで刈揃えていました。それが面白そうなので、私も髭刈りを手伝ったのはいいのですが、バリカンで髭を引張ってしまいました。父はよほど痛かったのでしょう、このときばかりは父に

大正10年頃、石山夫妻の狩猟に行くところ。弓矢から鉄砲に変っているが、手にしている杖は自然木の又木に手をかけ、体を押し出すようにして使用する伝統の品である。

大正9年頃、前田インカトク、手先のたくみさで名の売れた人。

大正末期、村山与茂作の子カイカウック。手の弓、背中のケトウシ（背負梯子）などは、弓を銃に持ちかえると、父コキサンクルが狩猟に行くときとまったく同じである。

叱られたのを憶えています。

父は私や近所の子供らとよく遊んでくれました。

ケンケン飛びという、地面に丸一つ次に丸二つ次はまた一つと繰返し、最後に大きな丸を書いた上を、丸一つのところは片足で、二つのところは両足で飛び渡る遊びを、子供らの唄う〝ケンパ　ケンパ　ケンケンパ〟の囃子に合せて飛んだり、

〽お嬢さん　お入り　はい　よろし
ジャンケンポンヨ　合いこでショ
負けたお方は　お逃げなさい

と、大きな体で軽妙な縄跳びをして遊んでくれたり、かくれんぼに加わることもありました。

子供らに言われるままに鬼になり、背を向けて大きな手で目を覆った父が、「もう　いいかい」「もう　いいよ」と子供たち、といっても耳が聴こえないので適当に捜しだす父、それをよいことにあちこちの草むらへ喚声を上げながら隠れる子供たち、どこに隠れているかをわかっていながら、大きな体でさも真剣そうにゼスチュアたっぷり捜すふりをする父、そして見つけても気付かぬふりをして、私たちを喜ばせてくれた父の姿は、今でも目に浮びます。

父は私の生れたころ、部落で四頭しかいなかった馬持ちの一人でしたから、馬車を使った運搬業、俗に言う馬車追いが生業で、当時馬車追いの神様と称されるほど、馬使いが上手だったそうです。

また馬車追いの仕事のないときは、家の中や畑の片隅で、母と二人あるいは鹿川太郎八夫婦と、衣紋掛《カケンザイ》や糸巻

昭和5年頃、私を可愛がってくれた川村イタキシロマ・エカシ。ほかの人とはちがっていつも真白な御飯を食べていたので、これを羨んでか通称“コメメシエカシ”と呼ばれていた。

大正中期、私の母方の祖母イトモシマツ。和話は片言程度、昭和の始め頃にはよく母キナラブックを訪れ、私を背に子守をしてくれたという。蜂須賀農場の記念写真より。

大正9年頃、アイヌ学校のそばの聖公会伝道所でキリスト教の布教活動をしていた頃の金成マツさん。

きや箸などのオンコ細工に励む、とても勤勉な人でした。
このできた細工物を取引き先の店へ持って行くときは、風呂敷に包んで手にぶら下げ、私の手を引いたりおぶったりして行きますが、確か佐々木長左ェ門さんの店へ行くのが多かったと思います。

店に入って値段の交渉になると私の出番です。買う人の言った値段などを、私が父の方を向いてそのとおり言うと、父は私の口の動きでわかるらしいのです。自分の思っていたよりも安い値のときには、なかなか話がまとまらず困ったものですが、品物がよいと誉められ、いい値がついたときは、髭の中のただでさえ細い目が一層細くなり、とっても可愛い顔になるのです。

帰りには今でも旭町一〇丁目にある東端商店により、待っている母や私のために駄菓子を大きな袋いっぱい買い、自分の分は焼酎の四合瓶一本を買うだけで満足して帰ったものですが、稀《まれ》にこの東端商店の斜め向いにあった、俗称〝天ぷらバッコ（婆）〟の店に寄ることもあります。和人の大柄な色白の婆さんが、しかも色よい腰巻きをはしょって客扱いをするのですから、うまくいけば大事なところがまる見えになるのが名物とかで、並べてある天ぷらで盛《も》っ切《き》りを飲む人、餅を買う人でいつも繁盛していました。

江戸時代の川柳だったと思いますが、

居住居《いずまい》の　悪い内儀《ないぎ》の　店は売れ

というのを、どこかで読んだ記憶がありますが、耳の遠かった父が「あの店にも連れて行ってくれたたっけ」と思うと微笑ましくなります。

父は冬山造材に行く前後は、マタギをしていましたが、夜父が帰ってくると、待ちかねていた私と妹は父の膝を奪い合ったものです。

そのころは近ごろよりもずっと厳しい寒さでしたから、目のところだけ丸く穴を開けたほかは、頭のてっぺんから肩まですっぽり被る帽子、ちょうどプロレスラーのデストロイヤーのマスクをだぶだぶにしたような、毛糸のタコ帽子を被り、獲物ではち切れそうなリュックを背負って玄関から入ってくる父に、靴を脱ぐ間も与えず私らが飛びつくのですから、父は靴を穿いたまま茶の間のストーブ前に坐ります。するとすかさず私があぐらの中に坐り、妹は小さな尻を押し込んできます。そして帽子を脱いだ父の短い髪からびっしりと下がっているつららを引張り合っている間に、父は坐ったままで、ガチガチにしばれたゲートルや靴を脱ぐのです。

母が早速労《ねぎら》いの酒を出すと、父はストーブの中から二つ三つの燠《おき》を取り出し、コップの酒に割箸を奉酒篚《イクパスイ》のかわりにして、一雫また一雫と燠に酒をあげ、火の神を通して多くの神々にお礼の祈りを必ずしていました。

父が酒を楽しんでいる間に、母はリュックの片づけをしますが、いつも最初に出てくるのは焚火で黒光りした飯盒《はんごう》です。これが出てくると私も妹も父のあぐらを飛び出し、中を開けて、父の残してきたおかずを奪い合って食べるのが楽しみでした。父も喜ぶ私たちを見るのが楽しみだったらしく、途中に店があれば少しでも駄菓子を買い、店がなければ子供の喜びそうなおかずを、わざと残してきていました。

獲物はときによって違いますが、兎や貂《てん》などは早速母や伯母《おんば》の手で解体され、肉は近所にも配られ、皮は竹串で突張って干すなど、鮮かな手つきで処理されます。皮の始末などは私も懸命に手伝い、誉められたものですが、大して上手に手伝えないのに、誉められて得意気な顔をする私を見て、きっと母も伯母もユーカラにある〝両の耳、《ウパスキサラ》動く程に《モイモイケパックノ》笑いをこらえて《エミナコトムアン》〟だったことでしょう。

大正9年頃、熊檻の前で絵葉書用に写した川村一族の写真。一番手前でアッシ織をしているのが、伯母テキシランの親友アペナンカ・フチ、その右がイタキシロマ、右端が川村カネト。

私が、確か一年生のときと思いますが、一度に二匹の子熊をとって来たことがありました。このときばかりは、父の膝より熊の子《エペレ》の方が珍しいし可愛いのでリュックから出すのを待ちかねて触ると、かじります。恐ろしいんだけど、触りたいというのがわかった父が、大きな手で上手につかまえてくれたので、恐る恐る触ると、

「ウェー」

と怒り声を出します。父が部屋の隅に釘を打ち、これに子熊を繋いでくれたので、毎日熊の子を相手に遊んだものでした。

父にまつわる想い出は、一緒に暮らせる期間が短かったせいか、母よりもひときわ強く、まるで昨日のことのように印象づけられています。

伯母テキシラン

私の記憶にある父コキサンクルの姉テキシランは、背が高く、胸が悪かったせいかすっかり痩せた細い体に、面長な顔で目はひときわ大きく手にも入墨、口のまわりにも大きな入墨があり、体にはまったく毛のない驚くほどきれいな膚で、いつも和人と同じ長い着物に長い前掛けをしていました。

伯母《おんば》の家は、私の家から子供の足で二、三〇歩の裏手ですから、今考えるとほとんど離れていない所にありました。昔ながらの笹小屋で、家の周りには薪が沢山きちっと積まれており、種類ごとに区分けして植えた花畑もあり、家の中はもちろん家の周囲も掃除が実に行届

き、塵一つ雑草一本もない程でした。

このテキシランを私は〃おんば〃と呼んでいましたが、大変な綺麗好きな上に女の手仕事《テケトク》の巧さを完全に身につけた人とでも言いましょうか、花ござ《チタラベ》、肩下げ袋《サラニップ》、織物《アッシオシケ》、荷縄《タラ》、刺しゅう《イカラカラ》と、どれをとっても見事な物を作る人で、すべてが完全無欠な人だと評価されていました。

この伯母は、私を異常なほど可愛がってくれました。二人で御飯を食べるときは、わざわざ小鍋で真白な御飯を炊くのに、たまたま泣虫の妹フサが来ると、妹には残りの冷飯を食べさせるとか、頭のしらみ《ウリキ》をとるときでも、私は暖かい家の中に布を広げてすき櫛をかけるのが、妹だと冬でも外でやるなど、可愛がり方に異常なほど差がありました。

私がまだ外で飛んだり跳ねたりすることに熱中していたころですから、きっと五歳位のときだったと思います。天気の良い日でした。伯母は外の日向でアッシ織をしていました。

アッシ織は、一二尺（三・六メートル）以上もある経《たて》糸《いと》を一二〇本以上も並べ、先端を地面に立てた棒にしばってピンと張り、手前に織機をつけ、織りあがった経糸のつまる分だけ、体ごと前にいざって織り進みます。

この大事な経糸は、丁度地面から子供の足首ぐらいの高さに張られているのですが、私はこれを飛び越えて褒めてもらおうとでも思ったのでしょう、いいとこ見せるつもりで跳ねたとたんに、経糸に足首をひっかけ相当な本数を切ってしまいました。このときはさすがの伯母も、頭のてっぺんから出るような一オクターブ高い声で、

「コラーッ！　キョウコォ！　さっさと切ったとこつなげ！」

と、ていっぱい叱られました。

もっともこのときは、いつも一緒に遊ぶ小沢透・満、間見谷喜明・光子、私と妹のフサの三兄弟が一緒でしたから、またやられてはとつい大声がでたのでしょう。私もアッシ織をするようになってから、このときのことを想い出し、

「本当にこの経糸を切られた伯母は始末に困ったろうな」

と身にしみましたが、こんな悪いことをしても叩かれることはありませんでした。伯母のチセの窓際にはイテセニ（花ござ編み道具）が置かれていましたが、これをこわしたこともありました。

この道具は人が坐って手を少し斜め下に伸ばした高さに、長さが四尺（約一・二メートル）前後、厚さ六分（約一・八センチ）ほど、巾一寸五分（約五センチ）ほどの横板《イテセニ》を固定しており、このイテセニには編み込む文様の印となる刻みと、材料の蒲の葉柄を締めるための経糸に相当する、小石の重りをつけた二〇本ほどの紐がついていますが、小石は経糸の本数の二倍つくのでかなりの重量になります。

ある日、伯母がこのイテセの途中、食事の用意をするため外に出て行ったときのことです。道具には囲炉裏から上がる灰などで汚れないように布をかけてありましたが、このイテセニの高さは、子供の私が腰を掛けるのに

昭和34年（1959）冬、イチャラパ（法要）。仏教の影響であろうが、その家の大事な人の命日には独特の法要をする。まず屋内で火の神に法要の意義を伝え、次いで外へ火の神の分身である燠を供物と共に運び出し、祖霊を祀る。食物は自分が一口食べてから供し、煙草は一服吸ってから吸い口を向う側にして供える。

丁度よい高さですから、食事のできる間の一人遊びに退屈した私は、つい腰を掛けました。そのとたん、イテセニは「バキン!!」と折れてしまったのです。

子供心にも〝これは大変なことをした〟と思ったのでしょう。

イテセニには、織りあがった分の花ござの重さもかかるのですから、幼い私にはかなりの重さになるのを、必死になって持ち上げたのですがどうしようもありません。私は力いっぱいの声を張上げて「ウワー」と泣き出しました。しかし伯母はなかなか戻って来ません。私が手の痛さをこらえ、ただ落すまいと泣きながらも必死に頑張り、もう堪え切れなくなるころ、泣声を聞きつけた伯母がやっと戻って来て、

「ナーニシテルンダーッ」

と黄色い声を張上げて叱りました。私は、手の痛さからようやく解放されたのに、なぜかなかなか泣き止みませんでしたが、このときも伯母は叩きませんでした。そのかわり、伯母の後に入って来た母には、外へ連れ出されてこっぴどく叩きまわされました。

後年、母にこのときの想い出を話したところ、

「そんなことも覚えていたか、あんときは姑さんに気がねだったもんだから……」

と語ってくれました。

私は現在でもウバユリの根から澱粉を作り、残りの繊維かすを保存食《オントレップ》にして楽しんでいますが、伯母も初夏になると、家の外に何枚もの簾を出し、その上にオントレップや行者ニンニク《キト》の刻んだのを、それは沢山きちんと並べて干していました。

オントレップは真中に穴がある平たい形に作るので、子供にとっては何か面

白いものに見えます。伯母もそんな子供心をよく知っていてか、干し上がらないうちに持ち上げられ、せっかく作ったのを割られてはと、「ちょすな（さわるな）よ」と繰返し言うのですが、伯母が目を離した隙を見ては持ち上げ割ったものです。そんなとき伯母は、「この手が悪いのだ」と、私の手をちょこんと叩いたものでした。

伯母は身軽な一人暮らしでしたから、自分のチセの片付けが済むと、手仕事用の榀《しな》皮などを背負い袋《サラニップ》に入れ、私の手を引いて、線路のフチと言っていたエピコア・フチのチセとか、私の一番好きな川村イタキシロマ・エカシの奥さんで、伯母とは薪採りでも何でも二人で一緒になってやるアペナンカ・フチのところへ連れて行きます。

川村エカシの家には、大きな太い木が五本も六本もあり、広々としたところに三戸か四戸の笹小屋《チセ》が建っていて、その一番大きなのがエカシ夫婦のチセで、ほかのは観光客用のものだったと思います。食物倉《プ》も熊の檻《エペレセッ》もあり、いつも子熊や大きな熊が三頭も四頭もいました。

胸の悪かった伯母が来るのは、遠くからでも「エㇷエㇷ」という咳でわかるのでしょう。家に近づくと、エカシは聴いただけでも嬉しくなるような細い声で「オヤヒヨコー」と、いつも伯母にくっついて行く私の名前を呼びます。私がエカシの胡座《あぐら》の中に飛び込んで行くと、早速エカシは「メンコイナー　アメカッテコイ」と腰の袋から一銭玉を取出して私にくれます。一銭玉をにぎると、私は一目散に向いの佐藤商店に行き、ゲンコツ飴を二つ白い袋に入れてもらい、エカシの胡座に戻ります。袋の中の一つをエカシの口にやると、エカシはさもうまそうに「アー　ウマイ　ウマイ」と舐めるふりをして、もう一つの飴をしゃぶって満足気な私にその飴を返してくれるのです。

伯母はというと、糸より《カイカ》をして糸玉を作りながら花ござ《イテセ》を織っているエカシの妻、アペナンカ・フチと楽しげに話をしています。エカシの家には、孫のタッちゃん、しょうちゃん、トエちゃんなど遊び相手もいたので、伯母とアペナンカ・フチとが話をしている間は、私は皆と木登りをしたり子熊と遊んだりで、伯母の長居にも飽き

山へ入ると元気倍増する母は、連れて行く都度、山菜の採り方や適期、保存や加工、調理法を教えてくれた。

ることはなかったのですが、今考えてみると、毎日のように会っていてよく話が尽きないものだ、と呆れてしまいます。

このフチは、女なのに一人で鉄砲を持ってマタギをし、熊まで捕ったということですが、鉄砲が暴発して右手の人差し指と中指が吹っ飛んだとかで、二本とも根元からきれいにない人でした。伯母が遊びに行かないときには、このフチが伯母のところに遊びに来るのですから、余程のことがない限り、おそらく毎日会っていた親友だったのでしょう。

それにしても、私が行くたび一銭ずつ飴玉代をくれた川村イタキシロマ・エカシは、ほど良い長さの青白い髭を持つとても素晴らしい顔をしていました。俗にコメメシ・エカシで通っていましたが、これは米飯をいつも食べているのを羨んで、いつとはなくつけられたと聞いています。

今でも私は、春秋土豆《アハ》を掘ってきてアハ御飯を炊き、バターをつけて食べますが、何か物足りなく感じ、決って伯母の作ってくれたアハ御飯を想い出します。

近文駅の裏手の石狩川にほど近いあたりに、アハの沢山ある所があり、そこへ伯母に連れられて行ったことがあります。伯母は大きな土掘用具《シッタプ》、私は有り合わせの股木で作ってくれた小さなシッタプで掘るのですが、みるみるうちに中位のバケツいっぱいに採れます。伯母はこのアハと米でアハ御飯を炊き、蓄えていたラードのように白い馬の脂を、動物の膀胱を裏返してこしらえた袋から絞り出し、アハ御飯につけて食べさせてくれるのです。

今のアハは昔のに比べてずっと小粒ですし、何よりももう馬の脂でないのが、私の作るアハ御飯の物足りない原因なのでしょうが、本当に伯母と食べた、あのおいしいアハ御飯の味は忘れられません。

母は畑仕事や家事で疲れ、妹のフサは母のそばから離れようとしないのですから、とても私までは手がまわらないことが、子供心にもわかっていたのでしょう。私は食事も風呂も、一日のほとんどを伯母と過す生活でした。

それだけに、今考えてみるとアイヌのいろいろな風習

昭和45年（1970）夏、私の体が年齢的に変調期に入ったことと、夢見の悪かったのを心配した母キナラブックが、悪霊がついたのではと心配し、エンジュの枝、笹等を用意して私の体を祓ってから、石狩川へ行き悪霊への贈り物と共に祓いの笹等を流した。

も、伯母から教わったものが少なくありません。

今の生活館のあたりを、伯母に手を引かれて通ったときのこと、色のついたたまげるほど大きな毛虫が、道路を這っているのに出合いました。すると伯母は顔色を変え、道端のよもぎをむしり取って「フッサ　フッサ」と唱えながら、そのよもぎで私の体中を軽く叩きながら家へ逃げ帰りました。これはあのきれいな色の毛虫は、人間の命を取る虫でもあり、めんこい顔をしたお前の命を取りに来たのだろうと思ったのでフッサをかけ魔物祓いをしたのだということでした。

また、隣の間見谷キケノトク老《エカシ》の家の付近は、よく火の玉の出る所だと部落中から言われていましたが、ある真暗な晩、伯母とここを通ったときのことです。大きな尾を引いた火の玉が、音もなくゆっくりと私の頭の上を飛んで行くのを見ました。

伯母は私の手を引き家《チセ》へと一目散に走って帰り、私を外に待たせておき、自分はチセの中から塩を持ってきて私にふりかけ、体中を叩きながらアイヌ語でブツブツと唱えました。これは火の玉が見た人の魂《ラマチ》を取るので、それを祓う呪《イパッカラ》だったのでしょう。

母から伯母へ、伯母から母へと、食べ物を届けるのは私の仕事でしたが、夜になってから運ぶときは必ず食べ物の上に小さな燠《おき》をちょこんと乗せてから運ばされました。これは、おいしい食べ物のラマッテを、魔物に取られないようにするための清め《エピル》だと聞かされました。

用事があれば朝晩問わず、

「キョオコー　キョオコー」

と、私が返事をするか顔を出すかするまで、私の名前を呼び続けた伯母の声、川遊びに行ったとき今では考えられないほどきれいだった石狩川で、アペナンカ・フチと二人真赤な腰巻きのままスイスイ泳いだ伯母の姿が今も懐しく想い出されます。

この話をまとめていたある日、伯母が夢に出てきました。伯母はあの懐しいチセで自分の布団の隣りに新しいきれいな布団を敷き並べ、ニコニコしながら、

「キョウコ、お前はここに寝れ」

というのです。きっと私が行くのを待ちわびているのでしょう。

小学校で

小学校で運動会があると、父はまだ私が学校へ入る前から連れて行ってくれました。そして、大勢のウタリが自分の子供たちを大きな声で応援し、勝った勝ったと踊り上がって喜ぶ賑やかな様を、肩車で見せてくれましたから、私も早く学校へ行きたいと思っていました。

昭和八年（一九三三）四月、私はこの憬れの小学校に入学することになり、兄正経と従兄の三郎さんが自分らの稼ぎを出し合って買ってくれたセーラー服を着て、入学式に行きました。

このとき、私は父について行ってほしいと思っていたのに、きっと父も母も人前に出る着物がなかったのでしょう。後に戦争の煽りで満州で亡くなった鹿川フミ子さんが、父兄のかわりについてくれました。

一緒に入学したのは、女生徒はどうした訳か四つ年上の阿部キッコちゃん、一つ上の間見谷光子ちゃん、大野ミッコちゃん、木村スワちゃん、鹿田タマ子ちゃん、荒城ひろ子ちゃん、高木はる子ちゃんと私、男生徒は間見谷たっちゃん一人で、計九人だったと思います。

先生は高杉先生で、優しそうな、澄んできれいな声の美しい先生で、私はすぐに先生が好きになりました。

私の頭は特有のちぢれ毛で、髪の毛の下の方はブワーと膨らみ、目は大きく丸顔でしたから、早速シャーリー・テンプルという、当時のアメリカ映画の天才名子役の名を、あだ名につけられました。

毎日遊びほうけていたのが、学校に入りいきなり勉強

旭川における給与地の変遷

往時上川盆地に居住するウタリは、各河川沿いに点在していたが、明治二七年（一八九四）保護法による給与地の配分では、せめて三つのコタンにしてほしい、という川上モノクテ等代表者の願いも虚しく、現在の近文地区に四一戸の集団として居住割当を受けます。

これは明治二二年、現神楽町に離宮予定地を設定しようとした動きと密接な関連があり、石狩川の向い側にウタリを隔離する政策であろうと推定するのですが、明治三二年（一八九九）この給与地に近接して七師団の建設が始まるや、以後の旭川町発展を予想した、師団工事請負、大倉喜八郎らは、アイヌ地を天塩に移し、近文給与地を我が手にしようと画策する、第一次アイヌ地問題がおきます。

その後も給与地を狙う暗躍は続き三七年第二次アイヌ地問題として表顕したため、翌三八年、当時の奥田町長は給与地全域を町が無償貸与を受け、アイヌに割当てた以外の土地は和人に貸与し、この収入で保護一切をすることになるのですが、その結果は二〇〇町歩中五〇町歩のみを一戸一町歩の割でウタリに貸与し、残り一五〇町歩は共有地として町が管理して和人の小作等を入れましたが、この小作料はべらぼうに安かったといいます。

そして市街の発展に伴い大有・近文両小学校、現教育大旭川分校、国鉄大町貨物駅支線の用地等が次々と寄付の名目で転用され、戦後は旧土人学校の跡地に北門中学ができるなど、大半は公共の名の下に取上げられ、終りには農地改革の煽りで小作入居の和人に、総額三〇〇万円で権利放棄させられるなど、例えそれが合法的手段、手続きであったにせよ、結果としては旧土人保護法の立法精神に背き、給与地を街の発展のためにと、むしりとった自治体は旭川の他では見聞することができません。

アイヌ地騒動に暗躍した利権屋たちも、この凄腕ぶりには、或は地下で苦笑していることと思います。

昨年はこれら召上げられた共用地のうち教育大附属小学校は移転し取壊されましたし、国鉄の支線も合理化で廃止となりましたが、当初の寄付目的を終了した現在、共有地を半ば強制的に取上げられた経緯からみて、返還されるのが至当と考えるのですが、どうなるのか、この先を見つめているところです。

を教わるのですから、難しくてただびっくりするばかりです。成績は唱歌だけ甲でほかの科目は恥ずかしいことによくて乙《あひる》、中には丙もありました。
　入学前から楽しみにしていた運動会は、二つのとき馬車に轢かれて骨折した太股の具合が、あまり良くなかったので、練習のときは走らせてくれるのですが、当日は精々遊戯ぐらいしか出れませんでした。

大正8年（1919）10月、東本願寺関係者が豊栄小学校を訪問したときの記念写真。カムイユーカラの代表的なものとして有名な翻訳「銀のしずく降る降るまわりに」の才女知里幸恵さんも写っている。

　そのころは、勉強では和人の子に一目置かなければならないウタリの子も、飛んだり走ったりとなれば独壇場、どの種目もできれば一等です。だから運動会を見に行くことは、ウタリにとっては何よりの楽しみで、お祭りどころではありません。筵《むしろ》を敷いた見物席では、競技が始まると、重箱を開き酒も出て、ウタリの子が出ると誰彼の子問わずの大声援。出れば一等、出れば一等で、和人の金持ちが運動会の寄附をするのも馬鹿くさくなるほど、賞品は皆ウタリがもらいますし、父兄出場の競技でもウタリ側の出場者だけで入賞を全部占めるのですから、得意満面本当に運動会ほどアイヌが肩身を広くする場所はなく、沸きに沸いたものでした。

　私は足のせいで運動会にも出してもらえないのですから、遠足もだめで、とうとう一度も行かず終い、冬のスキーも私だけは、橇《そり》を持って行き、橇滑りでした。

　そのかわり、卒業するまで必ず唱歌には選ばれました。たいていミツコちゃんと青山さとちゃんと私の三人で歌うのですが、この時だけは胸を張り、思いっ切り歌いました。

　私は、和人の子からは遊びの仲間にも誘われ、ただの一度も意地悪をされたことがないのに、ウタリの子からは、「お前の服装は汚ない」とか、「しらみがいるだろう」とか何かと言いがかりをつけられ、仲間はずれにされることがありました。きっと和人の子と仲よくしているのを僻《ひが》んでの意地悪だったと思いますが、仲よくしなければならないのは、ウタリ同志のはずなのに、と情けなく感じていました。

五年生の夏からは、例の太股が悪化し、唐沢病院でギブスをはめられたので、松葉杖をついて学校へ行き、雪が降ってからは母が橇で送り迎えをしてくれましたが、治るまで四ヶ月近くもかかったでしょうか。一時は太股の肉が痩せこけてしまい、一人で歩けるように治るかしらと、心配したものです。

近文地区から兵隊さんが満州や支那へ出征するとか、軍隊への入営があるというと、全校生徒が自分で書いた紙の日の丸を持って、近文駅へ見送りに行きました。

皆で紙の旗を振ると、調子に合わせて「ガサッ　ガサッ」と意外と大きな音が出るのですが、これに負けじ

近文コタンにおける和人化

近文給与地における人口・世帯数の動きをみると次のとおりで、ここ九〇年程の間に約四倍となっていますが、これは他のコタンからの転入があった反面転出もあり、本来の近文周辺部に居住していた世帯の増減ではないものの、戦後における急増は一般的傾向と同じで特異な原因は見当りません。

明治二年	一三戸	一〇五名
一五年	四一戸	一九四名
三〇年	四〇戸	一八七名
大正元年	四九戸	二六三名
昭和元年	六二戸	二九九名
一五年	六三戸	三二〇名
二〇年	六八戸	三三五名
三二年	八四戸	四一六名

『旭川市史第一巻』

次に和人との混住を、現在のところ市内居住ウタリの約七割強が居住しているとみられる錦町九丁目から一七丁目の間を調べると、

年別	ウタリ	和人	計
明治二七年	二〇戸	〇戸	二〇戸
昭和二〇年	三二戸	一戸	三三戸
昭和五三年	五五世帯	七七五世帯	八三〇世帯

となり、ウタリも戦前の大家族構成から核家族へと急速に移行しているのがわかりますが、それよりも錦町給与地三二町歩内における和人世帯の急増ぶりに改めて驚かされます。

終戦当時一戸よりなかった和人住宅が、現在では七七五世帯もあり、実に九三％を占め、これに対しウタリは五五世帯七％にしかならないのです。

二〇年程前までは、この地域のどこからでも、晴れた日は秀麗な大雪山が見えましたが、今では見渡す限り和人の家となってしまいました。この和人の急増と歩調を合すかのようにウポポは崩れ、飼い熊もいなくなり、伝統文化は失われて、見せかけだけのウタリが急増してきました。

と声張上げて、
〽勝って来るぞと　勇ましく
〽見よ　東海の　空明けて
と唄い、汽笛がなると「万歳！　万歳！」の声で送るのです。送られるウタリの兵隊さんは、普段とまったく違う緊張した顔をしており、兵隊さんを送り出した家の人もひときわ立派に見えたものです。

小学校三年のとき、私の家からも従兄の三郎さんが出征しましたが、このときは私もこれで他の家の人たちと同じだと、誇り高い気分になり「千人針をお願いします」と、コタンの家々を歩き廻りました。

そうそう、千人針といえば、私は寅年の生まれですから、自分の年の数だけできるとかで、兵隊さんが出るたび、一生懸命に年の数を刺しては赤い糸玉を作ったものでした。

五年生から卒業までは高杉先生に代って、川村先生という男の先生になりましたが、この先生も決して怒らず、噛んで含めるように教えてくれるよい先生でした。

卒業後、高木はる子さんと私は高等科へ進み、他の人たちは社会人として巣立っていきましたが、抱き合って泣いて別れた卒業式は、今でもよく覚えています。

昭和32（1957）年初冬、門野ナンケアイヌさんの屋外東側に、古くからのイナウは削りかけがとれて棒状になり、まるで垣根のようにみえるヌササンがあった。観光用でなくアイヌの神々を祀ったイナウサンとしては近文最後のもの、昭和38年ナンケさんの死と共に消滅。

父の死

昭和一〇年（一九三五）八月五日、数え年一〇歳、小学校三年生の夏休みは、最愛の父を失った忘れ得ぬ日です。

当時の夏休みは、校庭に全校生徒が集まって朝六時からのラジオ体操をしていましたが、この日は着いてみると、すでに体操は始まっていました。

それで今日は止めにしてそのまま帰ろうかと思ったのですが、何度も父ちゃんから、
「マテアルに小刀《マキリ》を貸してあるから、学校の帰りにもらってこい」
と言い付けられては忘れていたのを思い出し、学校のすぐ前にあるマテアルさんの家に寄ってマキリをもらい、帰りは道端に生えている人間の背丈よりも高い雑草を、このマキリを振りかざしては勢いよく切るのを楽しみながら、隣りのベラモンコロさんの家との中間まで来たときです。力いっぱい振りおろしたマキリが、汗ですべったのでしょう。手から飛び出して足首の少し上に突刺さってしまいました。「ウワー」という、悲鳴ともつかぬ私の声を聞きつけた、マテアルさんの夫、正男おじさんが走って来て、私を抱きかかえて引返し、手当をして

くれましたが、オキシフル消毒のブクブクとでる泡の薄気味悪さと、マキリを抜きとる恐ろしさで、私は包帯が傷や血を隠すまで泣き続けました。

　それから間もなくです。小河原亀五郎さんの母親で〝チッチ〟と呼んでいたフチが、

「コキョー　コキサンクル死んだ！」

と叫びながら走って来ます。私は足の怪我も忘れ、誰よりも先に走り寄ると、

「いま学校へ電話があって、コキサンクル死んだと知らせてきた」

と言うではありませんか。途端に私は無我夢中で三〇〇メートルほどもある我が家へと駆出し、泣きながら、

「かあちゃん　とおちゃん死んだと」

と繰返し叫びながら走ったものですから、道端のウタリの家から人々が飛び出してきます。たまたま間見谷軍次郎さんの家に来合わせていた、私の最も好きな伯母《おんば》テキシランも飛び出してきて、私を呼びましたが、その声も振切り、とにかく〝かあちゃんに〟と、追う伯母を置き去りにして家へと走りました。

　この日、母は朝から頭痛が激しく、手拭を濡らして鉢巻をし、横になっていたのですが、私の慌《あわただ》しい声に目まいを堪えながら、やっとの思いで外に出たとたん、走ってきた私の「父ちゃん　死んだと」という叫び声を聞き、気を失ってしまいました。近所の人が母を家の中に抱え込んでくれましたが、私は母に縋りつき、

「かあちゃん　父ちゃん死んだと、かあちゃん　父ちゃん死んだと」

大正末期の葬式。旭川市史によると、川村カネトアイヌの妻ハナの葬儀に際し、長万部より会葬したハナの母フミが熱心な法華宗信者であったため、法華宗による葬儀をしたのが、仏教葬式の始まりとあるが、その頃の写真である。

と繰返し泣きじゃくるだけでした。

父は絶えず出稼ぎで家を空けますから、このときもどこで何の仕事で死んだのかは知らなかったのですが、大人たちの話から、父は神居古潭《かむいこたん》の国道護岸工事に行き、一隻に三人のウタリがつく三組の石運搬舟の一つに乗っていて、雨で増水した石狩川へ沢山の石を積込んだ舟を出したところ、普段なら見えるはずの岩に舟底を破られてひっくり返ったのだと知りました。きっと積荷の石の当りどころが悪かったのでしょう、水泳の最も達者だった父一人だけが死んだのです。

東京で競馬騎手をしていた兄も、結婚して家を離れていた姉も帰って来て、母やコタンの大勢のウタリたちと、毎日父の死体を捜しに行き、家には私と妹だけが残っていましたが、いつの間にか奥の部屋の床の間には仏壇らしきものも作られ、線香、蝋燭も上げられるようになりました。そして私と妹のフサの二人はその前に座り、内輪太鼓を叩きながら、

「南無妙法蓮華経　父ちゃん早く帰ってこい」

と唱えてばかりいました。

そして死体の上がる前日のこと、誰かは忘れましたが、私は旭町三丁目の渡辺病院前の神降《かみおろ》しをするお婆さんのところへ連れられて行きました。お婆さんは、奥の暗い部屋で祈祷をし、私の頭を御幣で撫でながら、

「明日の朝一〇時頃、一番好きだった人の手で上がる」

と言いました。

お告げのとおり、父は翌朝一〇時頃、浮いて流れているのを砂沢市太郎さんに発見され、最も仲のよい飲み友だちだった藤戸石太郎さんの竿が触れただけで、岸へ寄ってきたといいます。そして釣橋の少し上流にある大きな岩の上に上げられました。

このとき、父は片方の足に地下足袋を穿いていただけだったそうですが、駆けつけた母が着ていた着物を脱いで父に着せたということです。父も八日目にしてやっと、妻の膚のぬくもりを得ることができ安心したことでしょう。父はリヤカーに乗せられ、神居古潭から家まで五里（二〇キロメートル）の道を、探しにきていた親友一〇余人が三台の自転車でそれを引張り、ペタル踏みに疲れると次々に交代しながら、途中一度も休まずに走り通し、母もリヤカーの横について一緒に走りつづけ、無言の帰宅をしました。

夕闇迫るころ、家の裏に置かれた棺の側では、大勢の女たちが伝統の長く尾を引く歌うような声で泣き、男たちは変死を防ぎ得なかった神々の怠慢を責めるべく、手にした刀《エムシ》を垂直に持って棺の周りを前へ元へと突上げながら無言のままで廻ります。その淋しくも悲しげな女たちの泣声と、「カタッカタッ」という男たちが持つエムシの鍔音《つばおと》が交錯し、底知れぬ無気味さと悲しみが私に迫ってきました。

それから後の通夜、葬式は和人風《シサムプリ》でしたが、私は白装束に白足袋、それに草履を履かされ、四花を持たされて行列の先の方になり、棺はリヤカーで運ばれて墓地へと向いました。

葬列は二〇〇メートル以上にもなりましたが、これは前にも述べた明治三一年（一八九八）の大洪水のときの

みならず、常日頃から他人の世話をよくした父の徳望と思っております。

　父がこの死の仕事に出かけたのは、死ぬ何日か前の朝でした。いつも出かけるときは、私だけ父と手を繋ぎ、近文駅まで送って行くのですが、この日に限って、どうしても妹もついて行くと言い張ります。父は広い大きな背に妹をおぶり、私の手を引いて三人で歌を唄いながら、駅前の、私を馬車で轢いた四郎さんの店に立寄り、抱えきれないほど沢山のお菓子を買い、私と妹に持たせてくれました。

　駅に着き父が朝一番の上り列車に乗ると、私たちは駅の端の見通しのきく所へ行き、出て行く列車に「父ちゃん　サイナラー　サイナラー」と左手にしっかりと菓子袋を抱き、右手を必死に振って見送りました。父もデッキから大きな体をいっぱいに乗り出し片手を高々と上げて振っていました。私たちは、汽車の煙がすっかり見えなくなるまで見送っていましたが、これが父との最後の別れになったのです。

昭和44年8月、母キナラブック。昔は墓場は葬式のとき以外は絶対近寄らなかったが、お盆だけは別だと、たくさんの供物を背負い気のすむまで身内の墓前で過す。

　葬式が終っても、しばらくの間は、父がいつものように玄関の戸を勢いよく開けて、帰って来そうな気がして仕方ありませんでした。

　一町歩の給与地で畑作をやり、生計を立てるのはどなたがやってももともと無理なことです。また死んだ父には、親方から五〇円の見舞金がでたと聞きましたが、どこでどうなったのか母の手には一銭も届きませんでした。したがって父が亡くなってからは、母は太陽と共に起きて野良仕事をし、その後ヨイトマケのモンキー打やバラス通しなどの出面《でめん》仕事をし、終って家に帰ってからは、月明りで再び野良仕事をするという、苦難の生活が始まったのです。

　私は、学校が終ると母の出面の現場へ直行しますが、学校が休みの日には、母が三人分の弁当を作り、途中で寒くなっても困らぬようにと私たちにチャンチャンコを着せ、雨具も入れた荷物を背負って私や妹の手を引き、朝早くから出かけます。

　隣りのクサッテや大勢のウタリは、夫婦・兄弟などが組になってバラス通しをするので、見る見るうちに山になるのですが、母は通しの片側を三脚から吊し、もう一方を一人で持って、小柄な体で重い通しを動かすのですから、あっという間に差がつきます。私と妹も粒の揃わない大きな石を除くのを手伝いますが、とても追いつきません。昼食や一服休みは、皆それぞれが、川原のあちこちに作った簡単な片屋根の小屋でしますが、私たちは木の陰に敷いたむしろ一枚だけです。弁当も他の人は重労働に見合った御飯やお菜ですが、私たちのは芋か南瓜の沢山入った御飯でした。

母は私たちが不憫なのか、夫でない三脚相手の仕事が悲しいのか、ときどき「父ちゃんさえいたらな」と呟いていましたが、そんなときは私もほかの人が羨ましく、つい黙りこくってしまうのでした。

帰りは母だけ、拾い集めた流木などの薪を背負い、妹が眠ったときは更にその上に乗せ、私は弁当箱や雨具などの荷物を背負って帰ります。家に着くのはいつも真暗になってからでした。

ある日の遅い晩御飯の後、母と私と妹の三人、何とはなしに黙りこくっていたとき、私は、

「母ちゃん死んで、父ちゃん生きていればよかったのにナー」

と溜息つくような一人言をつい口にしました。

そのときは母は何も言いませんでしたが、何年かたってから、

「ホー、父ちゃん生きてて、母ちゃん死んでたら、お前ら今ごろどうなってたと思う、考えてみれ、父ちゃん後妻もらったべし、お前らどんな風に育ったか」

と、何か事あるごとに言われたものです。

クサッテのこと

私の家の隣りに、伊藤四五三が本名なのにクサッテと呼ばれていた五〇年輩の人がいました。

大変な子供好きで、いつも多勢の子供を集めては〝かくれんぼ〟をし、自分から鬼になって子供らを見つけるのが、とても楽しそうな人でした。でも見つけられた子供らが、腹いせに石をぶつけたり、「クサッテの馬鹿ヤロー」と悪態をつこうものなら本気になって怒りだし、捕えたら最後、他人の子供だからと手加減することなく叩きまわすのです。

また私の兄は、父の死後は家にいて熊彫りのほか畑仕事も手伝っていましたが、白いワイシャツを着て野良仕事に出ようものなら、きっと若い兄をやっかんででしょう、自分の家から窓越しに、大声で悪口を怒鳴り散らしていました。

クサッテの妻は、久保寺逸彦先生が、ユーカラの名手と折紙をつけられたムイサシマツの妹でしたが、私の父の死後、クサッテが何とか母キナラブックに言いよるのを見聞きしていたのでしょう。酒好きな夫婦でしたから、一緒に飲んだあげくの果ては派手な痴話喧嘩となり、クサッテに叩かれて負けた欝憤《うっぷん》晴しのためか、自分は外へ出て家の周りをぐるぐる廻りながら、

「クサッテ　クサーッテ　クサッテみたいもの死んでしまえ」

と日本語《シサムイタック》で怒鳴りながら、家の土台を蹴飛ばして歩くのです。

まだ子供であった私は、これを見ると面白いやらかわいそうやらで、つい吹出してしまうのですが、母は、

「家は家の神《チセコロカムイ》が護ってくれているのに、これを蹴飛ばしたり悪口を言うと、その家の人は死に絶えるというぞ、お前らは決してあんなことするなよ」
と言い聞かせてくれました。

父の事故死から一年経った一一歳の夏のことです。私は二歳のとき馬車に轢かれて骨折した太腿部が悪化し、ギブスを巻いて松葉杖で歩いていました。そんなある日の朝母が、いつもは玄関にある私の松葉杖が、屋外便所の便壺の中に逆さに突立てられているのを見つけたのです。

母の怒り狂う叫び声で、私も兄や妹も飛び起きて行きますと、母はその前で半ば泣きながら一心不乱にアイヌ語で祈っています。

「こんなこと誰がした?」

母をはじめ皆クサッテだと言います。きっと母にはそう断定できる心当りがあったのでしょう。

それから一〇数年経った昭和二四年(一九四九)の夏、春光台の裏にある太郎八さんの水田に、除草の出面で行ったとき、高台の上が騒がしくなったので聞いてみると、クサッテが木から首吊りしたということでした。

後年、私も何とかアイヌの風習が理解できるようになってから、母が、

「あれは、クサッテが、言い寄っても私が相手にしないものだから、お前が、足腰立たなくなれば、〝きっと俺の助けを求めてくるだろう〟と考え、お前の足に呪《イバッカラ》をかけたんだ。

あのときは、私の知っている神々にも知らない神々にも、必死になって〝この何もわからない無心な子供の怪我した足が、その子がやっと歩くための杖が、このように呪われるのは私にとって堪え難い辛さだから、どうぞ助けて下さい。そしてこのイバッカラをかけた者を十分に懲らしめて下さい〟と願ったんだ。それをカムイが聞き届けてくれたお陰でお前の足は治ったし、弱い者にイバッカラをかけた者は、惨めな死に方をしたんだよ」

観光用に作ったプーと呼ばれる貯蔵用足高倉も子供たちにとっては格好の遊び場なのです。

と聞かせてくれました。

呪をかける話、かけられる話は私も何度か聞いており、もしかけられたのがわかった場合は、かけた人以上に必死になって自分の知る限りの神々に祈り返すと、神々の手で相手に二倍も三倍もの復讐が加えられるということですが、まさか自分にかけられるとは思ってもみないことでした。

でもクサッテは、私をとても可愛がってくれましたし、クサッテの家で遊んでいるうち、夫婦喧嘩が始まり、派手なチャンバラになったので、逃げるに逃げられず、終るまで部屋の片隅で小さくなっていたことも今では懐しく、私は親の教えとは別に、心の隅では人のよいお爺《チャチャ》さんだったと思っています。

昭和13年（1938）頃、家族で

兄の日記

私の手元に、丁度一回り一二歳上の長兄正経が、父の死んだ翌年である昭和一一年（一九三六）に付けていた日記帳が残されています。
昭和十一年四月六日
二時半頃起床、三時に朝食をすまし、肥料を午前中運び、午後馬糞出し、あまり朝が早いので一日睡気がしてどうにもならなかった。自分の家でこれ程三年も働いたら、今よりは少しは良くなるだろうと思う。人に負けずに働くことに決意。
四月八日
今朝は夜明けと一緒に起きて、土蒔き（雪を消すため）をし、午後馬糞運びをする。一日中、時には止むが雨降りで終る。夕食を食べるとき、主人は、我が子三人と共に玉子を喰う。それを見た俺は別に喰いたいと思ったのではないが、俺も自分の妹達に生活するにいいように……主人と奉公人の差別が、ありありと知れる。だが奉公人は、それを恨んではならない事と思う。
四月十四日
私は此の日、家庭の都合のため仕事先より朝八時半発汽車に乗るようでかけた。神居古潭《かむいこたん》市街地にかかる頃、奉公人が逃げたと話しかけた人があった。私も佐藤家から逃げてみようかと思いつつ我が家に着いた。家族一同は私が心配していた程でなく暮していたのにすっかり安心した。友人の家へ行き一夜すごす。逃げたりして、誰のためになる。俺は紳士的行動をとるのが、何より楽しみ。

以下続くのは省略しますが、現在の八時間労働からみると、嘘としか思えないような奉公人の暮らしも、当時は極めて普通のことだったのです。

昭和19年11月、兄正経出征記念

戦争が始まり人手不足になると、主人と奉公人は食事などさまざまな面で対等に近い扱いとなり、戦後は奉公人も労働者と言われて、現在ではむしろ経営者よりも優雅な生活をする人もいるようになりましたが、満二〇歳そこそこの兄が、一家の柱だと自覚し、我が身に鞭打つ健気さに胸を打たれます。

この兄は体が割りと小柄だったのと、身内に競馬騎手をしていた人の影響があったのか、東京方面で騎手をしていましたが、父が川舟もろとも神居古潭で沈み死体を求めて母、姉、妹、私と女ばかりで泣き暮らしていたとき、誰が知らせたのか飛ぶように帰って来てくれました。そのとき、当時二二歳の兄がそれは頼もしく見え、安堵したものです。その兄が、なぜ翌春から神居古潭の内大部《ないたいべ》へ奉公に行ったのか、私にはわかりませんが、きっと金の必要に迫られてだったのだろうと思います。

この年の秋、兄は神居古潭から戻って青年団の会計役員となり、間もなく団長を引受けていますが、昭和二〇年（一九四五）八月、出征先の樺太から原隊へ帰還する途中、乗船していた輸送船もろとも敵の潜水艦に撃沈されてしまいました。もし兄が今も生きていたなら、きっと今頃はこの部落の強力なリーダーになっていたことだろうと、残念でなりません。

高等小学校で

昭和一三年（一九三八）春、小学校を卒業すると、ウタリの同級生の殆んどが近くて江丹別《えたんべつ》から、聞いたこともない遠い所まで、農家へ子守りとして雇われて行きました。子守は農家の仕事が忙しい春から秋までで、その間家へ帰れるのはお盆だけですが、初冬には帰ってきて、多くは現在の近文駅裏にあった松岡木材で働いていました。

私は高木春子さんと、ウタリで二人だけ、旭川第三師範学校の附属小学校高等科へ進むことになりましたが、それは、兄も結婚して畑作のかたわら、当時としては高収入の木彫熊の製作に励んでおり、母も一町歩の給与地のほかに、黒豚の飼育をしていたので、我が家も父の亡くなった三年前とは、比較にならぬほど豊かな暮らしになっていたからだと思います。入学式には黒皮の手下げ鞄、スカート丈の長いセーラー服、ズックの靴、それに弁当箱まで全部新しいのを用意してくれ、まるで少女物語のお嬢様にでもなったような心地でした。

毎朝、春ちゃんが、通り道なので私の家へ迎えに来てくれます。二人で貨物の支線をレールなりに並んで通りますが、冬は時にラッセル車が通りますから、線路横の雪中に腰まで入って出来るだけ逃げても、大きく横へ羽根を張出して幅広く雪を撥ねてくるので、二人とも勢いよく頭から雪をかけられ息もつまるほどですが、これも今となっては懐かしい想い出です。

私は、師範学校の生徒さんからも〝テンプルちゃん〟と呼ばれ、とても可愛がってもらいましたが、二年生になると、私たちは大有《たいゆう》小学校に高等科ができた関係からか、全員転校となりました。

当時私の家には、兄が青年団長であるシンボルとして、二階まで届くような長い梯子が屋根に立てかけられ、茶の間の横には突出した仕事場が作られて、近所の青年がいつも何人か集まり、部落で二番目か三番目にはいったという小さなラジオをつけながら、熊彫りをしていました。

ある日のこと、「ただいま」と帰るや、兄の側に座り、気になっていた〝常〟の字の二通りの読み方を教えてもらおうと話しかけると、兄は、

「大日本帝国北海道上川郡旭川市錦町一三丁目、杉村京子と書け」

といいます。軽い気分で書こうとしたところが、帝や郡など三つほどわからない字があり書けません。私は次第に下を向き、メソメソと泣き出しました。しばらくして兄は、

「こっちへ来て坐れ！」

と大声で怒鳴り、私を奥座敷に坐らせるや、バケツに水を汲んできて、何と私の頭から一気にザーッとかけました。兄嫁がやって来て、水で濡れた畳を拭きながら、

「仕事場のカレンダーに書いてあるから教えようと思ったのに、お前が下ばかり見てるもんだから」

と慰めてくれます。見ると確かにカレンダーを出した商店の住所が書いてあり、帝や郡の字もちゃんと大きく印刷されていました。

きっと兄は、自分が行けなかった高等科へ上げてやったのに、裁縫や刺繍ばかりが花丸で、他の学科はさっぱりだった私に腹を立てたのだと思います。

アイヌの学校

昔の教育はすべて家庭教育でした。その教える内容としては、神を敬うこと、親には従順に、老人は大切に、問われてから語り出せ、目上の者の話に口を入れるなと教わりました。男の子には、猟の方法、道具の作り方、土地の名称、伝説等を教え、成長すると毒の調合、彫刻、神々の名、御幣《イナウ》の作り方、祈りの言葉、儀式の仕方、家紋《イトッパシロシ》等を教えます。

また女の子には、刺繍、料理、細工用素材のとり方、舞踊《ウポポ》、死者への泣き方、他家の台所を覗かぬこと、男に先立つ発言はしないこと、男に行きあったら道を譲る、男に相対するときは被り物をとるなどでした。

近文では明治四三年（一九一〇）ウタリ児童教育のため、上川第五尋常小学校が設けられますが、この維持費は共有地からの収入金でまかなわれ、当初は校長一人、男女各一五名の生徒で単級であったといいます。

そして大正七年（一九一八）、豊栄尋常小学校と名が変り、大正一二年（一九二三）三月に廃校になって、一般の小学校へウタリの子も入ることになりますが、この豊栄小学校からはあの〝銀のしずく降れ降れまわりに〟で有名な知里幸江、アイヌの天才学者として誰でも知っている知里真志保博士の姉弟も卒業しており、校庭の片隅には彼等の伯母にあたる、これもあまりに有名な金成マツさんが聖公会の伝道所を構えており、ここで金田一京助博士著の随筆「近文の一夜」に書かれたドラマチックな対面がなされ、アイヌの口承文学ユーカラに盤石の重みを与える舞台ともなりました。

この学校からの卒業生の数は開校一三年間に男二〇名、女二二名となっています。

当時の学校の様子を、再び石山長次郎さんに語ってもらいます。

「俺の入ったのは、アイヌだけの豊栄小学校だった。当時は、ほとんどが鮭皮《チェプ》の靴《ケリ》で冬は学校へ行ったもんだが、勉強している間に犬が下駄箱からくわえて行ってしまうもんだから、帰りは雪道を裸足ということがしょっちゅうあった。しばらく後でズック靴になったが、冬は歩くなりにしなったままの形でしばれるので、歩きづらくて苦労したものだった。子供がゴム靴を履くようになったのは昭和になってからだ。

教室ではちょっとでも悪いことをすると、三尺位のムチが飛んでくるのには閉口したな。

全校生徒を集めても、一〇人そこそこだから皆仲良く、先生のいない自習時間には、ストーブの周りで〝ホイヤホイヤ〟とウポポが始まり賑やかなものだった。

参観の和人もよく来たな、先生もかっこうつけるし、ジロジロ見られるし、嫌なもんだったよ」

豊栄となってからは複式になったそうですが、これでおおよその雰囲気はおわかりいただけたでしょう。

私の結婚

昭和一七年（一九四二）春、高等科も卒業した私は、小学校から八年間同じだった春ちゃんと共に、松岡木材の雑役の出面に行くことになりました。スワちゃんとミッコちゃんも先輩格でいましたから気楽でしたが、仕事は重い製材をくるくると廻しながらトロッコに積み、やや離れた荷物置場まで運び、両端を二人で持って調子よく掛け声をかけながら〝ポイ〟と放って積むのですが、なかなか要領のいるものでした。

手慣れたおばさんたちは要領よくやっていますが、私は家でも学校でも殆んど力仕事をしたことがなかったのですから、体中が痛く、皹《あかぎれ》はでき、一服休みから起上がるときは〝ヨイッショ〟と掛け声をかけて立上がったものです。スワちゃんたちは一日二円の賃金ということでしたが、私は体も小さく要領も悪いので、その三分の一の七〇銭ぐらいだったと思います。それでも積算日に初賃金をもらったときは、嬉しくて走って家へ帰り、真先に兄へ渡すと、兄は兄嫁にやれといい兄嫁は兄にといいます。とにかく私の初賃金だと喜び、仏壇に上げました。

兄はこのとき、

「明日から着て行け」

と私に新しいモンペを買ってくれましたが、後で兄嫁は、

「私も欲しいのに」

と大変ふくれたそうです。

忘れもしません。翌年の五月二八日の昼休みです。近くに火事の煙が見えるので、居合わせた人たちと走って行くと、今井さんの雛小屋から出たという火が見る見る広がっています。私もバケツで火消しを手伝いました。それで着物がすっかり濡れてしまったものですから、そのまま家へ帰って来ました。すると家には、入道と呼んでいる恐ろしいおじさんと、能登のおとっつぁんが来ているのです。

入道は、酔うと一晩中部落の一軒一軒を廻り、川上出身者の家には、

「この、ほいと川上《ベナンベ》め」

川下出身者の家には、

「この、ほいと川下《パナンベ》め」

から始まって、日頃の鬱憤を怒鳴り散らして歩く癖の人でした。このような人はほかにも二、三人はいたのですが、入道は体も際立って大きく声もでかいので、私は昼間でもその姿を見ると、恐ろしくて逃げたり隠れたりしていましたし、少し前には、怒鳴り散らす入道に腹を立てた母が、

「お前はパナンベのまだ川下の出だべ」

とやり返してからは、私の家の前だけ素通りしていましたから、何で入道が昼間から家へ来たのか不思議に思いました。

私は、とにかく濡れた着物を着替えねばと奥の間で着替えていると、兄がお客に顔を出せといいます。仕方なしに恐る恐る挨拶すると入道はニコニコ顔です。次に、向いの家から醤油を借りてこいというので、向いの鹿川

さんへ行くと、琴似さんのおじさんが居て、その間には水引のかかった大きな熨斗袋が置かれていました。

「ワーきれいだ」

「欲しいか」

「ウン　欲しい」

「後でお前にやるからな」

「ワー　よかった」

借りた醤油を持って走って帰ると今度は入道に白酒をついでやるように言います。一杯だけついで奥へ引込み、襖越しに息を殺して聞耳を立てると、嫁どりの話をしています。私は、さては姉ちゃん嫁入りするのかなと思いました。


それから二日後の三〇日の朝は、いつもと違って大勢の女たちが来てさまざまに働いており、野天の五右衛門風呂は障子で囲われ、もう入るばかりになっています。

姉のシツが、

「今日、お前はお嫁に行くんだよ」

と言うので、

「どこへ行くの」

と聞くと、

「入道の家へ」

と言います。

私は、あの恐ろしい入道の家と聞いただけで、婿さんを確かめるどころか気も動転し、ただ「嫌だ嫌だ」と泣くばかりでした。姉も泣きながら、

「かあちゃんの言うとおりに行かないと、親不孝になる」

と体をさすりながら私に言い聞かせ、嫌がる私を無理矢理野天風呂に入れて体を洗いながら、くどくどと、

「親不孝になる」

を繰返し、私を威したり賺《すか》したりしました。

風呂から上がると、次は旭町三丁目の髪結に連れて行かれました。鏡の中では私の髪が次第に結上げられ、化粧も進んで美しくなり、横では婚礼に出る身内の女たちが、私を見ては「メンコイ」「きれいだ」と口ぐちに騒ぎながら身仕度を整えます。私も女ですからなんとなくその華やかさに巻き込まれ、次第に心が弾んで来ます。

そろそろ仕度が仕上がるころ、向いの鹿川さん夫婦に連れられた青白く血の気のない痩せた男が、紋付に羽織姿で入って来ました。琴似のおばさんが、

「お前の婿さんだ」

と教えてくれましたが、私は瞬間〝嫌だな〟と思いました。


家から親戚一同で列を作り、現在の生活館前を通ってバス通りを左に折れ、今は林産試験所になっている四戸《しこ》部落の、小河原入道の家へと行きました。仲よかった遊び友だちが、途中賑やかにはしゃぎながらついて来てくれますが、私は仲よしだったみつ子ちゃんが前年嫁入りするとき〝これで家へ絶対帰れない、生き別れだ〟と、二人手を取り合って泣いたことを思い出し〝本当に困ったな〟と思いながら歩きました。

入道の家では、戸障子を取払って大部屋にした中も外も人でいっぱいで、いつ用意して運んだものか、箪笥、

昭和40年（1965）、甥の婚礼。旭川を飛出して6年ぶりでこの婚礼のために帰った。結婚式では、チセコロカムイにイナウを捧げ、三三九度は和人風に、そしていつのまにやらテーブルを真中に集めたまわりでは、ウポポが始まり、私の結婚した当時とまったく同じ光景をくりひろげた。

鏡台、非常箱などの嫁入り道具が並んでいました。結婚式は当時の一般的和人と同じで、三三九度をしましたが、宴に入るやこの大勢のウタリが立上がって踊り《ウポポ》をするのですから、身動きもやっとの混雑です。私は舅さんの入道が恐ろしいし、家には帰りたいやらで、花嫁衣裳のまま外へ出て、直線では三〇〇メートルほどしか離れていない先ほど出たばかりの我が家の方を、暗闇を通して見つめながら〝もうこれで家へは絶対に帰れない〟、とただ家恋しさに泣きました。

後で聞いたところ、結納金は一五〇円だったといい、それは当時馬一頭に相当する金額でしたが、とにもかくにも、私は社会人となった一年二ヶ月後に、嫁に行かされてしまったのです。

入道が私を貰いに来た訳は、子供のできなかった入道夫婦にとって、夫、信長は和人から貰い受けた養子であったため、嫁は血筋の者が欲しかったことと、信長は入営中胸を悪くして帰って来たものの、兵隊前は不良三羽烏の一人と言われるほどのチンピラだったので、この先嫁でもあずければ落着くだろうと考えたからだといい、母キナラブックは、あちこちから嫁にと話があり、皆が欲しがるものはさっさと決めないと化物が憑き不幸になるという、アイヌの言伝えがあるし、チンピラでも和人の血統だから文句なし、と思ったので決めたのだと聞きました。

〝和人になら嫁に行かせたい〟ということだけは、今の私が自分の娘のことを考えても同じですし、これはウタリの女なら、昔むかしから持っている共通の考えだと思います。

結婚から終戦

嫁いだ小河原の家は、通称入道こと亀五郎を戸主に、妻テケアンノ、その姪で小学五年のつた子、夫の信長、

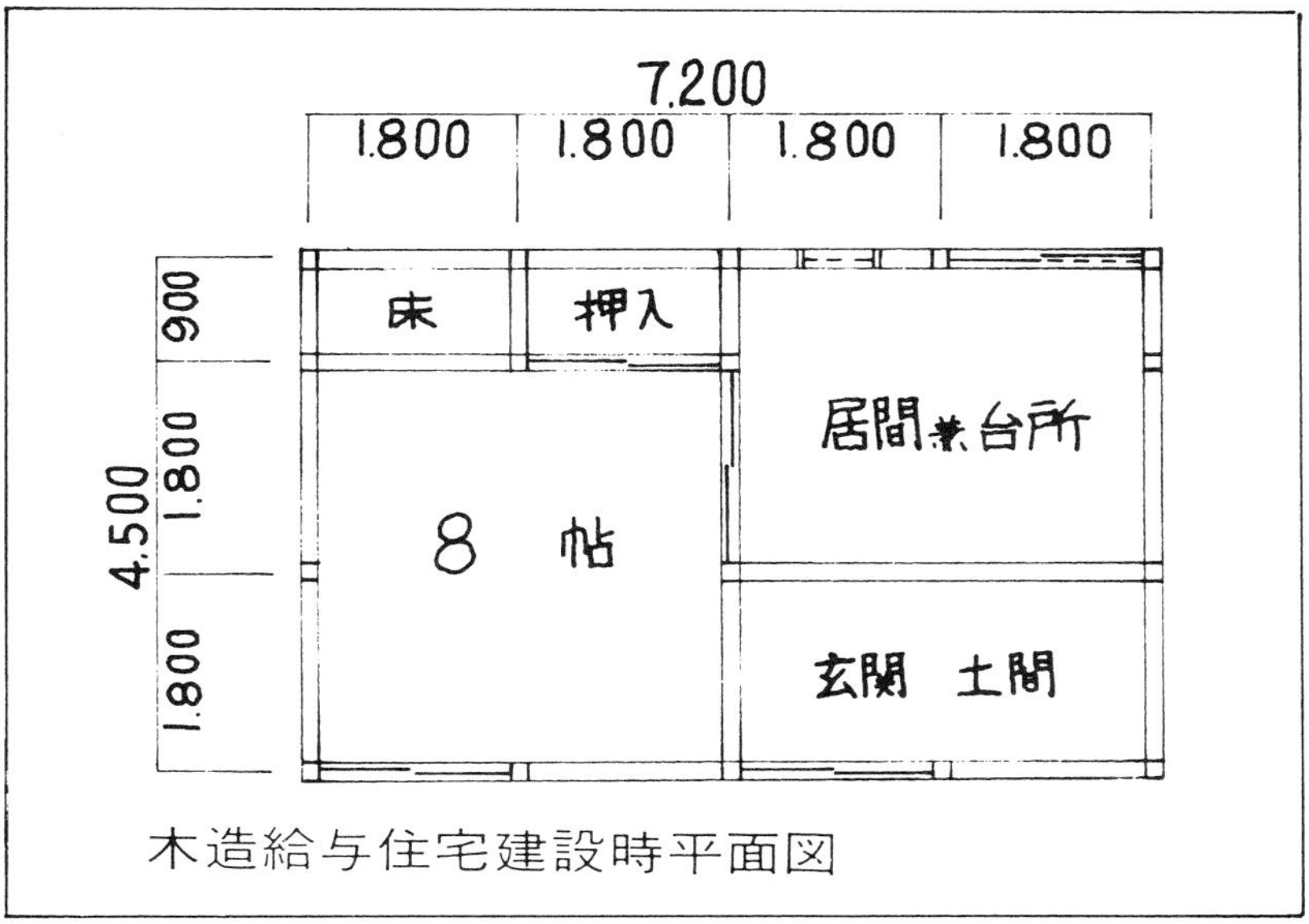

上は新家屋落成記念写真（第1法規出版『アイヌ民族誌』より）
下は木造給与住宅建設時平面図
建設当時の構造は木造1階平屋建て柾葺屋根で、全体に長方形の単純な形である。方位は窓および玄関の面、即ち正面は当初北東側の道路に面していたが、その後南東向きに変更する。（「北海道旧土人保護法に基づく近文アイヌの木造住宅調査報告（旭川郷土博物研究報告第6号別刷）其田良雄」より転載）

そして入道の母シャムクランが納屋から下屋を降ろして別室を作り、一人暮らしていました。

家業としては、まず旧七師団第五部隊の残飯処分を請負っていました。これは養豚用に払下げを受けていたのですが、大東亜戦争になって米などの主要物資の配給が減配になると、食器に残された残飯や汁物は豚用として自家消費をするほか、同業者にも売り、お櫃に残された手つかずの御飯は、ウタリや和人を問わず、近所の人や聞き伝えて来た人たちに売るのです。軍隊から馬車が帰ってくる四時ごろには、鍋などの入れ物を手にした人が並んで到着を待っていました。

それに親豚子豚合わせて、常時二〇頭以上も飼育していましたし、給与地の一町歩で水田と畑作をしており、馬喰《ばくろう》もしていましたから、当時のウタリの中では大変な高所得者だったと思います。

舅の入道は、あの外見の恐ろしさとはまったく違って、酒を飲まないときは私たちの仕事がなくて困るほどの働き者でした。そして外出した帰りには必ずみやげを持って帰り、私とつた子が喜んで食べるのをニコニコと眺めるのが楽しみという、仏様みたいな人でした。

姑は私の父コキサンクルの血統ですから、父に似て体格のよい人で、水商売上がりでしたから、いつも襟足を大きく抜いた着付をし、物腰から言葉使いまでどれをとり上げても非の打ちどころのない、部落きっての垢抜けした上品な人でした。その上、奇麗ずきで性格も根性良し丸出しで、結婚した翌日から米のとぎ方、炊き方、味付けなど教えてくれましたが、実際には私にさせず、自分でしていました。

夫の信長は、何事も自分中心で好き勝手をしていたのが、私が行ってからは、舅は「姉」とか「嫁」と言って真先に私を呼ぶし、姑も私は姪にあたるので「京子ちゃん」と呼び、両親とも「メンコイ」を連発するものですから、何かにつけて不貞腐れることが多く、今でいう〝一人っ子病〟のようなものでした。仕事は二頭いた馬のうち大きなペルシュロンの「アオ」に、タイヤを四輪つけた補導車というのをつけ、近くの木工場の馬追いに行くのですが、結婚したすぐから、独身時代同様に女郎買いに励んでいました。

ある日、夫が結婚以来初めて、畳付のきれいな塗下駄や草履を、またすぐ後にきれいな日傘を新聞紙にくるんだのを、みやげにくれました。何せ初めてですから、私は飛上がるほど喜びましたが、後で姑の話から、女のサービスが悪かったので、帰りに掻払《かっぱら》ってきた物だと知りました。でも私は、夫も子供っぽさの抜けない私を、多少なりとも可愛く思ってくれたのだと信じています。

女郎買いも、家に一度帰って馬の始末をしてから行ってくれるならよいのですが、度重なり両親の叱責も時に厳しくなると、朝出たなり、新橋の袂付近の電柱へ馬の手綱をからみつけ、そのまま遊びに行くのですから困ります。時には馬が勝手に帰って来たり、私が捜しに行って馬車を操りながら、真暗な夜道を帰って来たことが何度もありました。

こんな女郎買いなら私としては仕方のないことと諦めるのですが、家で酔ったときは必ず腕まくりをして、自慢気に〝ピシャリ〟と叩き、

「フン、このメノコ、この餅膚を見れ、お前らのきたない膚と比べて見れ」

と言われるのがとても辛く、度重なる都度、私の胸の中には何やら自分でもわからぬしこりが大きく膨れてゆくようでした。

嫁入りし、長女の成子がお腹の中で動くようになってからですから、晩秋のころでしょう。初めて夫に連れられて、五部隊の残飯払下げを受けに行き、門鑑の出し受け、残飯の受取りから仕分け、積み方、容器の洗い方や返納など教わりました。舅や夫が都合の悪い日に私が行くためだったのですが、この仕事はいつの間にか私の専業になってしまいました。二頭いた馬のうち栗毛の〝バアさん〟と呼ぶ年老いた雌馬は、素直でしたから私の専用となり、私は一日おきに昔ながらの鉄輪の馬車をつけ、〝ガラガラ〟と大きな音をたてながら、五部隊へ通うのです。

軍隊の中は元気のいい男ばかりですから、何とはなしおっかなかったものでした。兵隊にしてみれば間近で女を見れるのですから、それだけで満足らしく、

「ねっちゃん、ねっちゃん」

と可愛がってくれ、炊事班が内緒で作った肉鍋などを御馳走になっている間に、私の仕事まで総て片付けてくれるのです。長女の成子が生れてからは、よくおぶって行きましたが、残してきた我が子を想ってか、次々と居室

しばれた朝。昭和32年（1957）頃

を連れ回され、捜すのに兵舎中走り廻ったこともありました。とにかく、チョコレート、饅頭、羊羹と、街からはとっくに姿を消した当時最高の貴重品もよく貰いましたが、員数外だと米二俵を積んでくれたときは、本当にびっくりしました。元来、残飯は御飯が主でおかず類は少ないのですが、一九年ごろからは真黒く見えるほど麦が入り、集めに行っても汁ばかりに変ってきました。

姑さんが亡くなって後の昭和一八年（一九四三）一一月一五日、猛烈な吹雪の日のことでした。普段は午後四時ごろには仕事を終えて家に帰り着きますが、その日も順調に終り教育大の裏通りも半ばまで来たときです。当時は今のように機械除雪などありませんから、積る雪を通る人や馬橇が踏み固めただけの道で、真中だけが高く、そこに馬橇の跡が二本の凹んだレールのようになり、この両側は腰以上もある深い新雪ですから馬も馭者も橇を踏外さぬよう大変気を使うのですが、あまりの吹雪に利口者の栗毛婆さんも感が鈍ったのか、馬橇もろとも道の横へ斜めに突込んでしまいました。

いくら力を振りしぼって馬橇を押し、馬の尻を叩いてもびくともしません。泣きながら馬の尻を叩いても婆さん馬には、この馬橇を上げる力がないのです。雪の中をこぎ分けながら婆さん馬を橇から外し七丁ほど離れた鹿川牛太郎さんの家に行き、大きな「青」を借りてきて雪中の馬橇を引かすと、ただ一度〝グイ〟と引張っただけで道へ上がりました。まるで今で言うと軽トラックとダンプの違いです。

そんな悪戦苦闘をして家へ帰ったのが、六時もとっくに過ぎており、家を覗くと舅の入道も夫もすっかり酔っぱらって、部屋のあっちこっちに大の字になってひっくり返り、気持よさそうに高鼾、部屋の中は散らかり放題です。私は悔しさを堪え、泣きながら馬に水を飲ませ、人参と藁を刻み、燕麦を混ぜて食べさせると、この音を聞きつけた豚が、餌を欲しいとキーキー鳴きますし、家の中からは長女の成子の乳が欲しいと泣く声が聞こえます。無我夢中で豚に餌をやり、家に上がって濡れた仕事着を着替えて成子に乳を飲ませてから裏の孫婆さんに食事を運びましたが、皹《あかぎれ》だらけの自分の手足をみつめ、この時ほど辛く、情けなく、惨めな思いで泣いたことはありませんでした。

舅は妻のテケアンノが亡くなってからは、よく深酒するようになっていましたが、それは心の淋しさからだったのでしょう。やがて再婚したのですが、その女《ひと》は入道も顔負けするほどの酒好きなのが後からわかり、手を焼いて半年足らずで追い出したものの、三番目に来た和人の妻は、今思っても身ぶるいするほど根性のねじれた人で、夫の出征後は主たる働き手であった私が、顔色を窺いながら食事をするほどでしたから、ときには私が先に嫁入りしているのにと腹の立つこともありました。とにかくそのころ三〇過ぎの女は、どこでも家計を握り、家中を睥睨《へいげい》し、夫を尻の下に敷く位はあたり前でしたから、私も早く三〇歳になりたいと、そればかり考えていました。

昭和34年（1959）1月、夫は入院中、木彫熊の行商にも疲れた頃、間もなく総ての絆を断切り家を出た。

戦争の影響は、このような私の暮らしとは無関係に色濃くなり、男たちは召集、若い女は徴用と、部落は子供と老人と子持ち女だけになり、四戸部落も一八年には軍需工場の木材会社に一反につき年四〇円で強制的に取上げられ、一九年には近文小学校の側に建てられた代換住宅に引越し、後妻を貰っていた舅入道は、得意の馬喰仕事で馬も豚も値よく売払い、美馬牛《びばうし》の奥へ開拓に行くようになりました。

夫も召集され、二〇年八月には兄正経の戦死公報が入り、慌しい毎日を繰返しながら、あの晴天の焦げるように暑い終戦の日をむかえ、軍隊の残飯払下げともサヨナラとなりました。

イオマンテ

私たちアイヌは、いかなる生き物、どんな器物にも霊があり、この霊は不滅であると信じています。そして人間以上の能力があって役立つものは神《カムイ》であり、人間に害を加えるものは魔性《カミヤシ》のものとしています。ですからカムイとカミヤシは互角の力関係になるので、私たち人間の悲喜劇が起きる訳です。イオマンテを私なりに表現してみましょう。

あまりにも　素晴らしい　人間の国《アイヌモシリ》
子熊《エペレ》となって　遊びに来た　山の神《キムンカムイ》は
自ら養う人を選び　身を寄せる。
一人前になった　冬
「もう　お前も大きくなった　父母

左の仔熊の養育は人間と同じ。昭和47年（1972）春

戦前の観光客への出しもの。子守の景、川村イタキロマの記念館で。

兄弟　仲間の国へ　お帰りなさい」
多くの　みやげを持たされ
仲間の　神々が待つ　水源に最も近い
川が　二又になったそばの
高い山にある　神の国《カムイモシリ》へ　私は帰る
人間の国《アイヌモシリ》の　手厚いもてなしに
神《カムイ》は喜び　ふたたび訪れる
毛皮を着　肉をたくさん持って

祭りの意義は　知っていても
育てた女《メノコ》の　涙はこぼれる

私が数え年八歳の春、父コキサンクルが生捕りにした子熊二匹を、リュックサックから出し、部屋の隅に紐でつないでくれたのが、とても可愛らしく、叱られても叱られてもそばへ寄ったものでした。一匹は腹に白い毛のある子熊で、父が新しく作った擂粉木《すりこぎ》で米をすり、薄粥にしたのを母が浅い皿に入れて与えていたのを、よく覚えています。この熊はその後、川村記念館に購《あがな》われていきました。

それから二年後、昭和一〇年（一九三五）の正月もしばらく経ったころ、この熊を送ることになり、伯母テキシランは連日私を連れて、泊込みでの手伝いに行きました。そして、時には、笹小屋《ウラシチセ》の神窓《ロンルプヤラ》の下に、沢山の毛布や角巻に包まれた酒造り櫃《サケカラシントコ》が三つ四つ置かれていたのを、伯母は手速く解いて蓋をとり、指を突込んで舐め「うまい《ケラアン》」と安心しては次々と確かめ、私にも舐めさせたものです。
祭りの踊り《ウポポ》では、この濁酒を御幣《イナウ》の穂先にたっぷりとつけた男たちが、無病息災の呪《まじない》だと女、子供の頭に〝ベタッ〟とつけるのには閉口でした。もっと嫌だったのは、熊の血を飲むと熊神《キムンカムイ》の力が我が身に移るという、昔からの言伝えを信じきっている伯母が嫌がる私の髪を掴み無理矢理飲ますことでした。

さて熊送り《イオマンテ》の第一日目は、祭りの準備《シケエトコオイノ》から始まります。川村さんの大きなチセの囲炉裏《アペオイ》は、普段と違って上《かみ》下《しも》二ヶ所に薪が赤々と燃え、部屋の上手ではエカシを始め男たちが、イナウ、花矢《エペレ・アイ》などの祭具を作り、下手ではウポポを歌いながら、鉢《パッチ》の上に笊《ざる》を置き濁酒を入れて盃《トゥキ》の腹でしごいて濾す者や、臼《ニス》に入れた米などを、丁度兎の餅搗きのように二人向い合って杵《イウタ》で粉に搗く者、その粉で熊神のみやげとなる団子《シト》を作り、煮て串に通す者など、あの一五坪以上もの広い部屋が人で埋まり、それは楽しいものでした。

第二日目は、矢を射る日《タントアッアンクナカエ》です。私にとってこの日の楽しみは、熊が魂となると早速男女に別れて綱引をするのですが、男熊なら男が女熊なら女が勝つと言い伝えられており、熊をつなぐために用いた綱に取りついた男女の仲間に入ることと、勝負がついた時、神の国《カムイモシリ》へ帰った熊神が〝人間の国《アイヌモシリ》は冬でも干魚や胡桃の降ってくるよいところ〟だと、仲間の神々に吹聴してもらうよう、そしてほかの熊神も再来するようにと、胡桃、栗、みかん、干魚など撒くのを沢山拾うことでした。

祭りの終りとなる三日目は、魂送り《マラットオプニ》をします。夜、削《イナ》りかけ《ウキケ》できれいに飾られた熊神の頭骨を捧げ持つエカシを先頭に、樺の皮を搓って作った松明《チノエタツ》を手にした男たち、そしてフチから順に女たちが踊り《ウポポ》をしながら外の祀《イナウ》壇《サン》へと行き、魂を神の国へと送り返す祀事《カムイノミ》をするのです。純白の雪に松明が光り映える美しさ、そしてこの動く明りに写し出される、白髭のエカシや女たち《メノコウタラ》は夢の世界の美しさであり、寒夜に透るエカシの祈り言葉は、独特の節回しで荘厳この上なく、これに重なって木霊《こだま》するウポポの歌声は、今想い出しても背すじを何かが走り、胸が締めつけられるようです。

このように三日三晩続く祭りの間、普段は杖を頼りに歩くようなエカシやフチまでが、踊りも若い者が顔負けするほど跳ねるのですから、どれほど熱が入るものか、おわかりと思います。

私としては毎日腹いっぱい食べ、持ちきれないほど、みかんや団子やお菓子がもらえるのですから、とても正月とは比べものにならない楽しさでした。

戦争中は、猟をする若者は兵隊にとられ、食糧事情も悪かったせいか、イオマンテも細々と続く状態でしたが、戦後若い者が帰還して熊猟をする者も増え、人々の観光旅行も復活してきて観光地からの需要も急増し、子熊ブームで沸き返りましたが、ここ近文で飼っているのは数軒だけになっていました。

この中では、伊沢正春さんの熊が最も可愛がられていました。昭和三〇年（一九五五）、伊沢さんの義弟藤戸敏加が一七歳の時、弟の滝光と二人で、明け二歳のセン

旧7師団将校集会所（現在旭川駐屯地）前での熊祭りの写真。大正末期頃、皇族の接待として真似事をみせたものと思う。

熊送りの変遷

　昔の狩猟生活ではとても神聖でしかも大切であったイオマンテも、明治以降、農耕を目的とした和人が大量に移民して来て、この熊の魂送りを、熊祭りと解釈したのでしょう。視察に来る高級官吏、大金持の御機嫌とりにもってこいとばかりに真似事を要求するようになりました。手元にある資料によると、満岡伸一著『アイヌの足跡』には〈明治十四年九月三日夜、白老《しらおい》行在所庭内に於ける明治天皇天覧のアイヌ熊祭の図〉というのがあり、解説には、〈参加者男二十八人、女二十二人、天皇は黒の洋服で膝を御くずしになっていた。板塀内に槍持つ兵士多数警衛に当る。熊は三頭で、一頭は白老、一頭は有珠の飼熊を、わざわざ連れて来たが、形式の祭りなので三頭共殺さず連れ帰った〉とあります。

　次に坂東幸太郎編『旭川回顧録』には〈大正九年八月三日、久邇宮朝融王、同邦久王両若殿下の御台覧遊ばされし熊祭。於豊栄小学校校庭〉と大きな写真が掲載されています。

　また『旭川市史』第一巻によれば、〈戦後農地改革に際し、本来ならアイヌに一戸五町歩の農地を割当てられていたものを一町歩より与えず、残り四町歩は共有地として市が管理し、市街の発展に併って学校用地、道路用地、大町貨物駅支線用地にと、一銭の補償もなしに取上げ、その他の共有地は和人の農家に貸していたため、農地開放の対象となり、結局は和人側に三〇〇万円で売払う結果となり各戸に六万円宛配分して結着したところの、第三次土地問題の解決を祝賀記念する熊祭りを、昭和二四年（一九四九）三月一三日札幌駐在米軍七師団長、ウイリアム・ディーン少将を招き、市営グランドで行なった〉とありますが、騙されたウタリと熊送りの組合せは、ただ情けなくなるばかりです。

　これから先は、熊送りから熊祭りと言葉が変った以上に意識の変化が強く、木戸銭をとる熊祭りを考え出す不届き者も現れ、企業としての観光に利用される悲しむべき方向に進んだのです。

　反面、昭和初期には、二風谷に住みついたニール・ゴルドン・マンロー博士が、その価値を認め、十六ミリ映画の撮影をしていますし、昭和一一年（一九三六）には久保寺逸彦先生も十六ミリ一六〇〇フィートに記録する等、映像や文字による調査活動が活発となり、真面目な評価を得るように変ってきました。

　旭川では、伊沢正春さんが、昭和三二年（一九五七）自費で十六ミリ映画と録音テープによる全記録活動が始まりました。

炉の上座では長老の指図により男たちはイナウを削り花矢を作り、下座では女たちが仕込んだ酒の酒こし、粉つき、団子作りと大変な賑い

トバーナード犬ほどもある子熊を連れて街へ行こうと、当時路面電車の通りにあった旭町交番の前まで来たところが、これを見つけた巡査が、

「こんなデカイ熊連れて歩くとは何事だ」

とカンカンになって怒るので、仕方なしに帰ることにしたのはいいのですが、途中現在の北門中学校附近で、犬のように大人しい熊に飽きてしまい、どれ位力があるか試してみようと、尻をいきなり蹴っ飛ばしたとたん、驚いた熊は〝ウエ〟と吠えるや力まかせに走り出したため、二人共腹這いに二〇〇メートル以上も引っぱられながらも、綱を必死ににぎって「ポコポコ」と呼ぶと熊がやっと気づいて止ったけれど、あまりの力にびっくりした、という話や、小学二、三年の子供らが当歳熊の子に縄を投げ与えてはくわえさせ、引っ張り合って遊ぶなどは当り前のことでした。

三八年ごろ昭和新山の記念館で私が熊を飼っていた当時は、今のように厳しい規則もなく、二歳の大熊を鎖で繋ぐだけでしたが、客と遊んでいるうちに首輪が抜けてしまい、驚く客の騒ぎ声にびっくりしたのか、一目散にバス通りを麓の方へと逃げ出しました。私はトラックに乗って熊を追い越し、熊の前に両手を広げて立塞がり、

「三平！」

と大声をかけると安心したのでしょう、足をつっ張って尻ですべりながら止り、大きな体をすり寄せて興奮してベタベタな泡だらけの口を私の胸にぐいぐい押しつけて甘えるのです。犬に比べると愛情の表現はとても下手な熊ですが、それがわかるようになると、これほど可愛いものはいないと思います。

昭和四八年（一九七三）に高砂台レストハウスで飼った熊も、鎖を壊しては食事中の客の間を走り抜け、ごった返している売店の中へ飛込んで来て、間

仔熊は犬と同じように可愛い。

違わず私の足に絡みつくのに驚かされましたが、〝熊の子はママを親だと思ってるんだから、自分の顔も人間と同じだと思っているんでないか〟とか〝一人っ子だから自分の顔を鏡で見せたら、化物だって驚くだろう〟など言いながら、皆「キサラ　キサラ」と可愛がってくれ、頭のよい素直な育ち方をしました。

キサラは片方の耳の先がなぜか少しちぎれていました。欠点のある熊は、とかく粗末に扱われがちなので、私が購いキサラ（耳の意）と名付けたのです。秋には寝部屋と遊び部屋に別れた大きな檻と、水遊びのできる水槽もでき、食べ物も客の残りをどっさり与えられる中から好物だけを爪で選び出して食べるのですから、贅沢三昧な暮らしです。母の乳が恋しくなると、専務の大塚の指を吸い、二歳にもなると手首まで口の中に入れて吸いつく甘え方でした。

母キナラブックも、このキサラをとても可愛がっていましたが、口癖のように「熊は檻から出し、踊り《ウポポ》を見せ、御幣《イナウ》の一本でも団子の一つでもやってから送れ、檻の中で殺すことは絶対にするな、アイヌの恥だ」と言っており、三歳以上置くものではないというので、三歳になった二月にできるだけ伝統《エカシプリ》による熊送りをすることにしました。

ところが、警察では〝危険防止に猟銃を現場へ持って行くのはダメ、檻の中の熊を射殺するのは猟銃の目的外使用でダメ、関係者以外の見物人がいては動物虐待となり軽犯罪法に触れる。だから関係者だけで毒殺してはどうか。檻から出して伝統の方法でするのは危険なので中止を勧告する〟と強硬な態度です。しかし専務の大塚は〝熊送りは見せ物ではないから、関係者だけで送るのが本来の姿だ、アイヌの誇りにかけても伝統どおりにする。事故の全責任は自分で持つ〟と頑張り、実行することにしました。

祭りは適当な広場と、そこに積っている雪を踏むことから始まるので、多勢の手伝いが必要です。でもさすが

花矢を射はじめると女たちはウポポを始める。熊神が幸運をもたらす仕草をしながら結び木を廻ると一段と熱がはいる。

ウタリだと思いました。関係者に警察との交渉を話し、口止めしたところが、家族にも話さなかったようで、当日参加したいウタリすら何処へ行ったらよいかとウロウロする者がでるほどでしたから、警察官も新聞記者もまったくいない、ウタリだけの熊送りをすることができました。そしてこの時の熊送りが私にとって最後の熊送りでした。

「お前らの養った熊神は偉いもんだ。アイヌの風習《プリ》も、和人《シサム》の風習も、アイヌの言葉《イタク》も、和人の言葉もすべてわかる立派な神だったから、この世に出てきたときの熊の姿を脱ぎ取らせてもらい、神の国へ帰る魂となるとき、お前の方をむいて静かに腰を下ろし、手を揃えた上に頭を乗せて人間界のおっかさんであったお前に、さよならしたもな。不吉な動きや不機嫌な声も立てず、重々しく自分の国へ帰って行った。こんな素晴らしい熊神は見たことない」

と、阿寒湖畔から来てくれた沢井さんのフチが賞めてくれましたが、この熊送りも気持は昔どおりでも、祈り言葉《カムイノミ》をアイヌ語で満足に言える人もおらず、節目節目の祈りさえ、ところどころ忘れられていた祭りだったのです。私は山の神であるキサラに、心から〝これで精いっぱいよ〟と詫びました。

耳と耳との間に坐る熊神の魂を送り返すため頭骨をイナウでかざり美しく化粧がすむと、頬骨に二又になった枝をさす。そしてその下部に左から首近くの胸骨、性器、尾をつけてイナウサンへ捧げる。

ここ二〇年程前までは、熊を飼っている家の近所のフチは、自分の家で煮た熊の食べ物を運んでは、自分の熊のように大切に扱うなどしたので、熊も腹をすかせたりして人に噛みつくなどは絶対になかったのですが、口喧しいエカシやフチが減るにつれ、熊《カムイ》（神）が単に熊《くま》と呼ばれるようになり、扱いも投げやりになって、特に秋には冬籠りに備えて本能的に沢山食べるのに、食べ物を満足に与えないとか、苛められて育った熊などが、人に害を加える例が目立ってきました。

アイヌと熊との関り合いを理解できない和人からは、テレビなどで熊送りが取上げられるたびに新たな誤解を生じる欠点も目立ってきました。きっと昔のエカシが、最近の熊送りを見たら、

「お前ら人間《アイヌ》でない」

と、どんなにか怒ることでしょう。

旭川で行なわれた昭和37年（1962）のイオマンテ

昭和新山と森竹エカシ

昭和三四年（一九五九）の早春、夫と別れた私は、気が抜けたように白老《しらおい》、洞爺湖《とうやこ》、壮瞥《そうべつ》と風光明媚な観光地を、何とか彫れる木彫熊の手職を頼りに転々としていましたが、旭川の記念館で生計の足しにと思い、頼まれるまま踊り《ウポポ》を踊っていたころから〝こんな記念館を自分で持てたらな〟と、いつしか思っていたのでしょう。三五年ごろ、石岡という二七、八のまるで馬力の固まりのような若者と、記念館を作る話となり、昭和新山がまだ畑だったころ、この一帯が九万坪《くまんつぼ》と言われていた地名からついたところの、通称九万坪の親父こと、岩倉さんと交

渉し、現在の火山博物館裏手を無料で借りることができました。この時、私は初めて森竹竹市さんと出会ったのです。

森竹さんは雅号を筑堂といい、違星北斗《いぼしほくと》、バチェラー八重子とともにアイヌの三大歌人と称されていることは、知る人ぞ知る、でしょうが、私はこんな大物歌人とはまったく知りませんでした。

三六年、昭和新山の借りた土地に、母屋《チセ》が一間《いっけん》に二間、突出《モセム》しが一間に一間の茅葺小屋を立てることにしました。全部でたった四坪のちっぽけなものですが、それでも自分たちが自由に営業できる建物を造るのですから大変な意気込みで、まず建て方を教えてくれ、その後はこの記念館の説明をしてくれる長老《エカシ》を見つけようと相談が決まり、石岡が何処からどう話を持込んだのか、月二万円の給料で頼んできたのが森竹さんだったのです。もちろん誰も大物とは知りませんでしたから、皆「おじさん　おじさん」と気安く呼んでいました。

チセの建設は、小さな沢を埋めることから始まりましたが、働き手は私に石岡、それに食べるのと煙草銭だけの若いあんちゃん二人の四人です。資金の用意もない者ばかりでやるのですから、いくら強気でも一通り借金すれば、後は続きません。そこで私は八寸（約二四センチ）位の親子熊を彫り、物珍し気に小屋造りを見に来る観光客に売るのですが、当時みやげ屋のまったくない新山で、女の私が熊彫りをしているのですから、千円から千二百円とつける私の言い値そのままに、喜んで買ってくれます。この金で森竹さんの給料から米代など、一切をまかなうのです。そんなことで仕事もあまり進みませんから、最初は建てる指図だけと思っていた森竹さんも、通路の階段を上手に土止めしながら作ってくれました。

六月初めには、それでも家らしくなり、中には森竹さんが貸してくれた櫃《シントコ》二、三個と刀《エムシ》それに御幣《イナウ》が宝物らしい物として納まり、私の彫った熊二、三個と仕入れた熊数個が並んだところで、でき上がりと言いましょうか、まあ完成で

森竹竹市さんは昭和51年（1976）8月、74歳で、亡くなった。50年の9月でしたか、お目にかかったのが最後でした。

昭和37年（1962）、大きなチセが建ち、その側に熊彫り実演の小屋掛けをした頃。

す。私にとっては御殿に見えても、ほかの人が見れば田舎の豚小屋然と見えたであろう所で〝イラッシャイマセ〟と胸を張ったのですから、今から思うと冷汗ものです。

　とにかく当時の昭和新山は、まだバスがやっと通れるような山道で、真夏の最盛期でも来るバスは一日一〇～二〇台、しかもこの客は新山見物に来るのであって、私たちの記念館が目的ではありませんから、この客を何とか連れて来なければと、バス停に石岡か私が到着の都度客引きに行きます。客が来てくれても商品は数個の熊ですし、記念写真用の民族衣装もなく、包装紙の替りに新聞紙といった状態ですから、記念館で森竹さんの説明に置いていってくれる客の心付けが、さし当っての収入源です。

　ところがこの茅葺小屋は、雨が降ると所かまわず雨漏りがし、ひどいときには中で傘をさしたまま、森竹さんの説明を聞く有様ですし、窓はビニール張りですから、さすがの森竹さんも「これは本来とは違うが」と言いわけしながらの苦しい説明でした。しかし、森竹さんは特有のポーズで語り始め、熱が入ると目の玉をむき出し、火を吹くような熱弁となります。そして客の反応には素早く応ずる気転のよさで、白髪に長い白髭での説明は、アイヌの私でさえ引込まれる説得力があり、旭川の記念館での説明しか知らなかった私は〝この人こそ、アイヌの中のアイヌだ〟と尊敬するように変り、森竹さんの一語一語を自分の頭に叩き込もうと考えるようになっていました。

昭和37年（1962）、昭和新山アイヌ記念館の従業員記念写真。初代チセ通称豚小屋の前で翌38年、現在の北栄観光社長が出資者となり、少し離れたところに本格的なチセが建てられた。

昭和41年（1966）夏、森竹さんも去った後、アイヌ記念館の説明は私の仕事となり、損得抜きで記念館のためにと女子従業員をまとめ夢中で働いていた。

　雪が降り冬が来ると、観光客も来ませんから記念館は閉めなければなりません。当時また気の若かった私は、この小さな記念館を維持するため、冬は弁景《べんけい》温泉の旅館に女中として住込みました。春になりまた昭和新山に戻るため、初夏のように爽やかな日でしたから、下駄履きで日傘を手にして、壮瞥《そうべつ》まで四〇分ほどの道を歩いていると、鉱石を満載したトラックが、あれよあれよという間に路肩

を踏み外して下の畑へ落ち、腹を上に引っくり返ったのに驚きましたが、

「あんまりきれいな女が歩いていたもんだから、ついつ いそっちばかり見ているうちに、引っくり返って、ゴッペ返した」

と聞き、心の中では鼻も蠢く思いをするなど、とにかく家庭から解き放たれたとはいえ、飲みたいときには飲み〈こんな女に誰がした……〉と歌ったり、泣きたいときには泣く、気ままで無責任な〝遅すぎた青春〟を謳歌していた私にとって、森竹さんとの出合いは、これを一変させるできごとでした。


名の知れた歌人であり、尊敬するアイヌであった森竹さんは、また大変面白い人でもありました。


私たちの借りていた寮は、鶏小屋を改造しベニヤで間仕切りをしただけのものでしたが、森竹さんは酔うと夜中に刀研《エムシ》ぎを始めるのです。その音が隣りの間といってもベニヤ板一枚挟んだだけの部屋で寝ている娘たちや私には、とても薄気味悪く、眠れたものではありません。娘たちが交互に苦情を言いに行っても馬耳東風です。仕方なく私が行って、

「皆うるさくて寝られない、館長やめれ！」

と叱ると、

「アハハハハハーお前にはかなわない、やめますョ」

と奇妙にやめるのです。また耳が少し遠いので、ラジオをガンガン鳴らすのにも閉口したものです。


森竹さんの髭は、根元まで真白でとても綺麗なものでした。ところが新山で館長をするようになって三年目、なんとこの白い髭が次第に黒くなってくるのです。きっと若い娘たちから「館長　館長」とあまえられ、一日中笑い声の絶えない生活が、ホルモンの活動を刺激したのでしょうか、森竹さんも「私は青年森竹」と盛んに自慢していました。

「お前は、まだ若いんだから、何でもやれるんだぞ」

と言うので、

「私は読めないし、書けないも」

と言うと、

「物事をそんな風に片付けるな、お前は考える頭を持っているのだから、書けなければ誰かに書かせろ、読めないんなら読んでもらって聴け、やる気を出せ」

と言ってもくれました。私たちのような連中相手では、気を張る必要もなく、喜怒哀楽そのままぶっつけ合う誰にも気兼ねのいらない生活は、森竹さんにとって新鮮なものだったのでしょう。

「新山の古株集めて、一夜想い出を語り明かしたいな」

といっていましたが、とうとう叶えてあげることはできませんでした。でも、私は森竹さんにたった一つ善いことをしてあげたと思っていることがあります。


森竹さんと初めて会ってから六年目と思いますが、昭和四一年（一九六六）春、現在私と共に会社を経営している大塚が、写真と会場構成を受持ち、母の伝統工芸品、森竹さんの詩、間見谷喜文さんの木彫で、〝生きているユーカラ展〟を、旭川の㊎今井デパートで開きました。これがデパートの催事場開設以来、最高の入場者を集め、森竹さんの詩集「原始林」の再刊本一〇〇部は会

期半ばで売切れとなり、北海タイムスは連日書立てる反響でした。

森竹さんは、この展覧会で締くくりとなった詩、〝アイヌ亡びず〟を新たに作り、存分に気を吐いたのですが、私はその場を用意することができ、しかも大成功を収めることができて、ただよいことをしてあげられたと自分なりに喜びをかみしめたものです。

森竹さんは、亡くなる前年、五〇年に訪れたとき、大塚と二人して「もう一度、一花咲かすべや」と気炎を上げていましたが、本当にもう一花も二花も咲かせて欲しかったと思います。

今の昭和新山は、当時の自然は失われ、すっかり人為的観光地と変ってしまいましたが、私にとって新山は、やはり第二の故郷であり、行くたび涙がこみ上げてくるのです。

昭和41年（1966）12月頃、ユーカラの録音とともに、知る限りの手工芸品を私に残そうと、製作に励む母キナラブック。

昭和43年8月、母キナラブックは嫁入りしてから60年ぶりで故郷両龍町伏古を訪れた。「この道路になっているところは、10歳位の頃、大洪水のとき付近でここだけ水がつかなくて逃げて来たところだ。こうさくさんと遊んだっけな」と私も初めて耳にする和人の子の名前を聞くほどの興奮ぶりでした。

我が母キナラブック

母は、明治一三年（一八八〇）ころ結婚した祖父トンビン祖母イトモシマツの三番目の子として、明治二一年（一八八八）秋、現在の深川市一已《いちやん》で仮小屋を作り、鮭とりをしていた時に生まれ、ここに三年ほど住んでいました。仮小屋の中で、花ござ《チタラプ》やかご《サラニップ》などの材料にする蒲の葉柄や裂きくずを握って遊ぶのを見てでしょうか、母は蒲《キナ》の縁《ラプ》を受ける《ウック》「キナラブック」と名付けられたといいます。

母が三歳ぐらいの時、鉄道の敷設工事が始まり、レールを止める大釘をハンマーで叩く〝ギーン！ ガン！〟という音や大勢の土方が恐ろしく、フシコに移転し開墾することになります。

「伐り倒した木を山のように積み、火で焼くんだが、夜空に燃え上る巨大な炎と飛び交う火の粉は、美しかったし底知れぬほど恐ろしかった」

と繰返し聞かされたものです

が、その様子は、母にとって幼時の記憶に鮮明に残るほどのできごとだったのでしょう。

母の上唇には薄く入墨《パーナイ》の跡が残っていました。母は九歳の年、附近ではパーナイの名手として知られたキアイ媼《フチ》の手で施術されたということです。その方法は、キアイ・フチが持って来た銅の鍋に水を満たして炉鉤にかけ、その下で樺の皮を薄く剥いで燃やし、鍋底に油煙をつけます。刃先のみ覗かせたほかはすっかり布を巻きつけた剃刀で、皮膚に無数の傷をつけた後、その油煙を擦り込むのです。

母キナラブックは、しっかりと母親に押えられていたものの、あまりの痛さに途中で気を失い、終った後ヤチダモの煮汁で消毒されたのもまったく覚えていなかったといいます。この後三日ほどは口唇が腫れ上がり、食事をするのも大変だったと話していました。

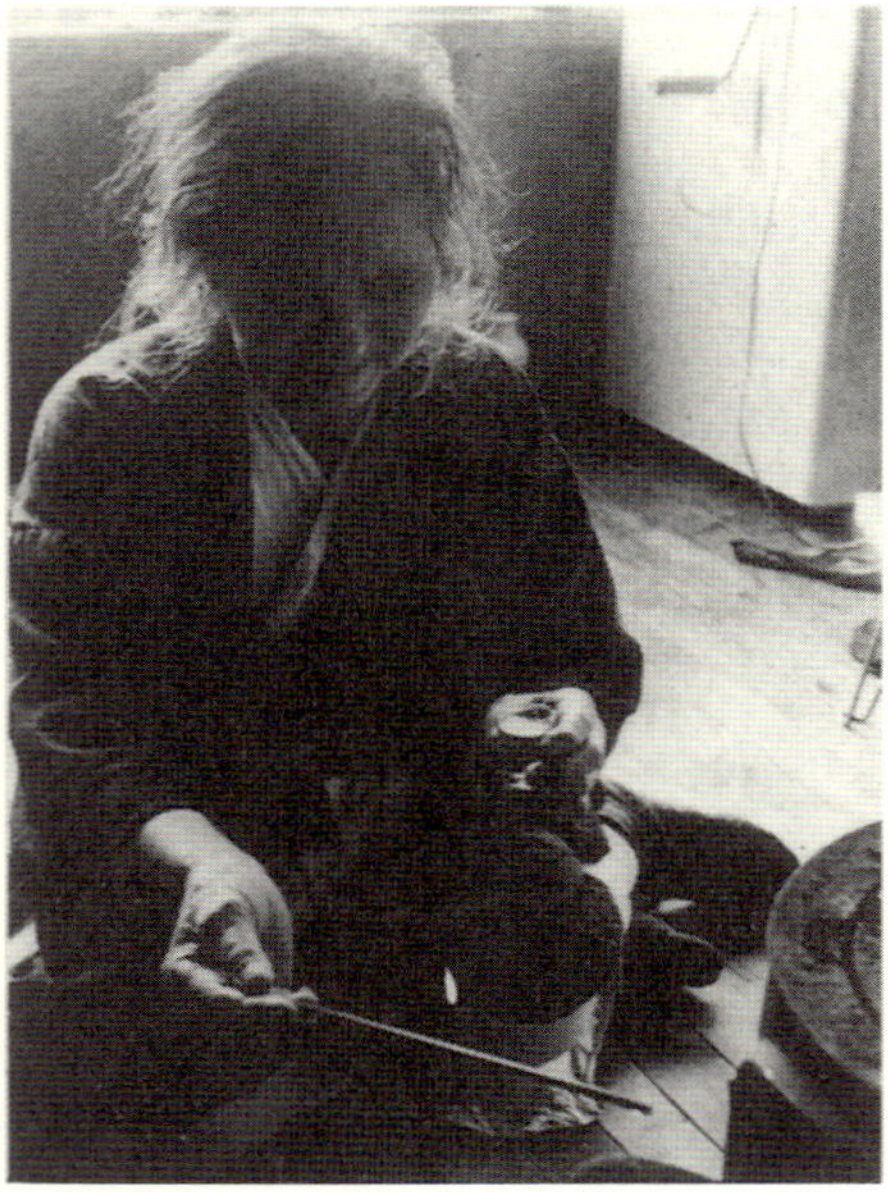

昭和40年冬、黒内障で失明寸前となり、手術で開眼した母は、医者のおかげと言いながらも、開眼したのは自分の憑神やアイヌの神々のおかげと、家に帰るやまずすべての神に伝言してくれる火の神に祈りをささげた。

「いいかい。これは、アイヌの昔からの仕きたりなんだよ。入墨のない女は不仕合せになる。少しは痛いけれど、不仕合せになって生涯心を痛めるのに比べれば何でもないことなんだよ」イトモシマッは、自分の美事な入墨をさし示しながら、キナラブックに言い含めた。

そういえば、確かあの娘は入墨をしていなかった。と、イトモシマッはトックのコタンで無理矢理和人に連れ去られた娘の、舟に乗せられてから突然立ちあがって叫んだ哀しい声を、ふと耳もとに思い起こした。キナラブックは和人好みの器量に育ちそうな気がして、イトモシマッは心配だった。（旭川叢書第三巻『キナラブック・ユーカラ集』三好文夫著・キナラブック抄）

口唇のパーナイには、何かの祈りを込めた本来の意義があったはずなのに、和人から娘を守ろうとする悲しい母性愛が、明治五年（一八七二）の入墨禁止令を無視させてしまうのです。

安政四年（一八五七）ごろ北海道を歩いた松浦武四郎の『近世蝦夷人物誌』の中には、和人が私たちアイヌウタリを虐待する様が書かれていますが、それを読むとあらためて狂おしいほどの怒りを覚えます。

母キナラブックは、後年アイヌの伝承者として花開くことができました。母は六歳のころには、三歳の弟タメカクの面倒を見ながら、火の番や水汲みや食器洗い、雨が降ると屋外の干物類の始末などをしながら、真暗になると囲炉裏に火を焚き、開墾から上がってくる両親を待ったといいます。

食事が終ると、まだ電気もラジオもないころですから、囲炉裏を囲んで両親や隣りから遊びに来る伯母たちがこもごもユーカラを語ることとなり、母もこれを聴くのが何よりの娯楽であったといいます。母キナラブックの幼い頭は、次々とこのユーカラを吸収し記憶し、自然《オイ》神《ナ》の話からはアイヌとして絶対の戒律を、ユーカラからは勇気を、伝来《トウイタク》の体験談からは戒めを身につけ、不屈の性格が形成されたのだと思います。

この正月、八四歳で健在な母の妹コウテカン（太田シモ）媼《フチ》が、次のような話を聞かせてくれました。

「母親の姉ジムンクタの話だけど、樺戸《かばと》集治監（明治十四年開設）から脱走して来た二人の男が、コタンの者や家族全員を鎌で威かし、手足を縛り上げた。しばらくして脱走犯の気も鎮まったころ、石狩浜の番屋で働かされたとき、片言ながら覚えた日本語《シサムイタク》を話せたジムンクタは、『おなか空いたろう。私だけ足を解いてくれたなら、御飯の用意をしてあげる』と持ちかけて、縄を解いてもらうと、御飯の用意をしながら隙をみて、鎌、鉈、斧、山刀など凶器になりそうな物を総て隠してしまった。腹ごしらえが終ると、『お前らの行きたい所へ舟で送ろう』と、太田の爺《エカシ》ともう一人の男で舟に乗せ、川へ漕ぎ出したが、途中樺戸集治監近くの流れがゆるい所で、エカシが〈早く《エタツク》〉と声をかけるや、二人で櫂を持ち川へ飛込んだ。当時は舟底へひっかかる流木が多く、そのたび水中へ潜って鋸で流木を切っては舟を動かしていたから慣れたもので、一息で丸木舟からずっと離れた所に頭を出し岸へ泳ぎ着いた。残された脱獄囚は、手や鎌で慌てて舟を漕ぐので、進むどころかぐるぐると同じ所を回っている間に、エカシらの知らせで駆つけた剣持つ人《エムシコロクル》に捕えられ、エカシたちは褒美を貰ったんだが、ジムンクタがいなくて、イトモシマツだったら日本語は話せないし、皆殺しだったべ」

この話からも、母キナラブックの幼いころは、まだアイヌ語だけの暮らしだったことがわかります。

母キナラブックが、口承文学《ユーカラ》の伝承者《クル》として晩年陽の目をみたのは、最も探究心の旺盛だったころが、総てアイヌ語の暮らしであったこと、母親、伯母と優れたユーカラ・クルがそばにいたこと、記憶力が抜群だったこと、字が読めなかったため伝承した内容を純粋に持ち得たことなどがあげられます。したがって、私は母のユーカラこそ本物だと信じています。

母の残してくれたユーカラは、整理済の分だけでも一二一話をテープに録音していますが、そのうち母の母イトモシマツと伯母三人からの伝承が九五話あり、そのなかの六二話が母親イトモシマツからの伝承だといいます。母親の影響力がいかに大きいか、改めて驚くとともに、今更ながら自分自身、母として、親としての価値のなさに膚寒さを感じます。

父の事故死の後ですから、一〇歳を過ぎた頃でしょう。母はいつも「これからは和人《シサム》の風習《プリ》を覚えれ」とばかり言っていましたが、その日の朝はストーブに火を焚きつけたものの、なかなか燃えつかず、煙にむせびながら〝ケラエネワ！　プウー〟とユーカラの一節を言いながらプープーと火を吹いていました。

その母の姿、母の語ったユーカラが、何かとても強く印象に残り、それからは火を焚きつけるたび、妹と口を合せて

パスクル　タサ　プー！　鳥と　とりかえたが
ケラエネワ　プー！　あほくさいなあ
イソウン　カスパプー！　あまり　猟がうまくて

と無心にプー！　プー！　と吹いたものでしたが、このユーカラの全文を知ったのは私も四〇歳になってからのことでした。

「おれのおっかさんは、何を作らせても手速いが、ガサガサしたみったくない物ばかりで、今考えても下手くそだった。だけど亭主の姉テキシランは、何を作らせてもそのきれいなこと、上手なことにびっくりしたもんだ。あれだけの物拵える人はほかにいないんではないかな」

これは母の工芸品を誉める人々に、その都度必ず話していたことです。私も刀掛帯《エムシアツ》や荷負縄《タラ》など、すでに伝承者が見当らない品を作ろうと始めてから、同じことを何度も聞かされました。

テキシランは、私の父コキサンクルとは五歳ちがいの姉であり、早くに両親と死別したためか、弟に対してはまるで母親のように振舞っていたそうで、母が妹背牛《もせうし》から汽車に乗り、旭川から一里半（約六キロメートル）の道のりを歩いて近文に着き、嫁入りしたときの第一声が「ほかにも二、三人適当な嫁にいい女がいたのに、こんなみったくなしか」、だったといいますから、そうでなくても遠慮深い母は、身の置き所に困ったことでしょう。

また掃除・洗濯から食事に至るまで「清潔にせ、アイヌは汚いと和人に笑われるな」とそれは口喧しくいうのですから、山育ちで一人前の男並みに働くことしか知らなかった母にとっては、決して優しい小姑ではなかったのです。またそれだけに、隅々まで神経の行届いた見事な物が作れたのでしょう。

そのテキシランから手仕事を習うことは、母にとっては必要なことであり、結果的にもよいことでした。なぜなら、昔からアイヌの生活は自給自足でしたが、母が結婚した当時でもやはり自給自足をしなければ生きて行けない状態でしたから、母が手仕事を習うことは、実生活にも役立つことだったのです。そして、やがて母の手も上がり、姑と同じように美しく仕上がるようになると、おのずとお互いの心も通じ合うようになり、母はテキシランが死ぬまでよく面倒を見ておりました。

私が四〇の手習いで、紐編み物を作りたがると、母は工程が理解できるようにと考えたのでしょう、文様部分に色付毛糸を使い途中まで編んだのをくれましたが、確かにその続きを編んで行くうちに八割方コツが飲み込めるのです。知っている者の教え上手といいましょうか、自分で苦労して会得した者の教え方に無駄がないのをつくづくと知らされました。

「考えれば何でもわかるもんだ」

これは何かにつけて母が私に言う言葉でしたが、あるいは小姑テキシランの受売りかも知れません。

母は伝統工芸で、昭和四一年（一九六六）に旭川市文化賞を、口承文学《ユーカラ》の伝承者《クル》としては、四二年に旭川市無形文化財の資格保持者の認定を受け、次いで行幸記念に背負荷入れ《ケトウシ》と荷負縄《タラ》を製作し、旭川市から献上され、新聞やテレビに引っぱりだこになりました。身内のなかには「キナ婆《フチ》にはそれだけの価があったんだから、認められてあたりまえ」と言う者もいますが、私は市の担当窓口の係の方や、一昨年故人となられた三好文夫先生、更科源蔵先生など多くの方々が母を認め、大変な努力をされたからこそ、母の人生も花咲くことができたのだと、心から感謝しています。そして、自分の無力を棚に上げ、努力もせずに、〝アイヌを馬鹿にするな〟と肩のみ怒らせるウタリを可哀想にも思います。

記録としての録音中に〈…天《カント》　から《オロワノ》　手紙《カンピ》が　下がって《ラッキ》来た　…〉と調子よく語ってきたのが、ここで語りをやめ、

現在チカラペ舎内につくられた資料館。母キナラブックが作った工芸品を中心に展示している。

「変だな、アイヌには字がないのにな、親はこう語ったけどな？」

と考え込んでしまったり、ＴＶ出演では、自分自身が納得するまで答えようとする母に〝時間なし、話は短く〟とベニヤ板に大書したのを、担当者がやっきになって見せても、字を知らない母には効きめがなく、冷汗をかかされたりといったこともありましたが、その母も五年前、昭和四九年（一九七四）九月九日亡くなってしまいました。

観光と私

明治新政府ができ、北海道開拓に力が入るほど酷い目に合ったのは、私等アイヌの先祖でした。昨日まで自由にできた狩猟も、新規則で今日からダメ、それじゃあ川で魚を捕ろうとすると、和人側に漁業権を取られてそれもダメ、木や山菜を採るのも、そこは政府や和人の持ち物になっていてダ

私が館主のチカラペ舎の高砂台レスハウス売店

メ、今までアイヌ同士で決めた猟域《イオル》を無視し、私共の先の生活も考えぬ強引、強圧、無理解さにきっと呆然としたことでしょう。

そして狩猟や採集による生活を捨て、自宅の周囲に与える五町歩の土地で百姓をしろ、ということになります。とはいっても旭川では一軒に一町歩だけを貸与し、残り四町歩の五〇戸分は、共有地としてウタリの手が直接届かない仕組としたのですから、生活は大変困難でした。

そこで市は大正末期に、アイヌが天性彫物の上手なのに目をつけ、収入増のために木彫熊を奨励しました。それがアイヌが商品として熊を彫り始めた最初であり、やがて観光へと結びついて行くのです。

昭和二〇年（一九四五）以前の観光を考えてみると、戦前は七師団もあり、多くの入営兵士や官庁関係の来客など、私がまだ子供のころから記念館には沢山の人が訪れていました。

記念館では当時、天井から重しを付けて吊した木綿糸を、針の矢尻で見事に射止め、ヤンヤの喝采を受けるサーカス上がりの女《メノコ》とか、美しく刺繍した民族衣装を纏った美女《ピリカメノコ》が、裏声のよくきいた澄んだ声で即興の唄《ヤイサマネナ》を歌いながら、長い髪を優雅に波立たせてゆっくりとした速度で踊る、もう今ではまったく見られなくなった踊り《ウポポ》や、そのころはまだ日常的であったウタリ独特の子守姿を、子守唄《イフンケ》を歌いながら見せるなどの出し物が、そのまわりには子熊が二、三頭戯れているという素朴な環境の中で演じられていました。

戦後になると、お二人とも若くして亡くなられましたが、砂沢一郎さん自身の作詩作曲である唄《ヤイサマ》を、伝統の踊りが終った後夫婦で歌っていました。

一、流れ静かな　石狩
の

昭和9年（1934）頃、川村カネトはアイヌ工芸の振興のため、手工芸品組合を作り、道庁より2000円の貸付を受け、廃校となっていた豊栄小学校で1年程数名の職人が集まって製作に当る。

昭和34年頃、本州から訪れる修学旅行の生徒も急増、踊りを望まれると、最近のように売店の売子がすぐ集って踊るのではなく、その都度踊り子は部落のあちこちから集められた。当時日当100円であった。

松浦武四郎『近世蝦夷人物誌』中の「三女の困窮」より

石狩川沿岸の上カタハという処の土人イリモの妻ヤエレシカレは当年二九歳。この女は両三年前までは美貌で頗《すこぶ》る艶色であったが、これを見初めた石狩浜番所の者が無理な恋を持ちかけ、聞かなければ夫イリモに辛い目を見せるぞと嚇し、密かに承知すると、夫イリモをオタルナイ（小樽）場所へ移して夫婦仲を裂き、ヤエレシカレを横取りした。

この番人は梅毒持ちだったので、それがヤエレシカレにうつると、

〈番人それより仲うとくなり通いもせず、一椀の米も与へず、一貼の薬をも遣はさず、終に見離し候よし〉

彼女はあちこちから生魚をもらってきて、それを喰べて生きていたが、

〈鼻落ち前部爛れ、今は身も余程腐れしかば〉

人目がはずかしく、川上へ行く舟に乗せてもらったが、故郷にはもう人家もなく、思い余って川に身を投げようとしたところを助けられ、ウリュウブト（雨龍）附近の石狩川辺りで、二人の息子とその嫁を運上屋に取上げられたままの七一歳の老婆《フチ》と、もう一人の老婆《フチ》とで仮小屋《クチャ》をたて、鍋一枚と斧一丁で〈形ばかりの小屋に入て、日々草の根、草の茎に生き、其の草枯果てるまでの命と覚悟の話を致し、死なば其の支配人や番人という者に此の怨魂を通さまじと語り合い、来る秋をぞ待ち、千草の枯果てるを一期と、命を露とあきらめて暮らしていた〉

松浦武四郎は雨龍を通る際、この話を聞き、捜したが見当らず、帰りにやっとみつけることができたが、〈フキの茎にて作れる屋に三人が居たりしが最早ヤエレシカレは身体半ば腐爛していて、其辺りに近寄るも臭気に堪え難かりし〉とある。

また同じ本に、〈西地石狩川筋なるトックといえる処に住しけるセッカウシは二十九歳。上カバタの乙名《オッテナ》で、その妻ウエテマツは二十二歳。性来の美人、織物にも巧みで勇気もあった。番人某なるもの、見初めしより恋したため、数度セッカウシの浜へ連れ下り居ける時、その夫セッカウシを漁場へ遣はし置きて、その閨房へ行きしに、少しも承知せず居りしが、もし我になびかざるときは、かくの如き目見せんと、種々漁場へやり、責めつかいしに、少しも屈せず。その後またぞろ閨へその男忍び至りしかば、陰嚢を締しとかや。その番人、名を失念せしが、当年はその陰嚢痛みを発して稼ぎに下らざりしとかや〉とある。これは安政四年（一八五七年）松浦武四郎が石狩川を上り、天塩川上流を巡回したときの見聞記ですが、これだけをみても当時の和人が、アイヌウタリ（人間・同族）の尊厳をいかに傷つけ踏《ふ》み躙《にじ》ったかが窺われ、あらためて狂おしい程の怒りを覚えます。

流れに舟を　浮かべて二人
夢のような　恋を語ろう
ホイヤ　アオ　ホイヤーホー
オーホーホイヤ　ホイヤ　ホー
二、月の光に　パーナイの
可愛い口唇　静かにふるえ
夢のような　恋を語ろう
ホイヤ　アオ　ホイヤーホー
オーホーホイヤ　ホイヤ　ホー

最近では嫌な観光客も少なくありません。

「日本語話せるか」

「いや話せるわけないよ」

「アイヌ語でないと通じないぞ」

と観光客。私は仕事の手を止めて立ち上がり、

「イラッシャイマセ、どちらからいらっしゃいました」

観光客は「ヒャー」と顔色なし。

これが五年前の私の体験です。一三年前には、腕の毛でも見ようとしたのか、いきなり私の袖をまくり上げた馬鹿《ハイタ》もいました。そしてここ二、三年「これは私の身内が作った物です」と言っても、「ウソだろう」、「いや機械だろう」です。本当に「この明きメクラ！」と怒鳴りたくなる客が増えました。

「昔はのう、わしらが働らいとるとき、アイヌさんはよう焼酎壜を枕に、道路に寝とったもんだ。それがのう、今では踊って暮らせるちゅうから、ええもんじゃ——。（七二歳・農業）」（対談・アイヌ、『日高文芸』六号、鳩沢佐美夫より）

というように、外面から見ると観光がアイヌを楽にさせたと受取れるのでしょうが、実態はそうとばかりはいえません。

当初収入増のために奨励した熊彫りは、「熊《キムンカムイ》を彫って売るとは何事だ！」と、当時どころか、現在でも怒るエカシが中にはいますが、とにかく生活の安定には、それなりに大きな効果が認められます。そして、熊彫りが盛んになるにつれて観光化も進んできました。そうなると、当然造るだけでなく販売もと考えるようになります。旭川では、戦前、定山渓《じょうざんけい》温泉に店を張る人のでたのが、第一号でしょう。戦後になるとこれが爆発的に増え、現在ではむしろ販売業の方が多いのではないかと思うほどになりましたが、最初は、アイヌ特有の勘を働かせて適当な場所を見つけ、軒先借りやバラック店舗を作って始め、三年も経ってようやく商売が軌道に乗るころには、商売の方法を規制する嫌がらせをして追払うとか、取上げるとかして、和人が商売をする。あるいは隣接して大手企業が大きな店舗を張って、こちらは潰されてしまうといったケースが多く、阿寒湖畔のアイヌ部落と称する集団商店街は、地主の理解で立派に成長した唯一の例外といえます。とても〝踊って暮らせてええもんじゃ〟とはいきません。割と恵まれた商売環境の私でさえ、時には猫の額ほどでいいから自由に使える土地が欲しいというのが実感です。

「その昔は土人事務所というのがあって〈アイヌは

昭和38年頃、昭和新山アイヌ記念館の創立者だったはずの私は、気がついてみるといつの間にやら古株従業員といったところ。小さな小さなチセを建てるのに苦労した石岡は、独立してケーブルの山頂駅にチセを建てましたが、間もなく見切りをつけ去って行きました。

北海道の先住民族である。人類学上珍らしい人種である。我が大和民族と多分の交渉を持つ。……〉などと、その風俗習慣をいかにも奇異なもののごとく喧伝して、そのうえで《一般視察者心得》には、〈アイヌは滅亡しつつある民族なりとの見解を持たぬ事、見せ物の如く見なさぬ事……〉などと書かれていたという。これがアイヌ観光のはじまりで、けっこうな配慮のようにみえながら、結局は、視察と称する観光客たちにアイヌに対する蔑視と偏見をうえつけ、それを営利の術策につないで行ったのである。そして便々と、なんの進展もなく北海道の観光資本は、アイヌを侮辱しつづけてきた」

三好文夫先生は、著書『アイヌの歴史』の中で、このように批判していますが、当時と比較して、現在どれほどよくなっているかを考えてみると、観光資本が巨大化し、観光客がインスタントに道内を駆け巡る現在の方が、もっと悪いかも知れません。

ウタリが和人に雇われ、峠や湖畔で一日中陽に晒され、真黒けな陽焼け顔で写真のモデルをしていることや、さも自分たちで作ったように取繕って、量産品や輸入品の販売をする者のいることは、私たちの内部からも正さなければと考えるのですが、現在のウタリの経済力では、と考えただけで頭が痛くなります。

今まで観光客に接した私なりの経験からすると、小人数で囲炉裏を囲み、くつろぎながらの話が、素直にお互いを通わせることができる、ということです。

函館市立博物館、二風谷アイヌ文化資料館は私の最も好きな施設ですが、私なりの施設として会社の二間を改造し、女の作る物、女の使うものを中心に、小さいながらも客と膝を交えて話せる部屋を作りました。

土方の　バカヤロ
生味噌　ナメナメ
この坂　つくったべ
シャッ　シャッ　ポッポ
シュッ　シュッ　ポッポ

と汽車遊びをした幼かったころの友だちも、指折ると何人かは、すでに鬼籍にはいってしまい、もう私も疲れきってしまいました。これからはできるなら、沼か川の辺りに笹小屋を作り、水には舟を浮べ、ペカンペ（ひしの実）を採ったり魚捕りをし、そして好きな籠作りや花ござ織りをする仲間と、ゆっくりと暮らせたらなと思います。

ヘペレセッ（仔熊の檻）を造る。

ヘペレシノッペ（仔熊の玩具）

ヘペレオイペプ（仔熊の餌入れ）

物ところ

二風谷アイヌ文化資料館案内

文　萱野　茂
写真　須藤　功

正装したキムンカムイ（熊神）

ごあいさつ

私たちアイヌには、アイヌ独自の生活と文化がありました。ことに自然と深くまじわったその精神文化は、今日なおその輝きを失っていないと信じています。

さいわい私たちの村に、萱野茂君というすぐれたアイヌのアイヌ研究者がいます。彼によって私たち自身が、アイヌの精神文化のすばらしさを教えられました。この冊子がそれをさらに広く世に伝えてくれることを願っています。

二風谷アイヌ文化資料館長　貝澤　正

●二風谷アイヌ文化資料館
二十年前私はアイヌの伝統文化を自分たちの手で守ろうと決意しました

私がアイヌの伝統文化は自分たちの手で守らなければならないと決心したのは昭和二十七、八年頃のことです。山から家に帰ったとき、大事にしていた奉酒箸を、酒飲みの父がシャモ（シ・サム・ウタラ＝私の・隣りの・仲間）の誰かにやってしまったのを発見したときでした。

昭和二十七年（一九五二）の夏、私にアイヌの伝統木彫りの技術を教えてくださった貝沢前太郎さんが、私に最初の数点のアイヌ民具を譲ってくれました。当時はまさかこれが〝アイヌ文化資料館〟などというものに発展しようとは、夢にも思えなかったことです。

収集をはじめて約二十年、昭和四十五年（一九七〇）頃には、約二百種二千点もの民具を独力で集めることができました。

民具を購入するための資金捻出方法といえば、日雇いをしたり、ヌカ蚊に攻めたてられながら山ゴという伐採の重労働に従事したりです。あるいは観光アイヌとさげすまれながら、観光地に出かけていって、多くの客の前でマイクを握り、いやな踊りをおどったこともありました。これはコタンから持ち出されそうな民具の数々を、村に残すためなのだと自分にいいきかせながら、歯をくいしばって観光地で七年間働きつづけ、そこで得たお金でアイヌ民具を買いつづけたものでした。

さいわい二風谷《にぶたに》は昭和二七、八年頃までは排他的で、一方で明治二十五年（一八九二）以来シャモの読み書きを与えられ、どんどんシャモ風になってはいましたが、一方では老人たちが自分たちの伝統をがっちり守っていたのです。私がほぼ完全にアイヌ語を話せるのもそのた

「二風谷アイヌ文化資料館」とチセ（家）

「二風谷アイヌ文化資料館」展示品

めですし、いいものも比較的残っていました。

こうして資料は次第に集まってきましたが、それにつれて新たな心配も出てきたのです。わが家で火と同居させて、万一火事になったらどうしよう。私が買いあつめたものではあっても、もとはといえばすべてアイヌのものなのです。

そこで何とか保管庫のようなものでもないかと、当時町会議員になったばかりの貝澤正さんに相談してみました。正さんの意見は、保管庫よりも、見たい人には見学できるような建物の方がいいのではないかということでした。

こうして昭和四十五年（一九七〇）秋、貝澤正さんを会長に、二風谷アイヌ文化資料館建設期成会が結成され、資金集めがはじまったのです。アイヌ地名研究家として知られている山田秀三先生などを通じて、多くの協力が得られ、思いがけない立派な資料館が建てられたのは、二年後の昭和四十七年（一九七二）六月でした。

六月二三日の開館式で来賓の方々から数々の誉めことばをいただきながら、これらの人々の理解がもう二十年、いやもう十年でも早くあったなら、もっと正確にアイヌ文化が保存できたであろうにとばかり思いつつ、その方々のスリッパを見つめていたことを忘れることができません。

この資料館建設にあたって、前記の方々の他に忘れてならないのは、地元平取《びらとり》町長の山田佐永一郎氏です。

それまでの平取では、アイヌの都とかアイヌ文化の発祥地とか世間に喧伝されていながらも、町のアイヌ文化保存のための施策は皆無にひとしく、老人一人を失うたびに、一点の灯火が消えるようにアイヌ語やアイヌの風俗習慣がひとつ、またひとつを消えていきました。

それを目の前に見送りながら、個人の力ではどうすることもできずにいた私を見て、就任間もない山田町長は、町としてできることは何だと呼びかけてくださいました。手はじめに録音したいというと、早速数十時間分の録音費用を町費から支出してくれたり、資料館建設にも積極的な協力姿勢を示して、町からも多額の資金を出してくださったのです。

資料館が開館すると、町長は私の顔を見るたびに、訪

資料館のそばの金田一京助の碑。「物も云わじ　石はただ　全身をもって己を語る」と刻まれている。

館者が手軽に買える解説書を書いたらどうかとすすめるのでした。しかし、アイヌ民具の収集研究に半生を賭けたものとしては、簡単に書いてしまえるものではありません。あまりにも語っておきたいことが多く、配慮しておかねばならぬことが多いからです。

この資料館に納められた約二五〇種六〇〇点には、イナウの立て方、各民具の置き方一つ一つにそれぞれ意味があり、正しいアイヌの伝統が分かるような構想を持って収集、収納されているのです。

それなのになぜ詳しい解説をつけないかと疑問に思う人もあるでしょう。それは、そういうことをうっかりやれば、たちまちシャモの専門家や物書きと称する人たちが、それを先取りしたり、誤った解釈をつけて出版したりしてしまう危険が多分にあるからです。そしてそういう人たちが誤りを一度活字にしてしまうと、世間の人々は、アイヌの方がこれが正しいのだと主張しても、もはや信じなくなるのです。

また、ここでは形ある物しかお見せできません。ところがその一点一点は、膨大なアイヌの生活の歴史や精神文化の中で生きていたものなのです。形のある物にしても、整ったものだけが大切なのではありません。

たとえばここには立派なイナウが陳列されていますが、実は木の皮一枚、ヨモギを一本の糸でたばねただけのものでも、ナタで木の棒一本けずったものでも、本人が信じていればイナウとしての力を持つものと認められていたのです。

そういうことは、ただ民具、祭具として完全なものを

陳列してみても、とうてい見る人に分からせることはできません。どうしてもそういうことまで書いた、本当のことを書いた書物をまず出しておく必要があったのです。それは、とても小冊子では足りません。

さいわい東京のすずさわ書店から「アイヌ民具物語」と、「おれの二風谷」を出すはこびになりました。それならその副本として、小冊子であっても入門書があった方がいいでしょう。こうしてやっと町長の宿題に答えることになったわけです。

山田町長には、アイヌの心を理解できる町長としてますますアイヌ文化保存のために力を発揮してくださることを期待しつつ、この本を誕生させてくださったことを厚くお礼申しあげます。

なお、これからお話しする民具も技術も生活も、現在の二風谷の生活の中ではもう見ることはできません。現在でも生きているのは、わずかな祭りと祭具ぐらいのものでしょう。また、お土産用にはなっていても、木彫りは伝統的な技術や道具が生きていますし、アットゥシ織りも二風谷にはほぼ完全な伝統技術が残っていますから、村の中で直接ごらんになれるでしょう。

●家と住まいの用具・刃物

チセの中の生活はすべていろりのまわりでおこないました

まずチセの話から始めましょう。チセとはアイヌ語で家のことです。

現在二風谷一三〇戸の家のうち、五〇軒以上はブロックの耐寒住宅で、あともほとんど木造モルタル造りになっていますが、昭和十年（一九三五）には伝統的なアイヌチセがまだ三五軒ありました。昭和三十五年（一九六〇）あたりまではかなり残っていましたが、昭和四十七年にまったくなくなりました。ですから資料館にある四軒のチセは、今では貴重なものになっています。

家の配置　チセが一軒ならシネチセ、二軒ならトゥチセといいますが、三軒になるとコタン（村・集落）です。そしてその一軒一軒のチセの間は、一軒が火事になっても、大風でも吹かないかぎり延焼しないだけの間隔をとって建てるのがルールでした。

一軒ごとの家についてみれば、母屋（チセ）のまわりに、ルカリウシ（便所）やプ（倉）それにヘペレ・セッ（熊の檻）があり、近くには水場があるはずです。

水はほとんど湧き水でした。河岸段丘の上の二風谷の部落には、湧き水の出るところが六か所ありました。だから小沢まで降りていかなくても、湧き水で必要最低限の水は確保できていたわけです。

プや檻の位置にもルールがあります。その家のあるじがいろりのそばに坐って窓から外を見れば、東面の窓をとおして東側にまっすぐヌサ（祭壇）があり、同じ窓かあるいは南面東寄りの窓をとおして必ず見ている場所に

苫小牧に造ったポロチセ（大きな家）

イトムンプヤㇻ（光を受ける窓）から見るプ（高倉）とヘペレセッ（仔熊の檻）

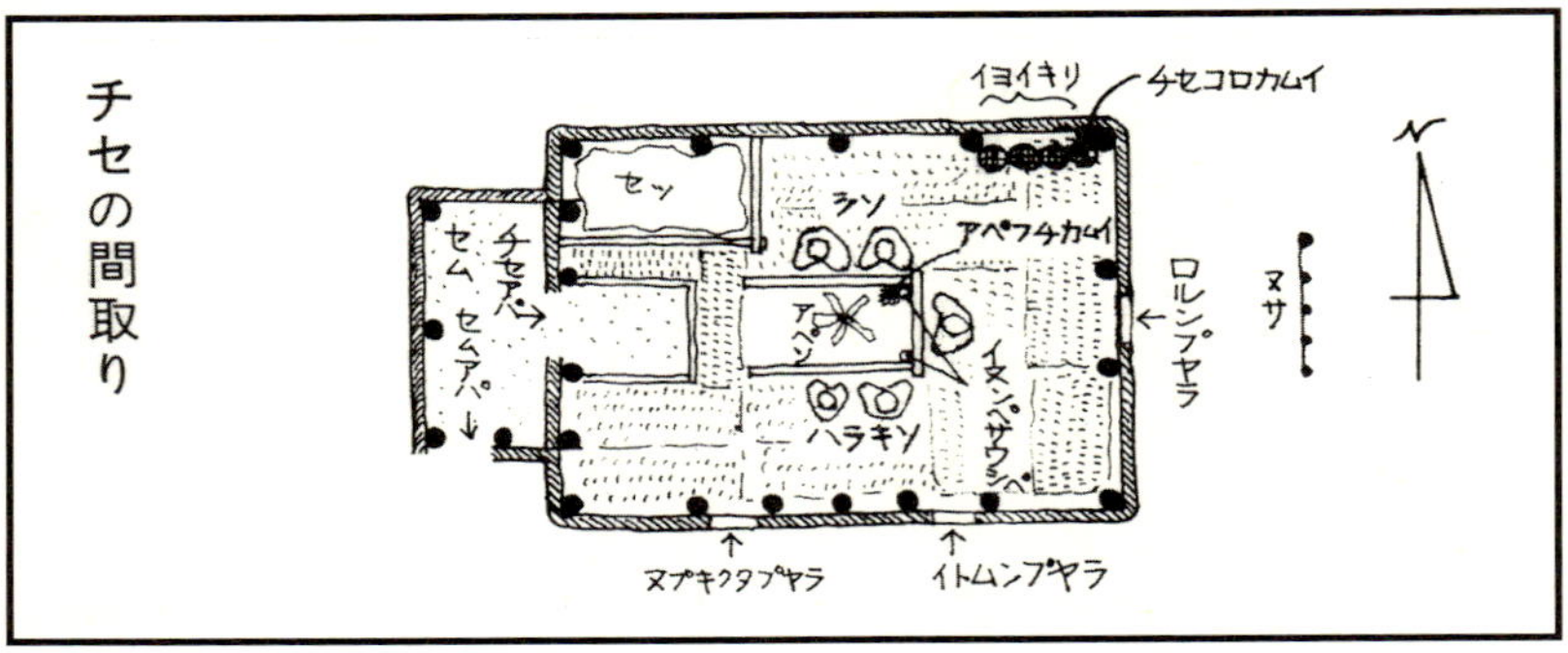

民具の写真説明のアイヌ名は『萱野茂のアイヌ語辞典』（1996年刊）によった。そのため本文の表記とは異なるものもある。たとえば本文ではアットゥシとあるが、写真説明ではアッドシとしている。他にもトゥをドとしている。一般にユーカラと記される英雄叙事詩は、萱野茂の表記にしたがってユカㇻと記す。

熊の檻を建てます。熊は危険な動物だから、あるじは仕事をしながらでも、ちらっちらっと眼を走らせているのです。

プもやはり南面東寄りの窓から見える位置に建てました。この方は延焼を防ぐために、母屋とは、細道でもいいから道をはさんで建てなければなりません。資料館のプや檻は、一番下のポロチセ（大きい家）用の位置に建ててあります。

便所は家の北西側の外、セマパエエパㇰ（セムの戸の向こう側）といって、家の中から見えないところにつくります。入口を出て、北へさっとまがったあたり、ちょっと離れた所です。その位置ならどの季節でも臭いは家の中に入りません。男と女の便所は別で、便壺は掘って踏み板を渡してありました。資料館のチセの便所は一番上のポロチセのもので、近い方が男便所、三角のが女便所です。

それから資料館の二つのポロチセの間には、それぞれの隣りに少し小さい別家があります。子どもが結婚したら本家を出て建てるもので、上から順に別家していきますから、末っ子だけがいつまでも親に甘えて本家に居すわっていることが多いわけです。その末っ子が年頃になっても、もし親が若ければ、これも別家することになります。とにかく一つのチセに二夫婦が住まないというのが原則でした。

親自身が年をとって一人になり、本人のたっての希望で、村のどこかに家を建て、一人住まいするということもありました。そういうおじいさんやおばあさんの生活

左は女のアシンル（便所）。右は男用

ピウチ（火打ち）用具。カラカニ（鉄）、カラスマ（石）、カラパシ（火つけ炭）、カラパシシントコ（火つけ炭入れ）

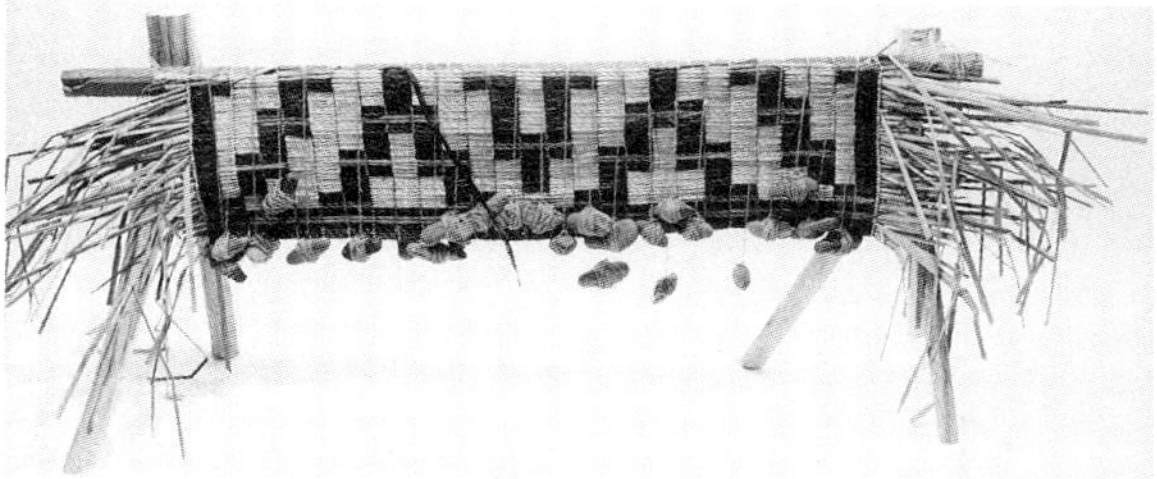

イテセニ（ござ編機）

は、村全体の共同の責任で、みんなが自然に面倒をみます。子供たちも親からアワやイナキビ団子、あるいは魚や肉などを持たされると、たとえ椀一杯でももう喜んで走って持っていったものでした。

建前　チセは屋根も壁も茅を使った、掘立て柱の、屋根組みにも葺き方にも特色のある建物ですが、それらは『アイヌ民家の復原』（未來社）と映画「チセ・ア・カラ」（グループ現代）に詳しく紹介しましたので、ここでは建前と間取りだけにして、あとは暮らしの面からお話ししましょう。

チセを建てるときは、昔は一戸から一人は必ず出役《でやく》に出したものでした。お互いのことですからもちろん無料です。ですから建主がシナの皮の縄とすだれ、それに茅さえ用意しておけば、あとは出役だけでその日のうちに柱から何からすべてそろい、一日でぱあっとできあがってしまいます。茅はどこで刈ってもいいのです。

私自身、昭和二十三年（一九四八）五月八日に、前に住んでいた家の建前をやりました。伝統的なチセではなく、土台付きの家で、屋根だけ萱葺きのものでした。

手伝いに集まったのが五五人。私の準備したものは貯めておいた配給の酒五合とどぶろくが二斗樽一つ。お昼と夕方の食事。それにシナ縄と前の年の秋に刈っておいた茅だけです。

その日みんなはそれぞれノコやマサカリ、カマといったいろいろの道具を持って、九時頃集まってきました。その中から長が決まって、お前たちはサクマ（茅をおさ

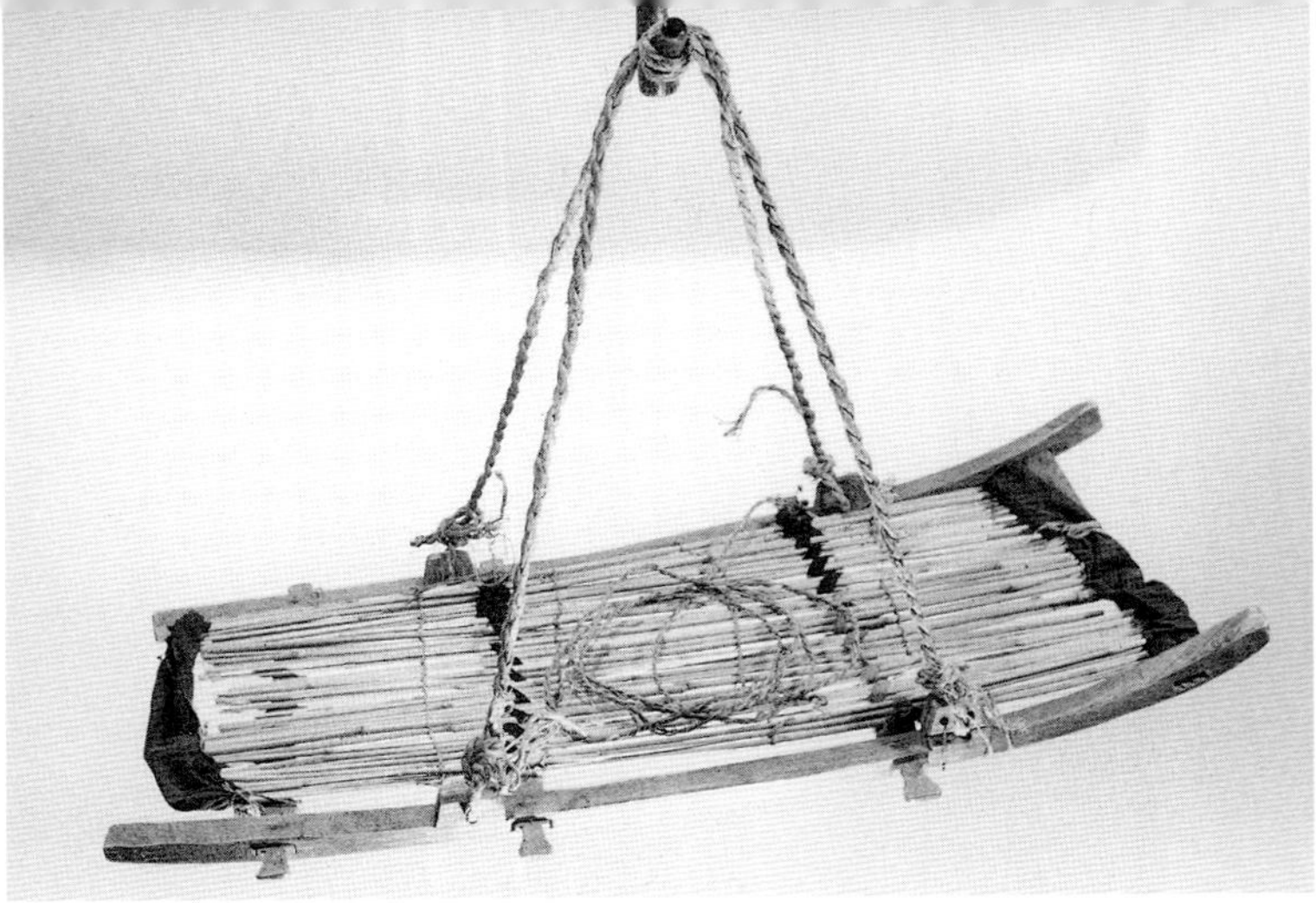

シンタ（ゆりかご）

ラッチャコ（燈明台）

スワッ（炉鉤）

イコロスオプ（宝物入れ）

アエニヌイペ（枕）

える細木）を何十本採ってこい、お前はサキリ（茅を受ける細木）を何本だなどといいつけます。いいつけられたものはそれぞれ適当な部下を選んで、必要なものを採ってくる。こうして一一時頃までには必要な材料は集まり、木の皮をむき、いっせいに組立てがはじまって、昼前までには茅をあてるばかりになっていました。

昼からは茅を葺くわけですが、東西のエトゥポク（妻）からぱっぱっと葺きあげていきますから、夕方まだ明るいうちに私の家はできあがってしまったものです。

間取り　チセはふつう三間《げん》と四間、あるいは二間と三間の、一間《ま》作りが基本の形です。それに入口が直接吹きさらされないように、一坪ないし二坪のセムという前室を付けるのがふつうです。そこは土間になっていて、ニス（臼）、イユタニ（杵）、薪の類などを入れておきました。

セムの入口をセムアパ、セムからチセに入る入口をチセアパといい、ふつう出入口はこの一か所だけですが、六、七〇年前までは、その家の主婦がお産をするときは、その出入口を不浄として、男は南面東寄りの窓の下をはずして出入りしたものだそうです。

チセの方は土間でなく、チセアパのそばをのぞいて床があります。私が物心ついた昭和五、六年には床ふきをさせられた覚えがありますから、その頃の家は床板になっていたのだと思いますが、おばあさんたちの話では、昔はまず直径五～一〇センチの丸太をずらっと並べ、その上に直接一～二センチの細木を敷き、さらに直径一〇センチあまりの茅の束を並べてつくったそうです。その上にすだれを敷いて、最後にござを敷くわけです。お客さんが来たときは、外で待たしておいて、はき掃除をし、新しいござを敷いてから「どうぞ」といって招じ入れたものだそうです。

窓　チセには三つの窓があります。

セムの反対側、東面の窓をロルンプヤラといいます。ふつう神窓と訳されていますが、ロルンというのは上、上座ということですから、上の方の窓という方が正確でしょう。

南面には二つの窓があります。上手、つまり東寄りの窓をイトムンプヤラといいます。これは今まで多くのものには応接窓としてあり、私自身もそうかと思っていましたが、本当はイ・トムン・プヤラ（それ・光る・窓）で、そこに光のさす窓、それに光を受ける窓、光をもらう窓なんですね。南面下手の窓はヌプキ・クタ・プヤラといい、汚水を捨てる窓です。

窓は茅の壁を一から一・五メートルの四角に切ったもので、すだれをかけてありました。すだれの内側にはトマ（苫・ガマ草で編んだござ）を張って、できるだけ暖かくしたわけですが、昼間は窓を上に巻きあげますから、真冬でも風がツーツーでした。

話は横にそれますが、トマを編むのは女の仕事です。ガマ草を秋に刈って干しておいて、冬仕事として編みました。ピッという直径二センチ、長さ七、八センチの石のおもりに糸を巻き、ゴザ編みの両側にぶらさげて編んでいきます。ふつうは畳半畳から一畳くらいの大きさで、市松模様をつけたものもありました。

市松模様色の染め方は、オヒョウの木の皮をはいできて、黒ならクルミの木の皮をせんじた汁に浸してから近くの鉄分の多い谷地に二、三日つけておけば出ますし、赤ならハンノキの皮を煮つめた汁に浸せばいいのです。

いろりのまわり　チセアパに立つと、最初に目につくのがいろりです。そしてその上にはトゥナ（火棚）がつってあります。チセの中の生活は、食べるときも、話をするときも、お客さんが来たときも、すべていろりのまわりでおこなうわけです。

上座の窓を背にしていろりに向かって坐ったとき、いろりの右側をシ・ソといい、左側をハラキ・ソといいます。シというのは本当のということですが、右という意味も含まれています。ハラキというのは左です。

シソの上座寄りがその家のあるじの坐る場所、そのすぐ下座が主婦の坐る場所になります。子供たちやその他の人たちはハラキソの方に坐り、客は上座の窓を背にした、いわゆる横座に坐ります。ただし、ここに坐られる人は、よほど信頼されている人でした。

削り台と道具箱　いろりの上座側の両隅に、直径一〇～一五センチ、長さ三〇センチくらいの、皮つきのエンジュの木が埋めこんであります。イヌンペ・サ・ウシ・ペ（炉ぶちの・前に・ある・もの）といわれる削り台で、シソの方のはノタㇰ・ペカ・クル（刃を・受ける・男）、ハラキソの方のはノタㇰ・ペカ・マッ（刃を、受ける・女）

と呼ばれます。男はそれを台にしてものを削るのです。

これをなぜ男と女と呼ぶかというと、アイヌ文化にはものを対にして考える習慣があったからのようで、たとえば舟でもオンとメンと対にしてつくります。

削り台のそばには、ポンスオㇷ゚（小箱）があって、イキサカニ（もみ錐）、マキリ、レウケマキリ（曲がった小刀）、イナウケマキリ（イナウを削る小刀）ぐらいの、ごく簡単な道具が入っていました。一人前の男なら、そういう道具箱を持っていたものでした。

いろり端で、その道具箱を枕にしてごろんと寝ていても、ふっと起きて坐ると、手元には刃物があり、目の前には削り台がある。材料も手近かにあります。いつでも彫刻をする条件がそろっていたのです。だから大きいものを除いては、アットゥシ織りのオサ枠、ヘラ、マキリ鞘、イタ（盆）、ニマ（器）、イコロ・スオㇷ゚（宝物を入れる箱）、まな板、パスィ（箸）……何でもこの削り台の上でつくったものです。

削るマキリも昔は一丁のマキリで間に合わせ、イナウをつくるときは刃をまっすぐにして使い、曲がったものが欲しいときは、火の中で真赤に焼いてそれを曲げ、水の中にじゅうっと突っこんでから使ったそうです。

なお、鉄の刃物はシャモその他との交流を知る上でも重要な資料となるはずですが、おそらく追跡は困難なものになるでしょう。

たとえば七年前に樽前山麓の沼端という場所で、火山灰に埋もれた丸木舟五艘が完全な形で見つかりました。科学的な時代測定をしたところ、七七〇年前後昔のものだそうです。ところがその舟を見ると、すでにマサカリ、モッタ（彫り具）、テウナ（手斧）を使っているのです。すでにそういった刃物か、それをつくる鉄を手にいれていたということです。それがどこからであるにせよ、外部との交流は今の人が思うより古くからあったのではな

ポンスオㇷ゚（木彫道具入れ）

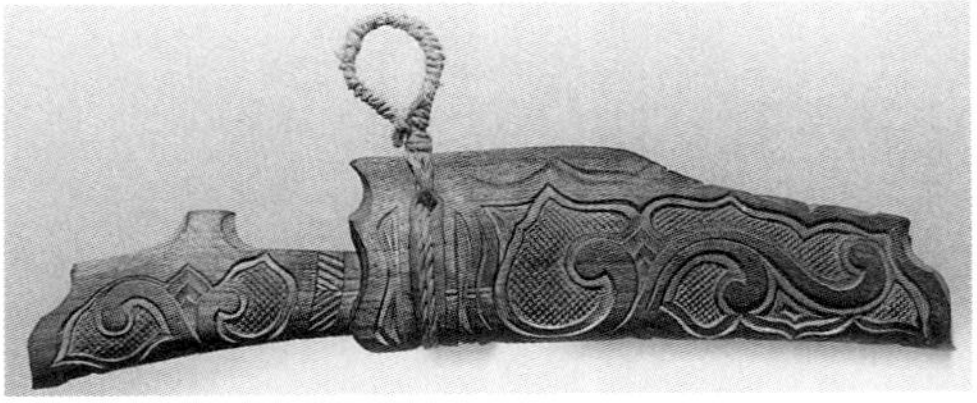
マキリ（小刀）

タシロ（山刀）

ムンヌエㇷ゚（ほうき）

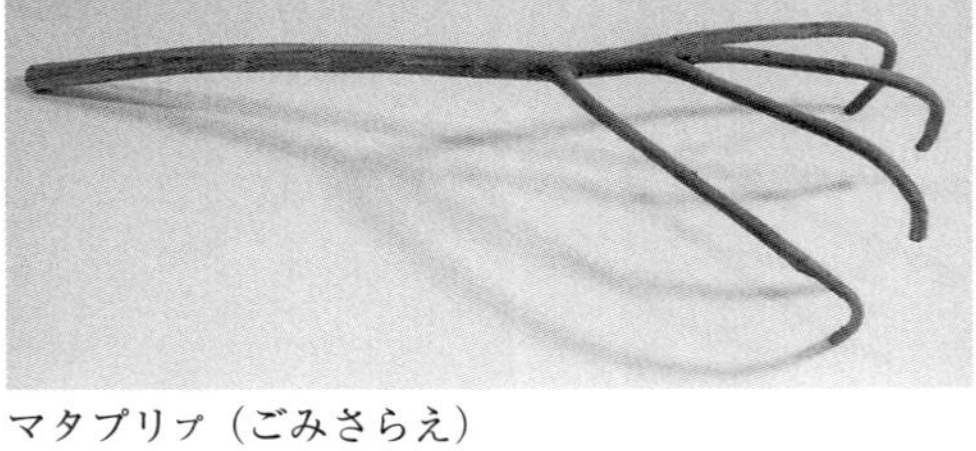
マタプリㇷ゚（ごみさらえ）

いでしょうか。

宝物　お祈りもお祝いもないときなら、あるじの坐った後の奥まった壁ぎわには、イ・ヨイ・キリ（それ・入る・列＝宝物列の意）がありました。日本本土から渡ってきたシントコ（塗り物の器）が、家によって一つから、多ければ二〇個ほども並べてあるのです。その上にも梁から梁に棒を渡して、宝刀の入ったスオㇷ゚（箱）が五つか七つのせてありました。

寝床　子供たちが寝るのは光を受ける窓の下でした。夫婦はチセアパから入ってすぐ左側。ここはぐるりと囲うようにゴザを張りめぐらしてあります。家によっては部屋になっていたところもありました。

寝具として敷くものは、熊の毛皮や鹿の毛皮。さらに足りない場合はトマの類をかけました。私の頃にはふとんでしたから、そこまでの生活は直接は知りません。

衣服かけ　寝屋をかこってあるトマのそばに併行して、もう一本棒を渡してありました。これはカケンチャといって着物をかけておきました。その方がネズミの害が防げるからです。

まだまだ炊事の道具や食器にもふれなければなりませんが、それは後でお話しすることにして、最後に家のまわりも見ておきましょう。

家のまわり　どんな家にもクマという物干しざおがありました。ありあわせのY字型の木を二本立てて、それに棒を渡したものです。

それから外には薪が積んであります。薪はマサカリで作るのですが、これは女の仕事でした。古くはタシロ（出刀）で立木の根のところをけずって皮をはいでおき、立ち枯れさせて薪にしたということです。

●食物・炊事用具・食器

冬なら干した山菜を肉や魚と煮て食べました　それからヒエのお粥です

汁と粥　肉や魚が豊富な時代は、春とった山菜を干しておいて、冬ならば肉や魚と一緒にごった煮にして食べました。今でいえば石狩鍋のようなものでしょう。それが主食で、後で口直し程度にお粥を食べるのです。

それはおもにヒエのお粥で、アワのお粥もありました。ヒエはピアパ（ヒエ）一種類ですが、アワにはリテンムンチロ（やわらかいアワ）とニッネムンチロ（かたいアワ）の二種類があって、粥にするのはリテンムンチロの方でした。ニッネムンチロは、いわばもちアワで、もちや団子に使いました。イナキビにもリテンシプシケ（やわらかいイナキビ）とニッネシプシケ（かたいイナキビ）とがありました。

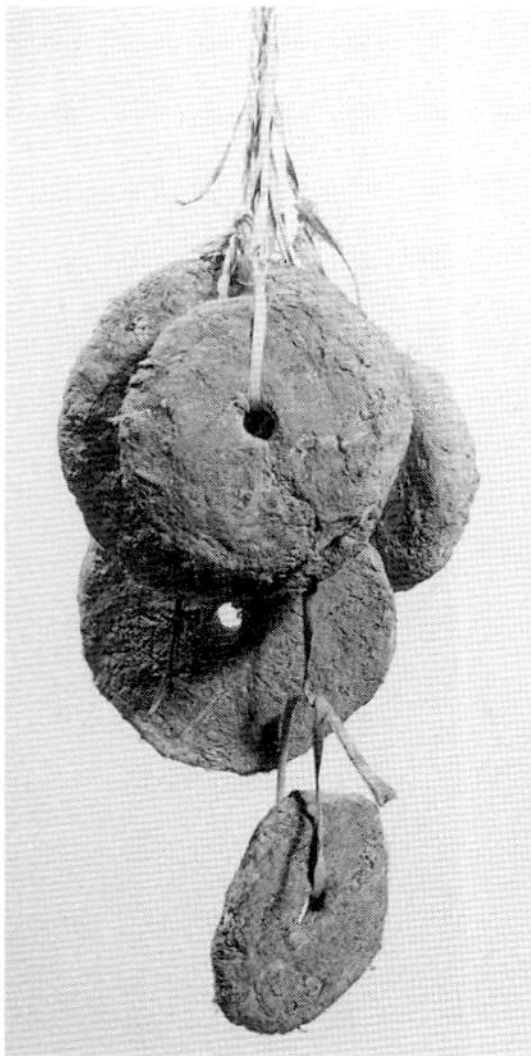

オンドゥレㇷ゚アカム
（姥百合《うばゆり》の乾団子）

ピヤパ（稗）

ムンチロ（粟）

サカエナㇺテㇷ゚（酒粥さまし）

これらを粉にして、粉粥にして食べたり、ソバみたいにして食べることもありました。粉のお粥のことはコサヨといい、豆をまぜたり、シコロ（黄檗《きはだ》）の実を香辛料として入れて食べたものです。

臼と杵　これらの穀物を粉にするときは、ニス（臼）とイユタニ（杵）を使います。水でざあっと洗ってザルにあげ、一五分くらいおいてつきはじめると、ちょうどいい粉になるといいます。うるかしすぎると、水分が多すぎて、粉にはなりません。

まな板　日本本土風のまな板はみたことはありませんが、イ・タタ・ニ（それ・きざむ・木）といって、直径二〇～二五センチ、高さ一五センチくらいの削り台をまな板に使っていました。それよりもうちょっといいのになると、片方に窪み、片方が切る場所になっている、イサプテニマというのがありました。

鍋　鍋は大きさによってポロス（大きい鍋）、ハイカンヌ（中くらいの鍋、本来は中くらいの熊のこと）、ス（ふつうの鍋）、ポンス（小さい鍋）と分かれます。ポロスは昔は五軒か一〇軒で共同で買って、必要なときにその家に持っていって使ったもののようです。

ふつう各家にあるのは二つのスで、一方をルルス（汁鍋）、もう一方をサヨス（粥鍋）といって、厳重に区別して使っていました。汁鍋でお粥をたくことをオプラㇰといって、だめなものとされていました。お粥に汁味がついてしまい、いやな味になるからです。

杓子　鍋から食器に盛りわけるときは、カスㇷ゚（杓子）を使います。これもルルカスㇷ゚とサヨカスㇷ゚を区別して使います。盛りわけるのはお母さんの仕事です。

椀　古くは家族がそれぞれ自分用のニマという木彫りの椀を使っていたようです。大きさはいろいろですが、ロクロでひいたものではなく、深皿をぎゅっと押しつぶし

ニマ（刳鉢）

イサプテニマ（まな板）

チポロニナㇷ゚（筋子つぶし）

イタ（盆）

ニス（臼）とイユタニ（杵）

サマッキニス（横臼）

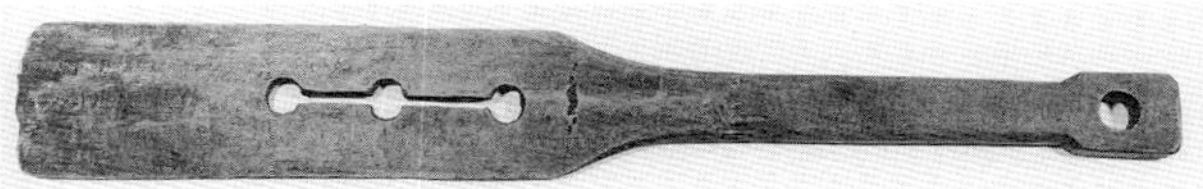
シトペラ（団子へら）

ヤㇻビサック（樹皮の柄杓）

たような、楕円形のどんぶりとも椀とも深皿とも違う、アイヌ独特の食器です。

その後は漆を塗った椀が使われるようになりました。椀も汁用と粥用をはっきり区別して使っていました。


パスィ（箸） 煮たものを口に運ぶには、イペパスィ（食う箸）を使います。これはエリマキという硬い木でつくります。その家の家族が使う箸は、父親やおじいさんが用意しておくものでした。

急にお客さんが来たときは、茎が太くなくて髄のよくつまった茅をえらんで刈ってきておいて、五尺の縄でしばっておいた束の中から、真中の一本をぴゅっと抜いて、ぽっきんと折って出しました。

アイヌ社会では手でつまんで食べることはウエンペ（悪い者）のすることとされていましたから、子供でも、使えるかぎり箸を使って食事をさせます。またペラパスィという小さなへらというかさじのようなものもありました。

食卓 食べるときはいろり端に坐ったままで、炉ぶちの上に食器を置いて食べました。昭和一〇年頃までは、そういう家が残っていたでしょう。その後は飯台をつくったり、買ったりして、それで食べるようになりました。塗り物のお膳（オッチケ）も本土からきていました。

ス（鍋）

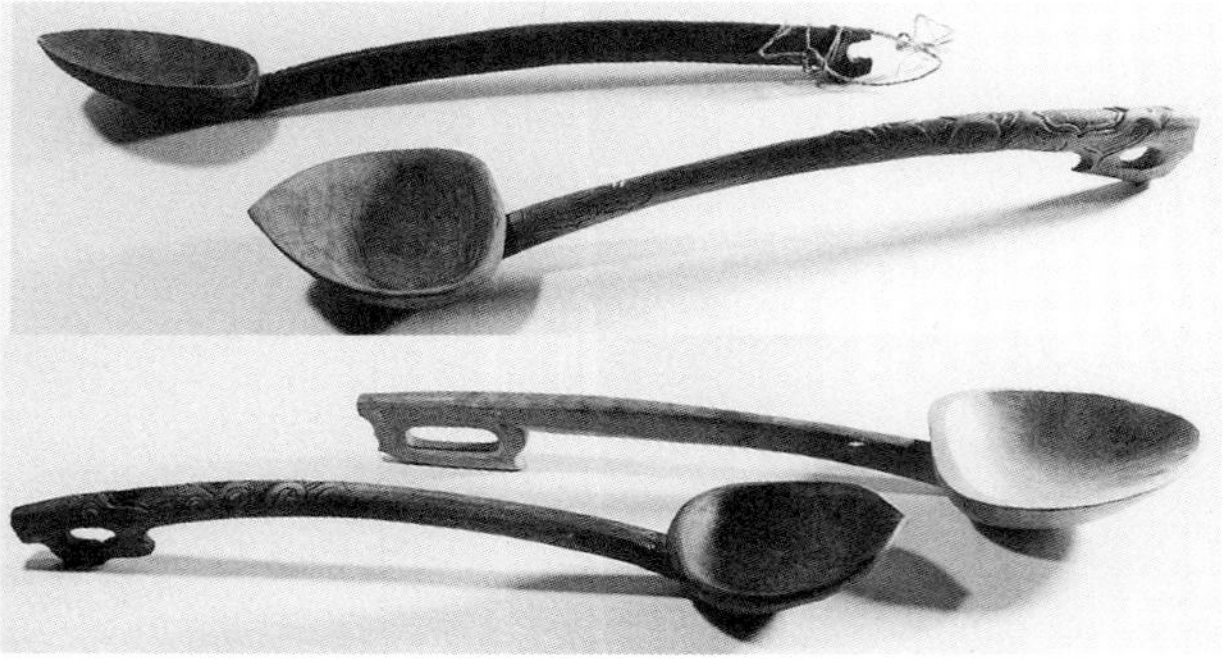
上：サヨカスㇷ゚（粥杓子）　下：ルルカスㇷ゚（汁用木杓子）

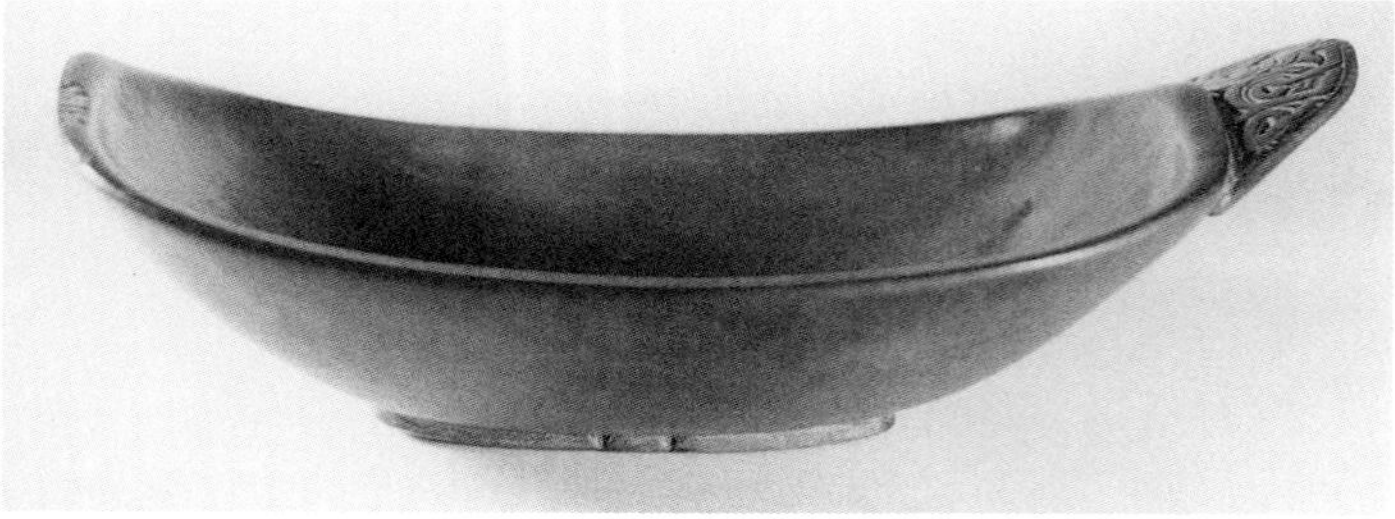
ニマ（刳鉢）

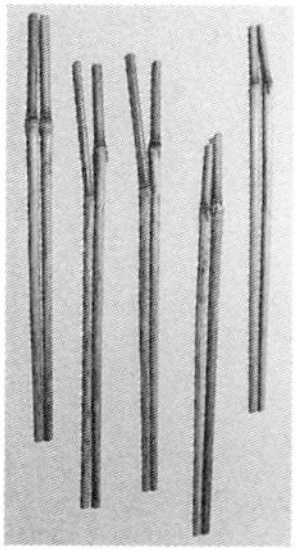
キパスィ（茅箸）

アサマリイタンキ（底高椀）

●衣服　女の手仕事・模様

心をこめて刺しゅうした晴着を着せて娘は恋人を祝宴にのぞませたのです

ケリ（はきもの）　私の時代にはもう皆はきものをはいていたけれど、昔は夏は裸足がふつうだったようで、貝澤正さんのおじさんも、昭和一〇年あたりの頃の話を、昔は春になると野っ原に火入れしたから、萩が燃えて、燃えかすがナタで切ったようにとんがっていた。それを踏んでも足に傷がつかないくらい、足の裏が厚くなっていたもんだと、笑いながらよく話していました。

　だから、こんな話もあったわけです。平取《びらとり》の芽生《めむ》の人で、通称ウパと呼ばれていたおばあさんの話です。

　ある時、自分のおやじ（夫）が山へ熊狩りに行って、あと何日したら食物を持ってこいといわれていた。ところがいろんなことがあって出発がおくれてしまい、途中で暗くなってしまったけれど、いつも行く場所だったし、この尾根を降りればおじいさんがいると分かっていたから、尾根をずっと降りていった。降りていったら、自分よりほんのちょっと先に、ものの動いた気配がある。そう思いながらも降りていくと、足が急に温い土を踏んで、ほんとに尻もちをつくくらい恐ろしい思いをし

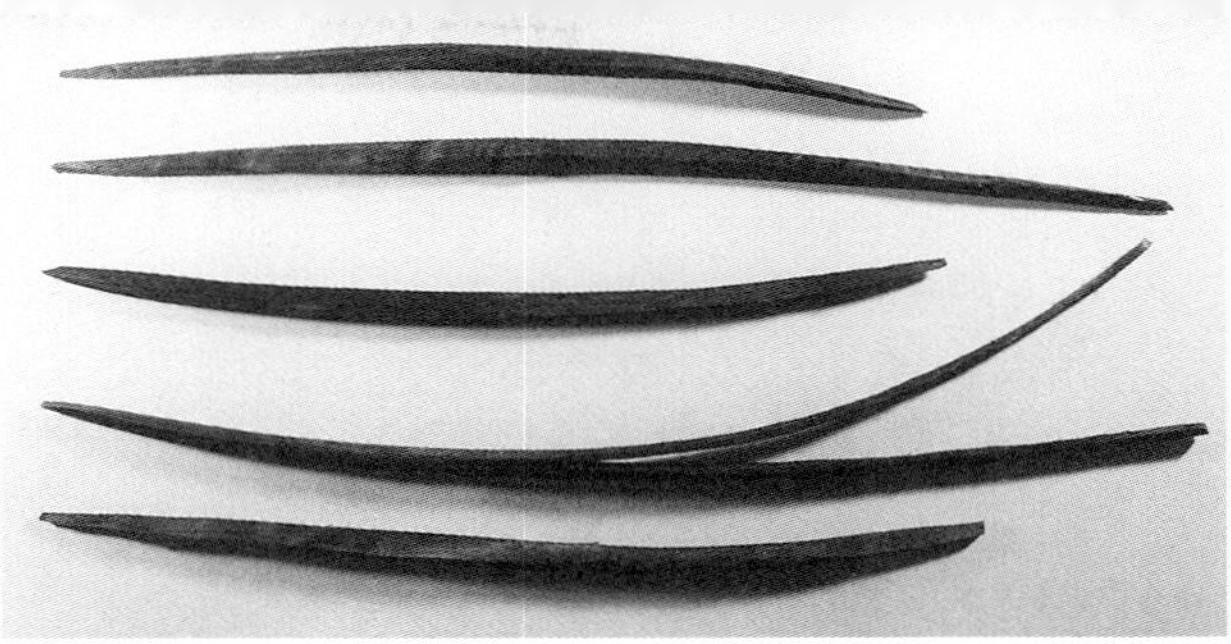

イマニッ（刺串）とチャサイイマニッ（はさみ串）。魚焼きに使う。

ヤㇻイタンキ（樹皮の椀）

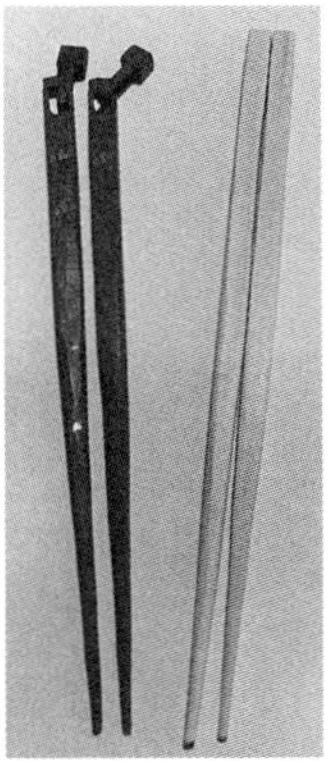

トゥムシコㇰパスィ（木鈴つき箸）

ヤㇻニヤトゥシ（樹皮の手桶）

ペラパスィ（へら）。大型のスプーンくらいで、箸代わりに使った。

蒐集を始めたころの民具

て立ちすくんだ、と。
今の今まで熊が寝ていた跡で、素足だったから分かったんですね。
よそに行くときは、ユㇰケㇾ（鹿皮の靴）やチェプケㇾ（鮭の皮の靴）をはいていました。ユㇰケㇾでもいいものは一足に鹿が二頭要るのです。鹿のすねの皮しか使わず、肘や膝の皮を生かして使うからです。

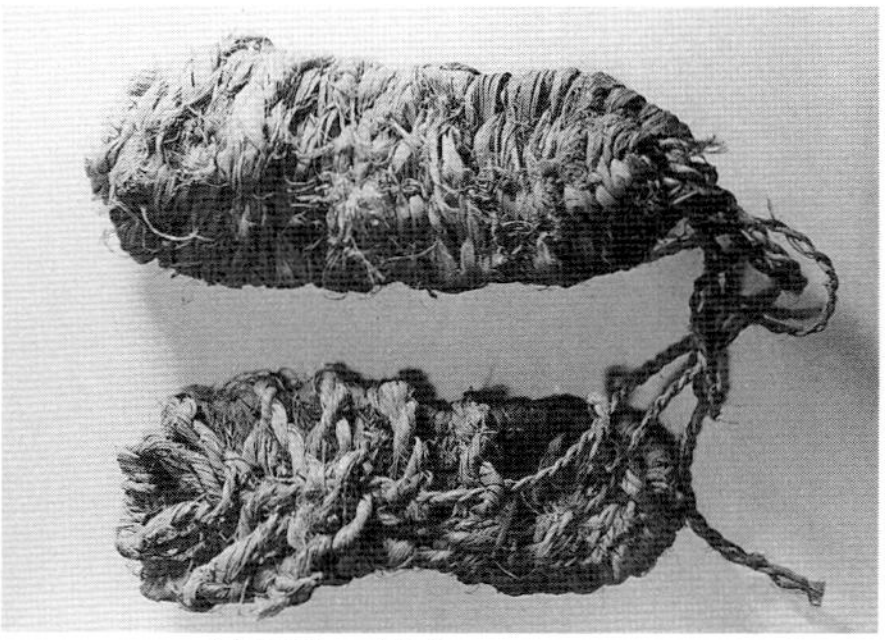
スト゚ケㇾ（葡萄蔓《ぶどうづる》の草鞋《わらじ》）

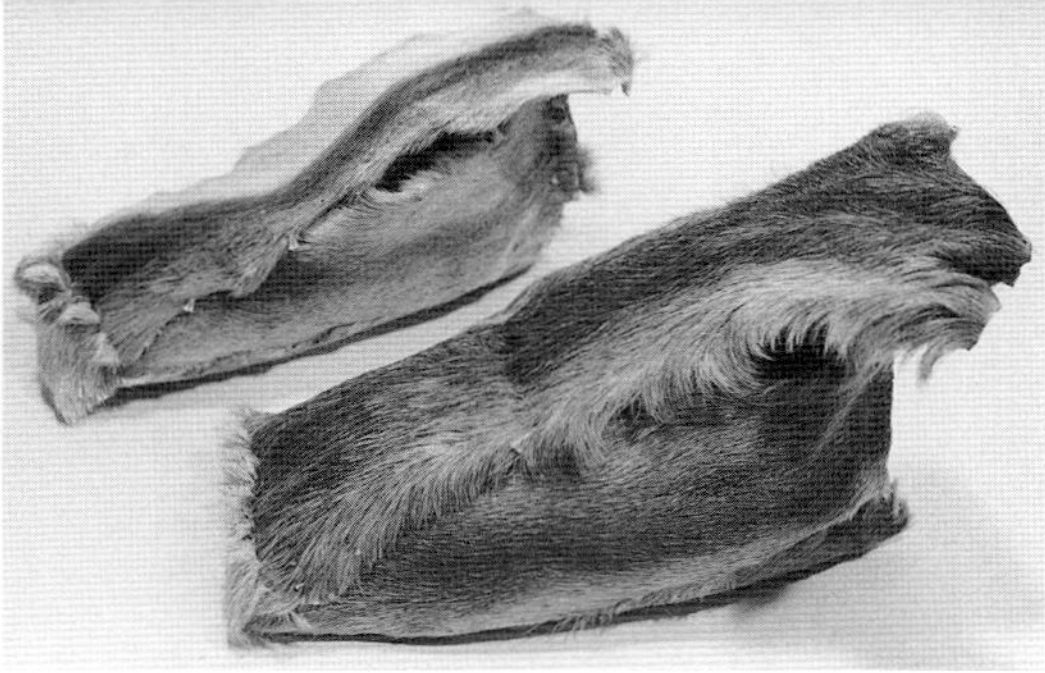
ユㇰケㇾ（鹿皮の靴）

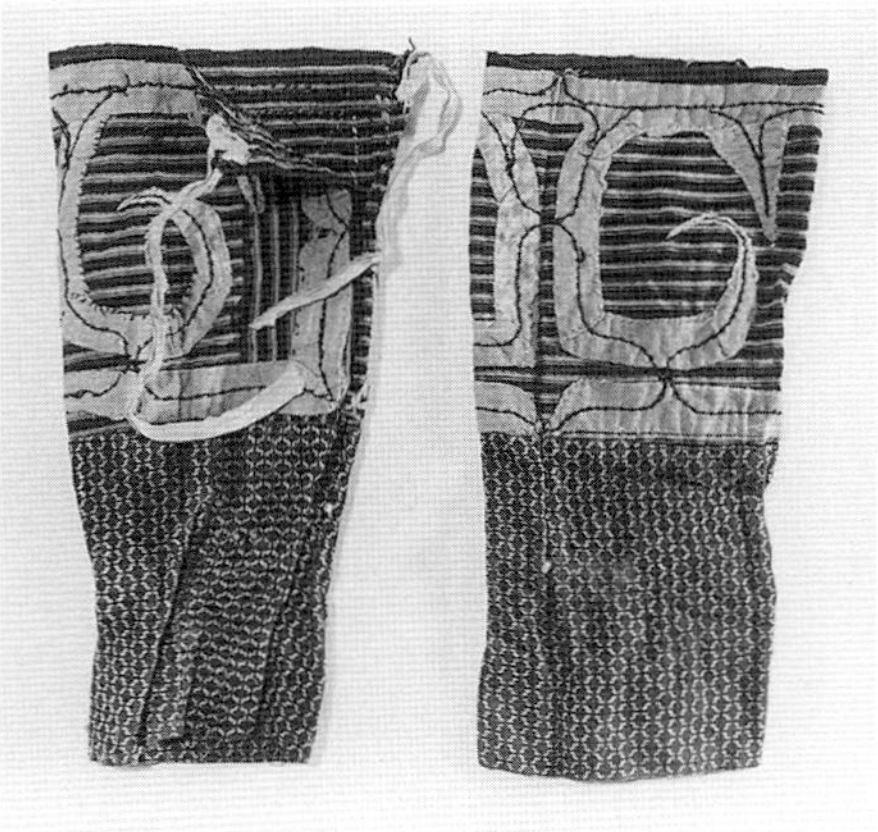
ホㇱ（木綿の脚絆）

チェプケㇾ（鮭皮の靴）

熊の皮は毛がはきものに適さないので使いませんが、明治になってからは馬の皮の靴もはきました。しかし一番一般的だったはきものはストゥケㇾといって、ブドウづるで編んだわらじでした。耳が片側に八つも九つもあるものです。

ケリを縫うのに一番丈夫な糸はスンチ（筋）でした。鹿のアキレス腱を干しておいて、ぬるま湯につけて細くさくと、テグス糸みたいになるのです。

鹿が獲れなくてスンチが手に入らなくなったときは、かわりにイラクサかツルウメモドキの皮を使います。

はきものが一番大事になるのは真冬です。零下二〇度、三〇度と、どんなに寒くなったときでも、ケリをしばったひもはほどけなければなりません。そのためにカパイといって、すねの真中あたりまでしか伸びない、とてもかゆいイラクサの皮をよったひもを使いました。資料館にあるチェプケㇾやユㇰケㇾのひもも、イラクサを細くよったものです。

ホシ（脚絆）　脚絆は男も女もつけました。夏の脚絆はサコシといって、シナの木の皮を編んで作ります。冬は布きれを張り合わせた脚絆をつけました。

昔の人たちはケリをはいて脚絆をつけただけで、冬、すね毛に氷の玉がつくほど寒い中でも熊とり、鹿とりをしに元気よく歩いたもんだったと、私のフチ（おばあさん）がよく話していたものです。

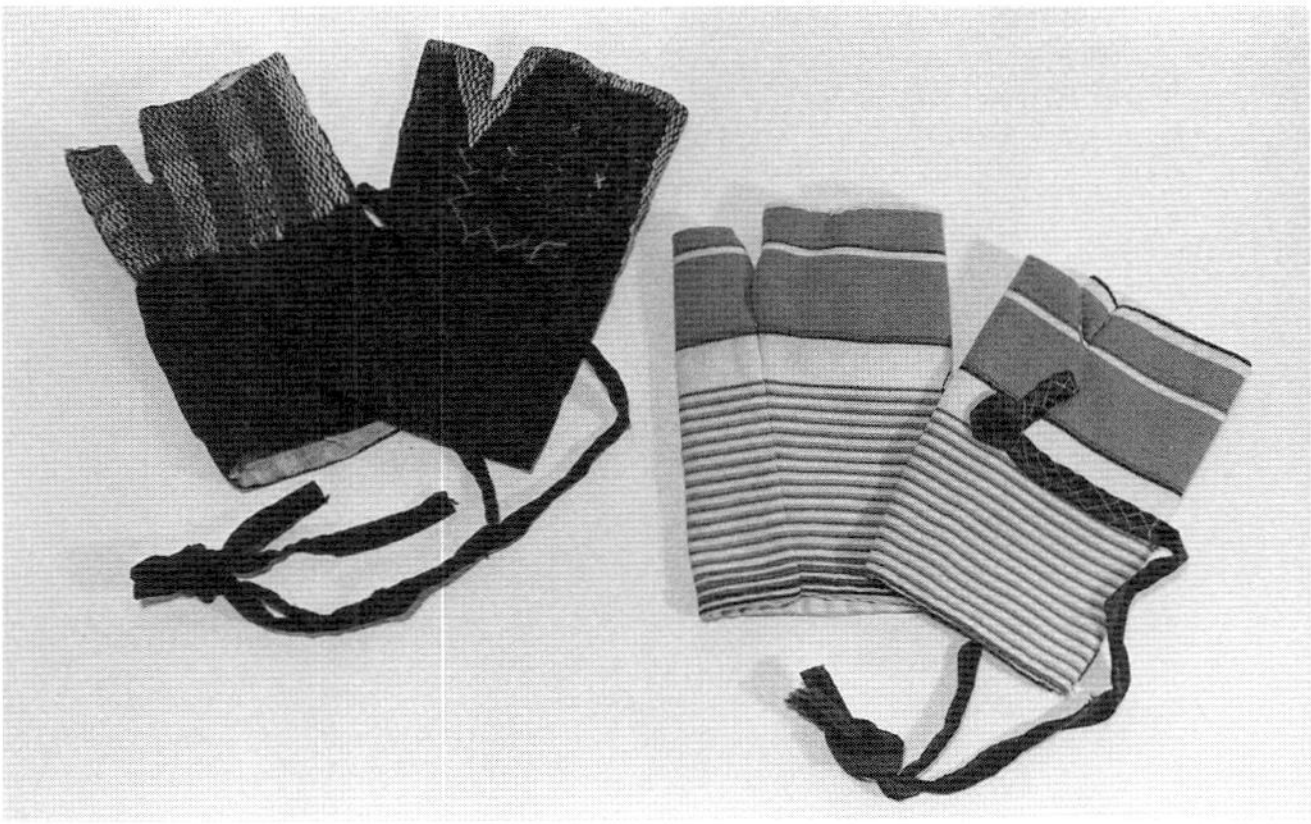

テクンペ（手甲）

テクンペ（手甲）

マタンブㇱ（鉢巻）。男用だったが今は女も使用

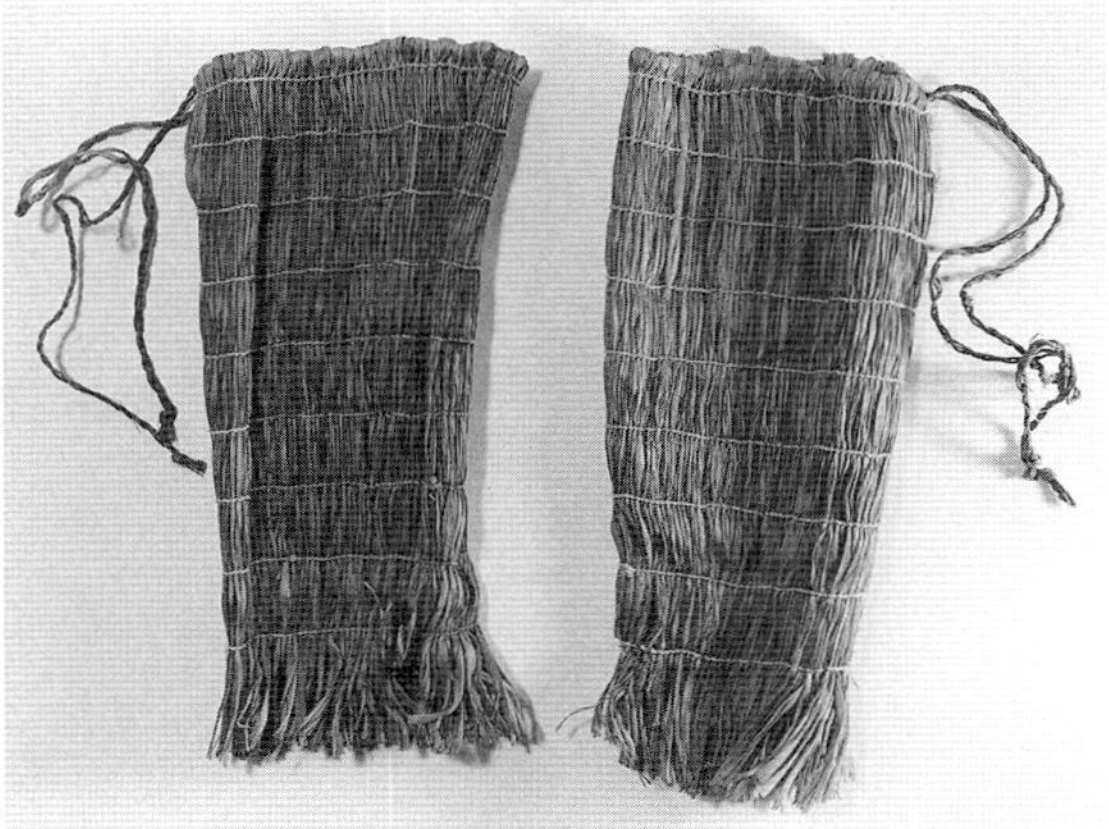

サコシ（シナ皮の脚絆）。夏用

下着　アイヌ社会では、男でも女でも性器を出すことを非常に嫌います。小さな子供にも見せません。そういうあたりの上品さは大変大事にされていて、その部分をいうときでも、男のも女のもチ・ヌヌケ・ヒ（われら・孝行する・場所）といっていました。

女の下着はモウルというタイトなワンピースのようなもので、前は、母親なら上からみぞおちくらいまであいていましたが、結婚前の女性ならワイシャツの第二ボタンの位置あたりから下は縫い合わされた木綿の着物です。またオモンペという木綿のズボン下のようなものも着ていました。

男はふんどしだったようです。木綿製で、いわゆる六尺のようなものですが、アイヌ語ではチエ・ホ・ケ（それで寝るもの）といいました。その他には襦袢のようなものや、寒ければ着物の重ね着をしていたでしょう。私たちの時代よりも古い時代の話です。

ユㇰウル（鹿皮衣）　私はユㇰウルは見たことがありません。しかし昭和二〇年に百歳で死んだ私の祖母《フチ》の話などから考えますと、フチが子供の頃には、ユㇰウルを着ていたことはまちがいありません。

これには鹿皮をとっておいて、夏になると便所にぽんとぶち込みます。それをあげて揉みながら洗って洗って、臭みも何にもなくなるまで洗って使いました。そうすると毛がみんな抜け落ちて自然になめされ、今眼鏡をふいている鹿皮みたいに柔かくなったそうです。

松浦武四郎の日記にも、ユㇰウル姿がありますね。

アッドシカラペ（機織機）でアッドシ（着物）を織る。

オヒョウの若木

オヒョウの木の葉

皮を剥《は》いだオヒョウの木

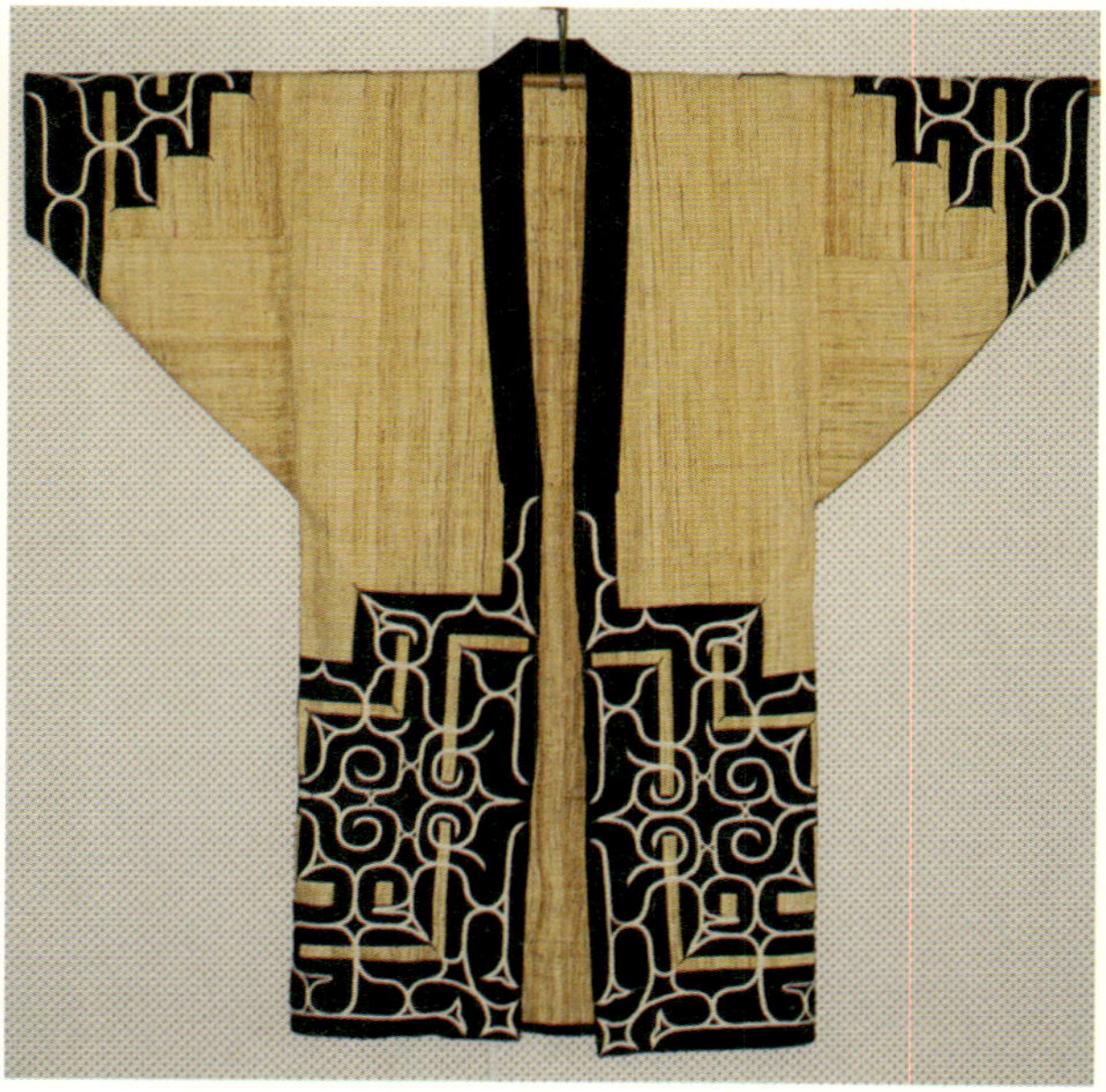

アッドシアミプ（着物）。右が前面、左は背面

鮭皮の着物

チカラカラペの背面

チカラカラペ（切伏せ刺繍の袷の着物）。マタンプシ（鉢巻）、マンタリ（前垂れ）をする。

コンチ(頭巾)

マンタリ(前垂れ)

モウル(女の肌着)

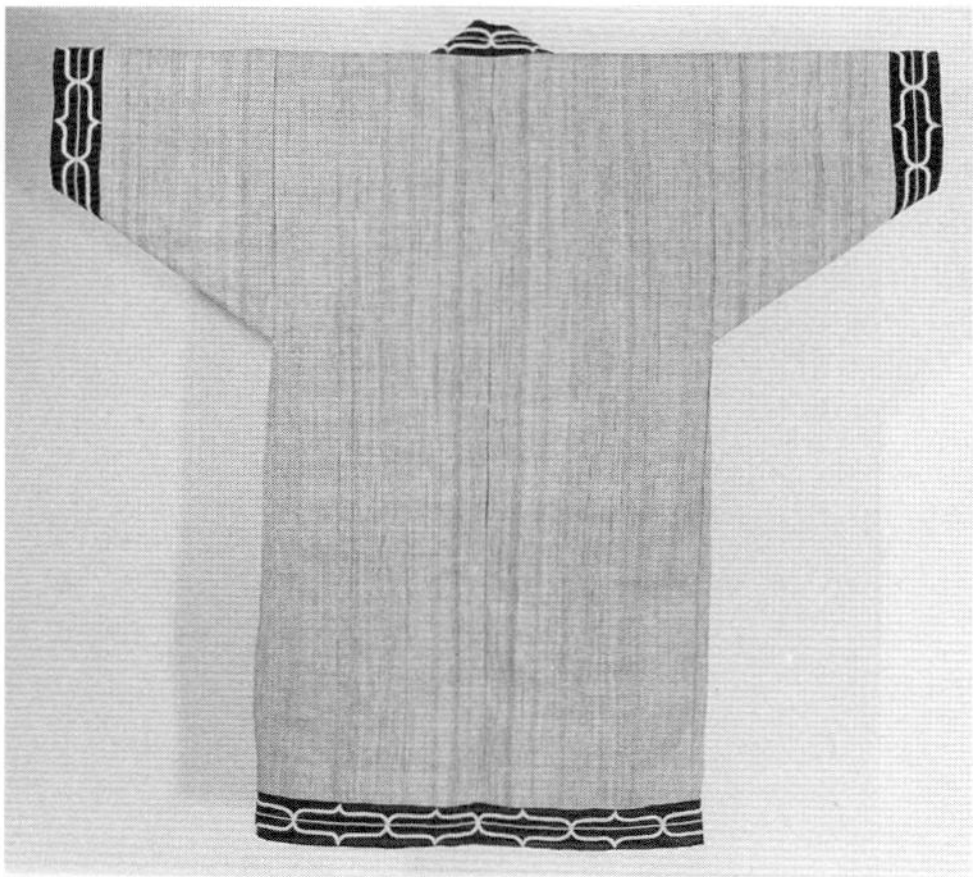
アット゚ㇱ(着物)。オヒョウの木の皮で織る。

カッコロ(犬皮衣)　鹿皮はいいけれど狩りに出たとき共討ちされる恐れがあります。犬の皮であれば、アイヌの友だちだから共討ちの心配はない。それで男も女も袖なしのカッコロをわりと着ていたようです。毛を外に向けているから、雨が降っても流れます。肩のところで縫い合わせても、それに一枚重ねておくと、みぞれでも下に流れてしまうわけです。

　川上勇治さんのおじいさんは昭和二七、八年に死ぬまで、畑に出るときは犬の皮のウル(着る物)を着ていました。寒さばかりでなく暑さも防いだのではないかと思います。

アットゥシの着物　アットゥシは、正確にはオヒョウの木の皮の繊維をつむいで縫った布のことをいいます。それで着物をつくり、刺しゅうをしたのが、チニンニヌㇷ゚とか、カパリミとか、いろいろな名前で呼ばれる着物です。

　アットゥシを織るには、まず六月半ば山に行って、オヒョウの立木から皮をはいできます。これをすぐ水に浸す場合もあるし、時期でないときは、はいだものをそのまま干しておいて、真夏の一週間くらい、いいお天気のときをみはからって沼に浸します。それを一日洗って、さいて、よりをかけながら糸につむぎ、それを織機にかけて織るわけです。材料がオヒョウでなくシナの皮なら、はいだものを木灰で煮てから使います。

　織るための道具にふれておきましょう。手前からいうと、織りはじめの糸を体につけ、これをとめるトウマモン（腰まわし）。それから上糸と下糸に分離させるために、一本おきに下に入っているベカという糸。それにヘラ、オサ、カマカプです。

織ったアットゥシでいよいよ着物をつくるわけですが、自分の夫や恋人に着せる着物には、できるだけていねいに刺しゅうしたものでした。恋人に心をこめてつくってやった晴着を着せて、晴の祝宴にのぞませて、「あの人はきょう私のつくってやった着物を着ている」と、本当に涙の出るような思いでそっと陰の方から見ている女の表情なんて、きっと夢があったでしょうね。女の腕の見せどころでもあったのです。

なお、ハンチャという、丈がももの真中くらいまでの夏の作業衣も、木綿がはいる前はアットゥシだったでしょう。

刺しゅう模様　アットゥシ織りの技術はどこでもすべて同じでしたが、アットゥシでつくった晴着の模様は地方によって違います。もし二風谷の模様がよその地方にあったとすれば、それは二風谷の娘がその地方へお嫁に行ったことを意味しています。

この模様について、学者や研究者が、括弧紋だとか何だとか、いろいろ形式名称をつけているようですが、アイヌ語ではただモ・レウ・ノカ（静かに・曲がる・形）というだけです。

うんと古いアットゥシでは、模様は袖口と衿まわり、裾まわりだけだったようです。そして私にはその模様が縄を象徴しているように思えてなりません。古い時代のアイヌの生活に、縄は重要な必需品でした。しかも縄は驚くほど強い。おそらくそういうことから縄に特別な力を感じたのだと思います。縄を体の衿まわり、袖まわり、あるいは裾まわりにつけることによって、どんな化物も体の中に入ってこないと考えた。私にはそう思えてしかたがないのです。

たとえば私の小さいときも、弟たちを山で昼寝させるとき、母親がタラ（背負い縄）を、寝かせてある子供のまわりにぐるりとまわしておいたものです。そうすれば蛇や化物が来ても、この縄から中に入らないものと信じていたんですね。

それが進んで着物の衿や袖口に縄の模様をつけたものでしょう。しかもその縄にトゲをぐしゃぐしゃ生えさせて、この縄を越そうとしたら刺されるぞとおどしている。それがありありと見えるのです。

やがて時代が下って、針、糸、わずかな木綿布地などが割りあい容易に手に入るようになると、一本の筋を二本、三本にというふうに複雑にしていったのではないでしょうか。

ただ大変面白いことに、こういう黒や紺の布地の上に白布を切り抜いて縫いつける模様と、五～六〇〇〇年前の中国の銅器の模様とが、まったくぴったり合っているのを、東京の出光美術館で発見して驚いたことがあります。台湾で同時代のものを見たときも、アイヌの模様に実によく似たものだと思いました。白は白として、その上に細い線を置くところまで似ています。

葡萄蔓《ぶどうづる》で作ったカリプ（蔓輪）をころがし、カリプペカプ（二股の輪差し）で差し止めるカリプパシテと呼ぶ遊び。遊びではあるが、瞬時の判断と迅速な動きが必要で、それはそのまま熊狩りなどの狩猟の訓練につながっている。

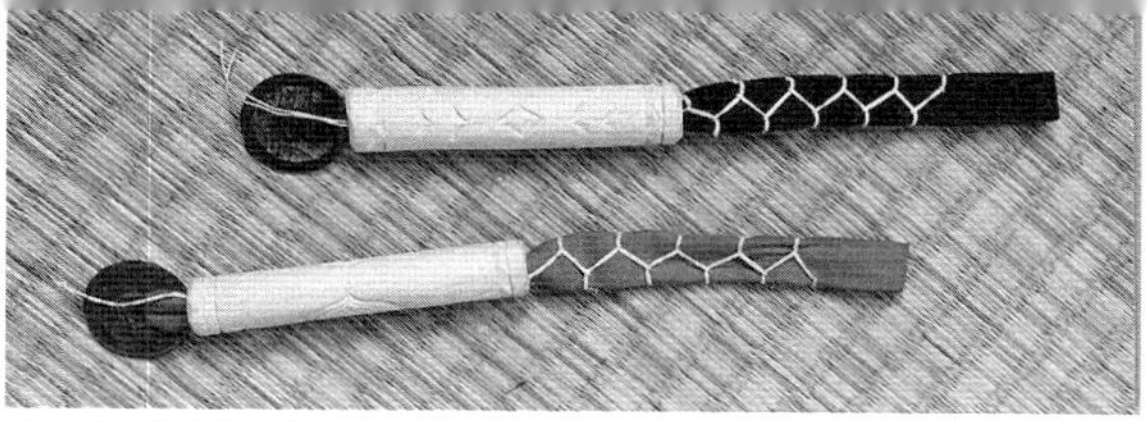
チシポ（針刺し）

左はケモヌイトサェㇷ゚（針入れつき糸巻）

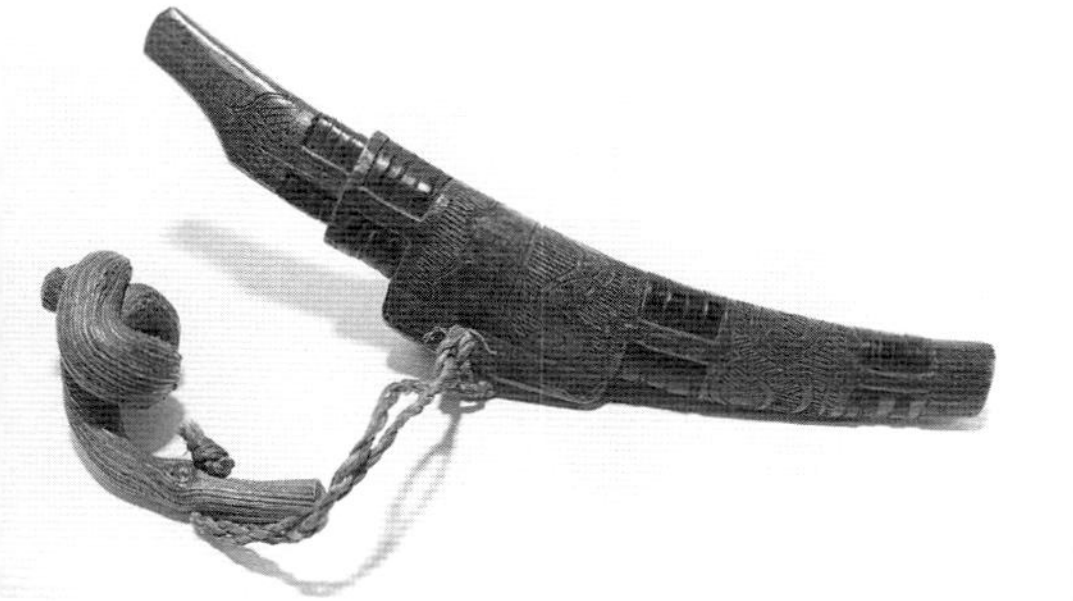
メノコマキリ（女用小刀）

ラウンクッ（女の守り紐）。貞操帯

ライクㇽケリ（死者用靴）

カタㇰ（糸玉）。オヒョウの皮の繊維を巻いたもの

木綿の衣服　鹿皮衣、犬皮衣のあとはアットゥㇱの技術が入ってきて、木綿も手に入るようになったのでしょう。

古い着物には片袖の布地が違っていたり、下半分が違っていたり、いろんな着物があります。一年働いて半端布をもらったりして、わずか一尺四方のものもていねいに集めておいて、着物を作ったものでしょう。それは苦労の結晶なのです。

女の手仕事　こういうふうにアットゥㇱを織ったり、衣服をつくったりすることは、女の大切な仕事でした。だから子供の頃からおもちゃに針や糸をもらって、できたものをおばあさんたちに見せ、上手上手とほめられておぼえていったものです。

そして娘が一人前になって好きな男ができると、刺しゅうした手甲を贈り、脚絆を贈り、マタンプㇱと称される鉢巻を贈ります。そして次には着物を贈るということになるわけですが、その頃には婚約は相整いということで、これらの贈物は結婚の前提条件でした。だから、昔は女の手仕事といえば、私はこんなに針が上手よ、もうお嫁に行けるわよといえる絶対的な条件であったわけです。

編物　機織りや針仕事だけでなく、女の手仕事には編むものもたくさんありました。山にいくとき使うタㇻという背負い紐。刀をさげるエムシアッという刀のさげ緒。おばあさんたちなら葬式のとき死体を包むパラムリリという紐。墓標に巻くウトキアッという四つ編みの紐。そ

チェオシケサラニㇷ゚（縄編袋）

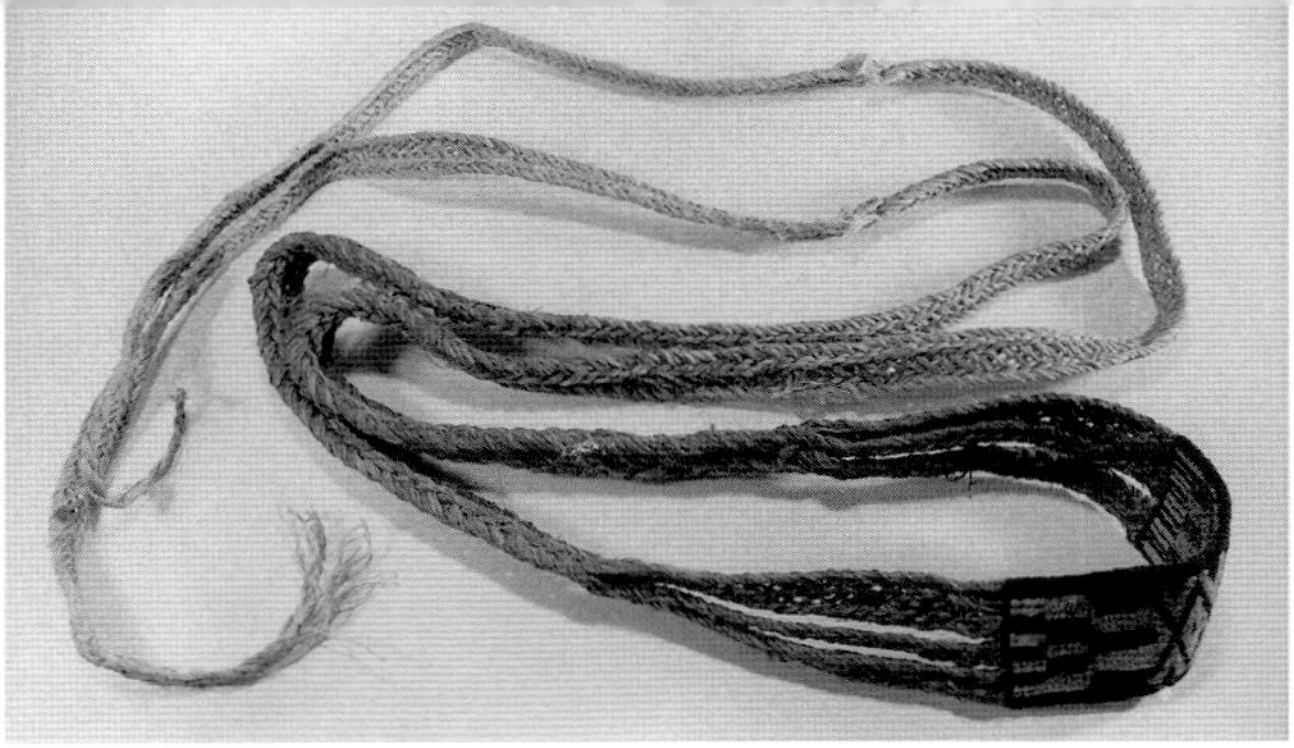

タㇻ（背負縄）

アッドシのカロㇷ゚（物入れ）

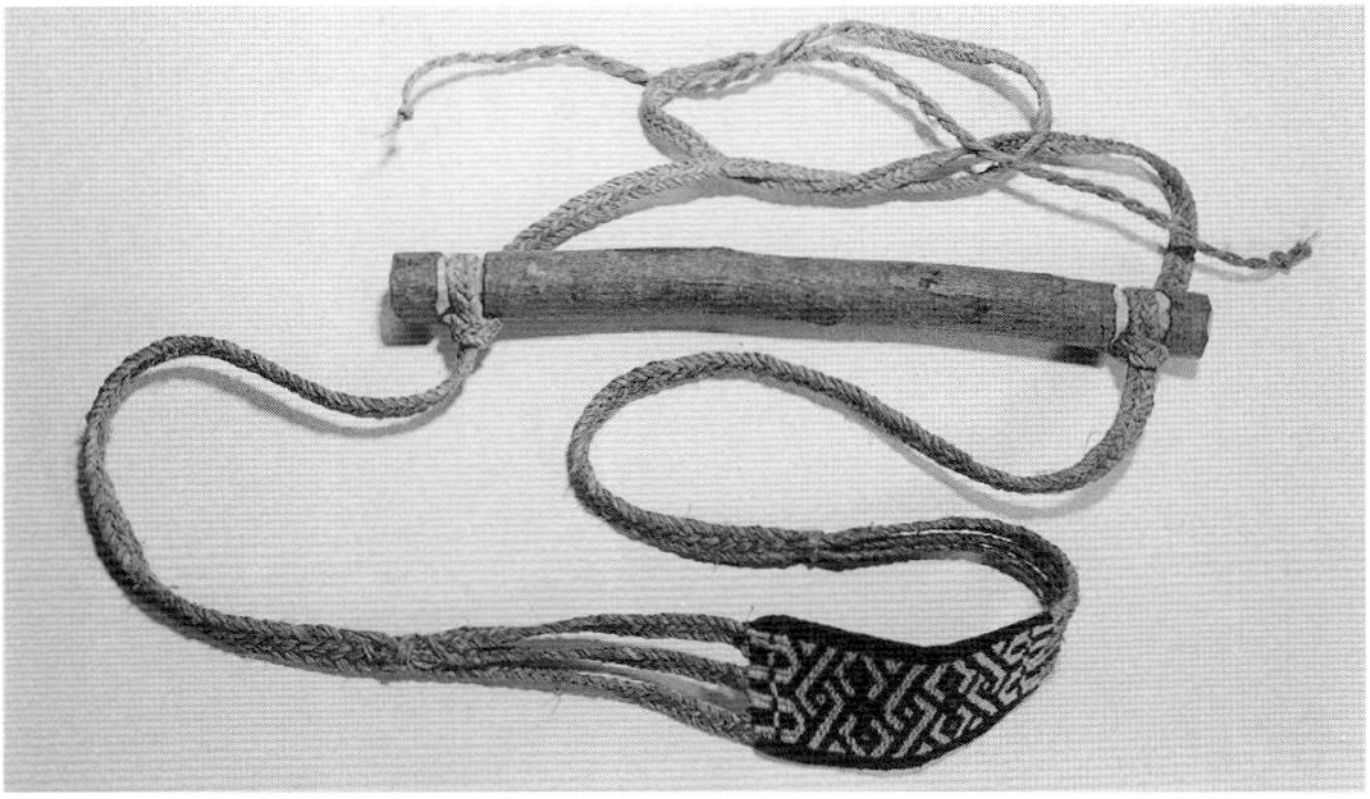

イエオマㇷ゚（負い紐）。横木を赤ちゃんの尻にあてる。

アイオㇷ゚（矢入れ）。蒲穂製

れからこっそりつくるのがラウンクッという貞操帯。これは人目についてはいけないというので、子供たちが寝しずまった頃一人でこっそり編むのです。

ピッという石のおもりを使って織るのもあります。まず、シナの皮でつくるサラニㇷ゚という袋、大きなポロサラニㇷ゚、先にのべたトマやトッタという大かますもピッで織りました。シナの皮を幅二センチくらいにさいて、ただ四つに組んで平織りに平らに編んでいくかたいラシサラニㇷ゚というのもあります。

女の道具　こんな風に女のつくるものはいろいろありましたから、私のフチの時代にはもう日本風の針箱、裁縫箱を使っていましたが、古くはチシポ（針入れ）とヌイトサユ（糸巻き）、アットゥシ織りの道具やピッ、オヒョウの皮、シナの木の皮などは、いつでもそばにありました。

●狩と漁の用具

乾肉を矢筒にしばりつけ それから何日も熊を追いかけました

熊狩り　熊を狩るのは秋、葉っぱが落ちて冬ごもりするちょっと前と、春、かた雪の中での穴熊探しの二つの時期です。秋なら急に雪が降りだすこともあり、春にはなだれがあって、気候の変化が激しく、どちらも危険をともなうものだったでしょう。

　熊狩りには一人か多くて二人で出かけました。信頼できる狩仲間、親子か兄弟か、とにかく信頼できる仲間と出かけたようです。いい勇敢な犬も二匹はいります。

　足には鹿の脚の皮でつくったケリをはき、すねには脚絆をつけて、肌着の上に適当なハンチャだとか、犬の皮のカッコロを着て、太もものあたりはそのままでという仕度でした。

　手には弓と、エキムネクワという先端が二またになった杖を持ち、矢は矢筒に入れて背負いました。それから火をたく道具をいれたカロプ（物入れ）もいります。

　食糧や弓弦《ゆみづる》などの荷物はニイェシケという木で作った背負子《しょいこ》、方言ではやせうまというものにゆわえつけて背負います。やせうまというのは骨ばかりなのに、荷をつけたら背負いやすくて、たくさん背負うことができるのです。

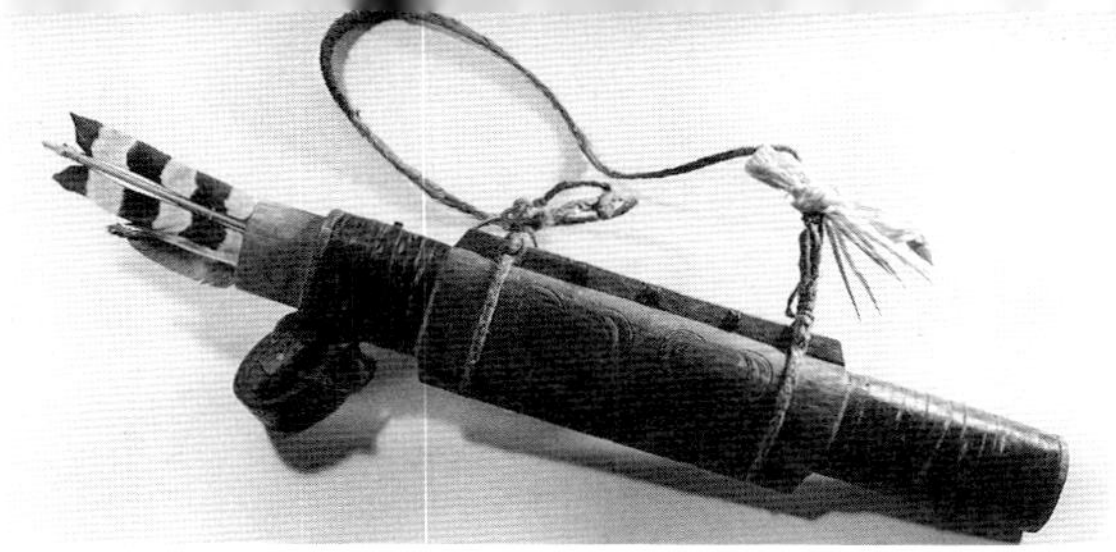

イカヨプ（矢筒）

アイ（矢）

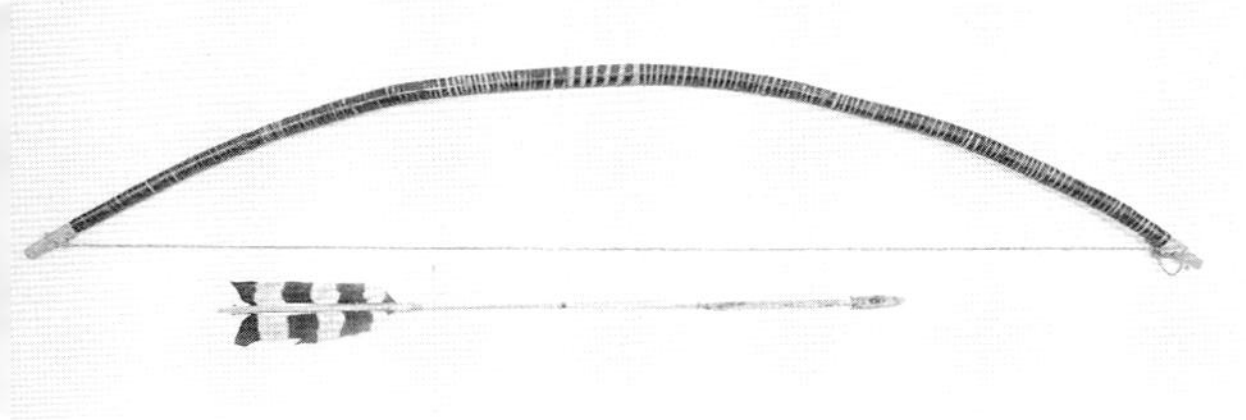

カリンパウンク（桜皮を巻いた弓）

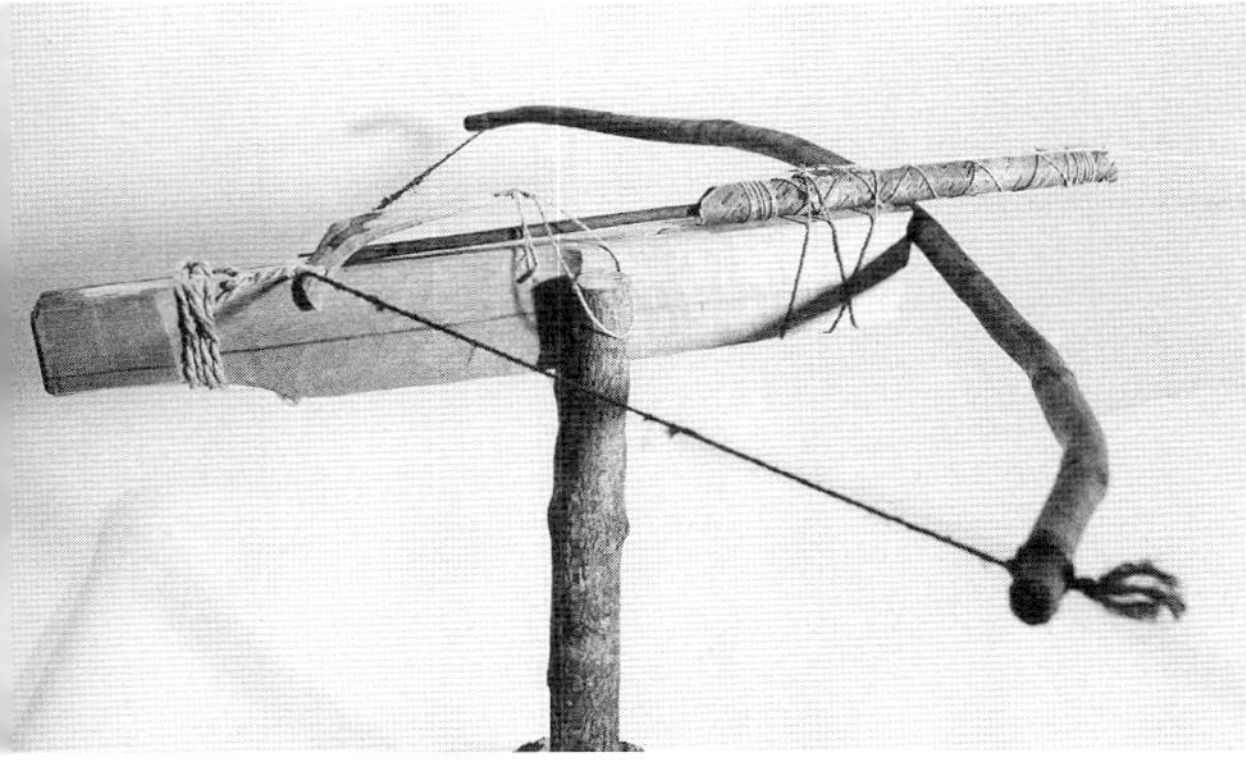

クワリ（仕掛弓）

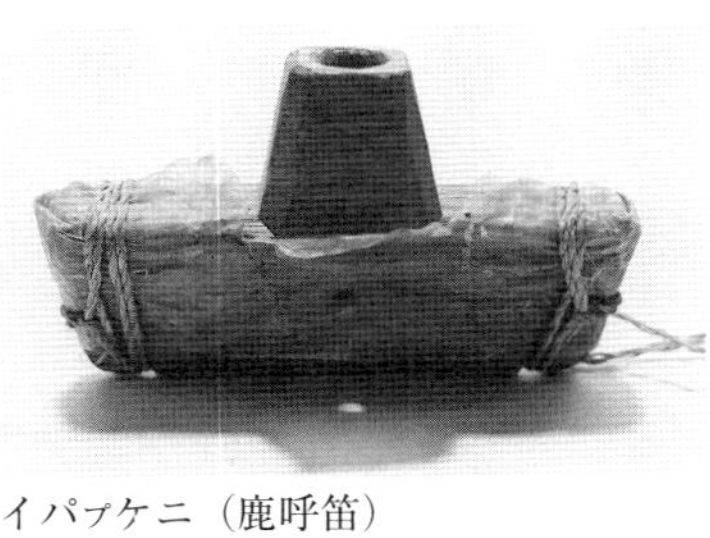

イパプケニ（鹿呼笛）

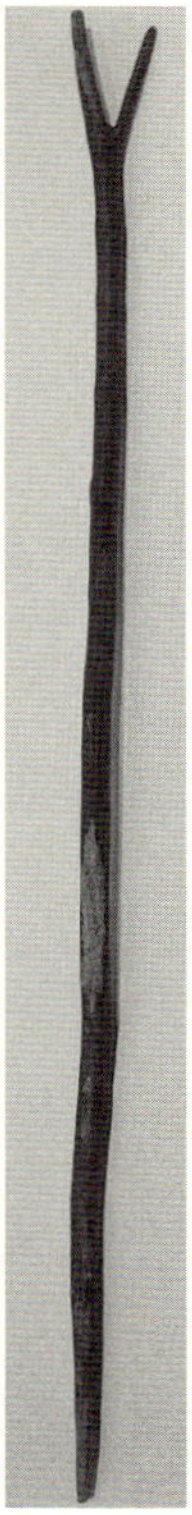

エキㇺネクワ（山行杖）

ニイェシケ（背負子）

山へ行ったらクチャ・チセ（狩・小屋）をつくります。夜寝るときは連れていった犬をふとんがわりにして寄りそって寝ます。

それからこのクチャチセに荷物を置いて中継にし、何日も野宿して熊を追いかけるわけです。そのときはできるだけ身軽にして出かけます。せいぜいサラニㇷ゚をぴったり体につけ、二、三日分のサッカンケカム（乾肉）を矢筒にしばりつけて、万一熊に組みしかれても、どちらかが抜けるように、左側の腰にタシロ（山刀）、右側の腰にはマキリ（小刀）を下げ、手に弓だけを持ったくらいの仕度でしょう。

もちろん、熊はおもにクワリ（仕掛弓）で獲りましたから、矢とイラクサの皮でつくった弓弦はたくさん持って出かけました。しかし仕掛けの弓は、その場でその辺の木を切って作ればいいのです。そして矢先にスルㇰといって、トリカブトの根を干してつぶした矢毒を塗ります。

それからオㇷ゚という槍も使ったようです。三〇〇年前の絵とそっくり同じものが、私の家にも残っていました。柄の長さは二メートルくらいで、熊が襲いかかってきたら、柄を斜めに地面に突き刺すような形にしてかまえ、かぶさってくる熊ののどもとに穂先をあてて突き刺すわけです。

熊を追いつめると、二匹の犬が熊を釘づけにします。いい犬がいれば熊なんか一歩も動けなくなってしまいます。熊が前に進もうとしたら前から吠えかかる。後ずさりしようとすれば後から吠えかかる。足は後から噛みつかれるで、熊は一か所をぐるぐるまわるだけになってしまう。おやじは後から追いついて、毒の効く矢を一、二本打ちこめば、それで終りというわけです。

クワリ（仕掛弓）　しかし、普通は熊の足跡か、熊の姿がちらりとでも見えたら、仕掛けを作ります。熊をどこから追いかければ、熊はどこに行くというような、熊の通る場所はわかっているから、追い出すときも追いかけるときも、その通り道に仕掛けをしておくのです。そして包囲して追い出す。そうすればそこにばっつりかかるわけです。

仕掛弓のノㇷ゚・カ（のべ糸）は、大人が手のひらを地面につけて四つん這いになって、その脇の下までの高さにし、糸にはノビを入れておきます。人間に矢がかから

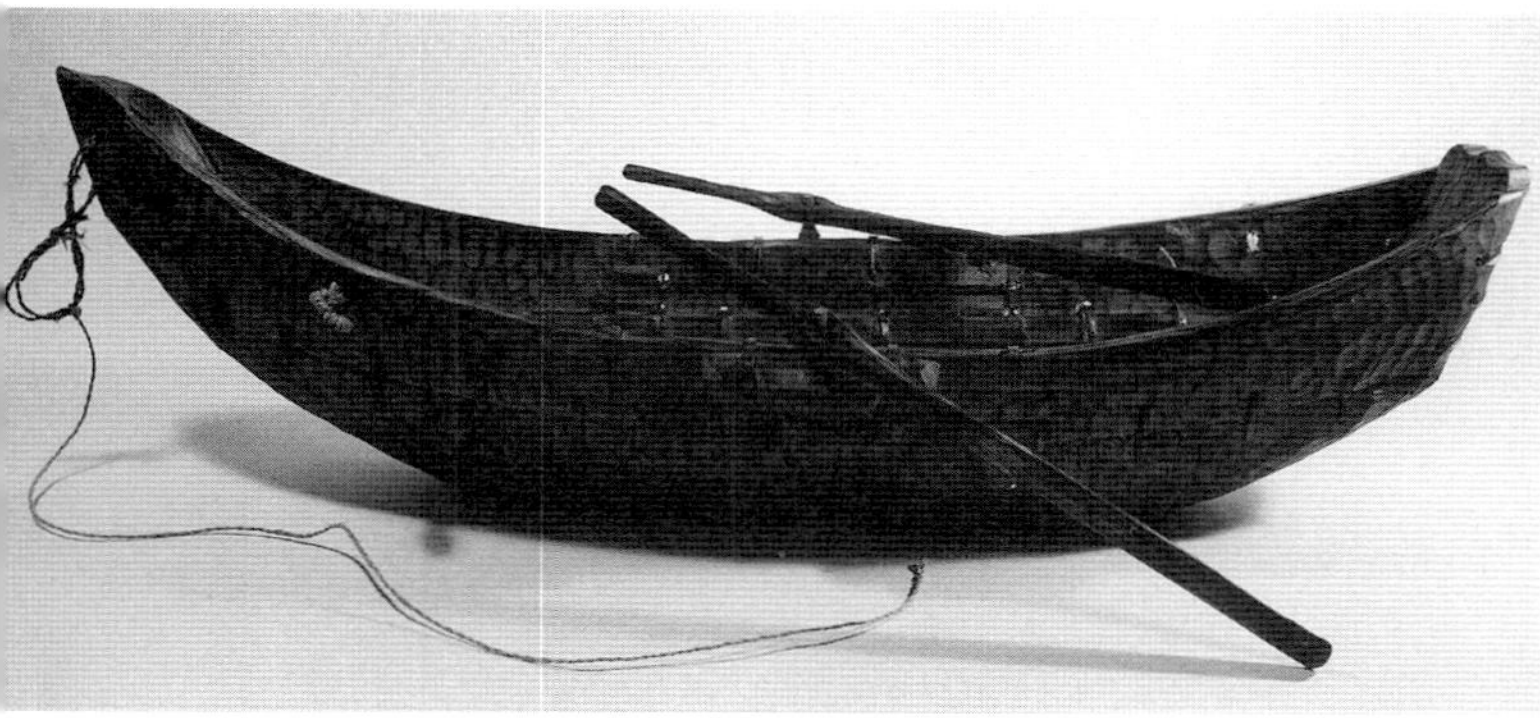

イタオマチㇷ゚（板付舟）

ヤラチㇷ゚（樹皮舟）

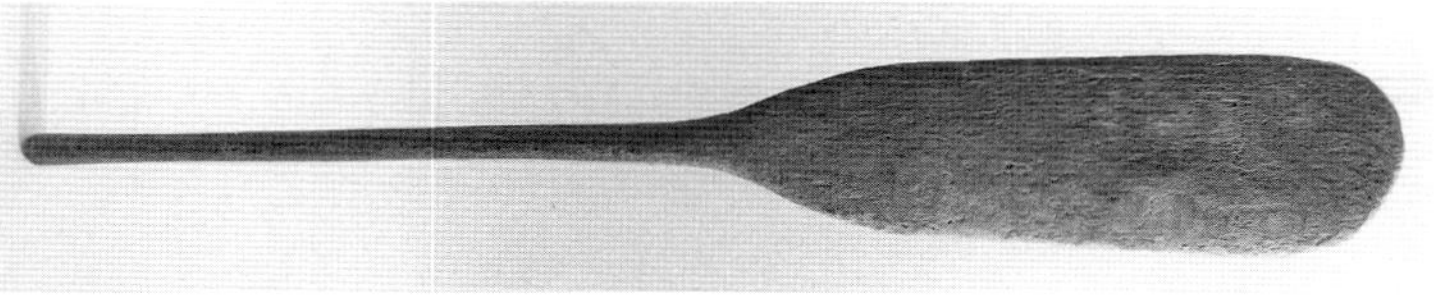

アッサㇷ゚（櫂）

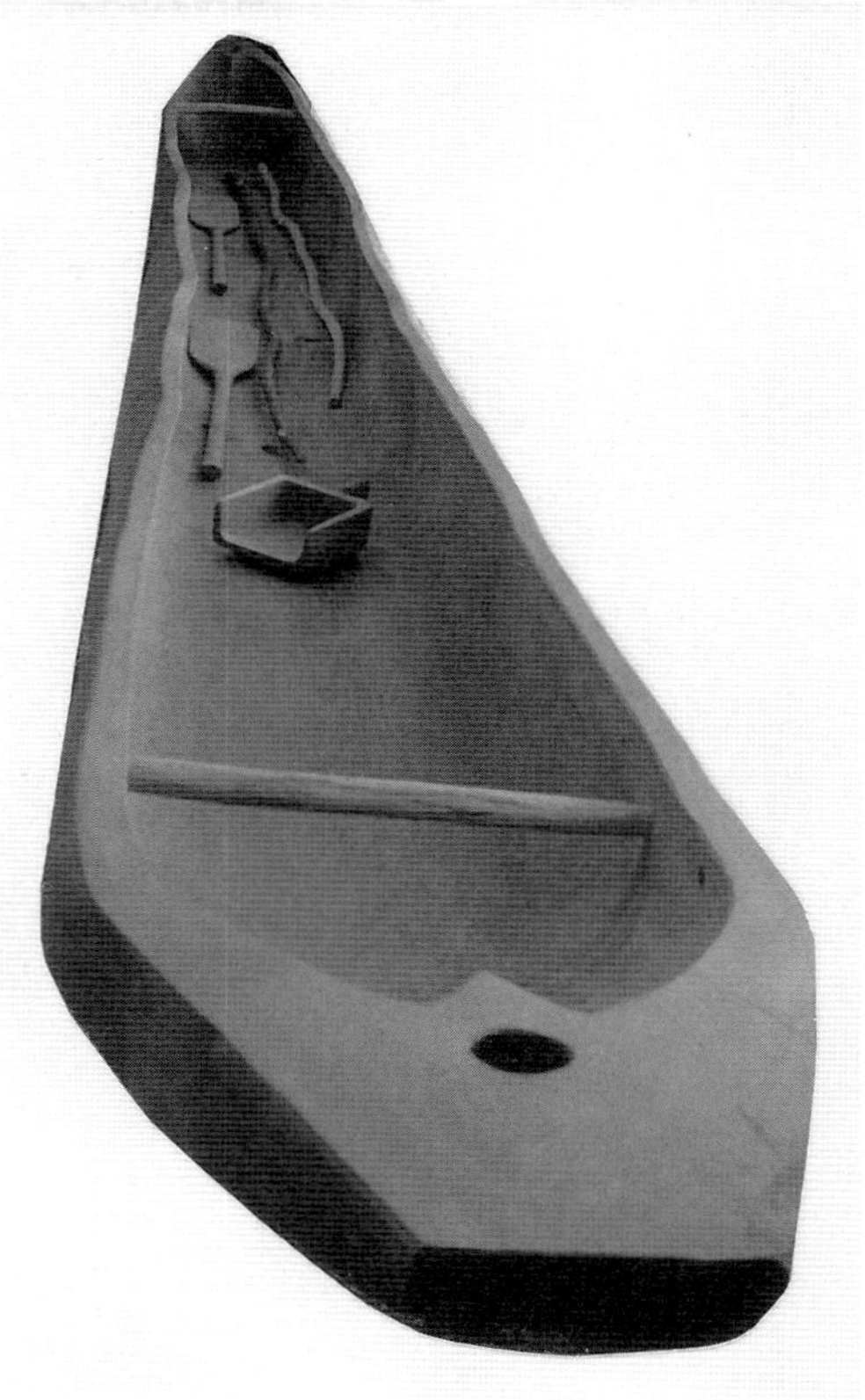

チㇷ゚（丸木舟）

ないためのたるみのことです。その長さは人さし指と親指で糸のつけ根をつまんで、親指の直後をくるりとまわし、手首の外側をまわして、手のひらの内側をまたいでもとの親指と人さし指のところまでいく長さ、大体三〇センチくらいあります。

それだけノビを入れておけば、たとえ人間が間違って太ももで糸を払っても、矢はちょうど体の後を飛び去るわけです。しかし杖で糸を払うと、矢はちょうど太ももに当たるので、杖は平らに持たなければいけません。それさえ注意しておけば、人間がクワリに当たることはまずありません。

乾肉　こういう追跡のときに持っていったサカンケカムという乾肉を作るには、肉を大型のサツマイモほどにぶつ切りにして、煮立っている鍋に入れて煮ます。そしてウウェペケレにも出てくるように、指でおさえてみて、血がにじむほどになったとき、煮立っている鍋から取り出して、ぽんぽん火棚の上に放りあげるわけです。鍋の中でさましたらだめなので、煮立っているのをあげるから水分がぱあっと蒸発してしまうんですね。しかもこの煮方であれば栄養も残るのだと思います。それで、火棚の上でいい乾肉ができるわけです。そしてこれには塩味がついているか、塩を持っていくかしますから、あとは水さえ飲めば、何日でもこいとなります。

でも、ときには飲まず食わずに何日も追いかけることもありました。

アタッ（開き干鮭）

マレㇷ゚（回転銛）

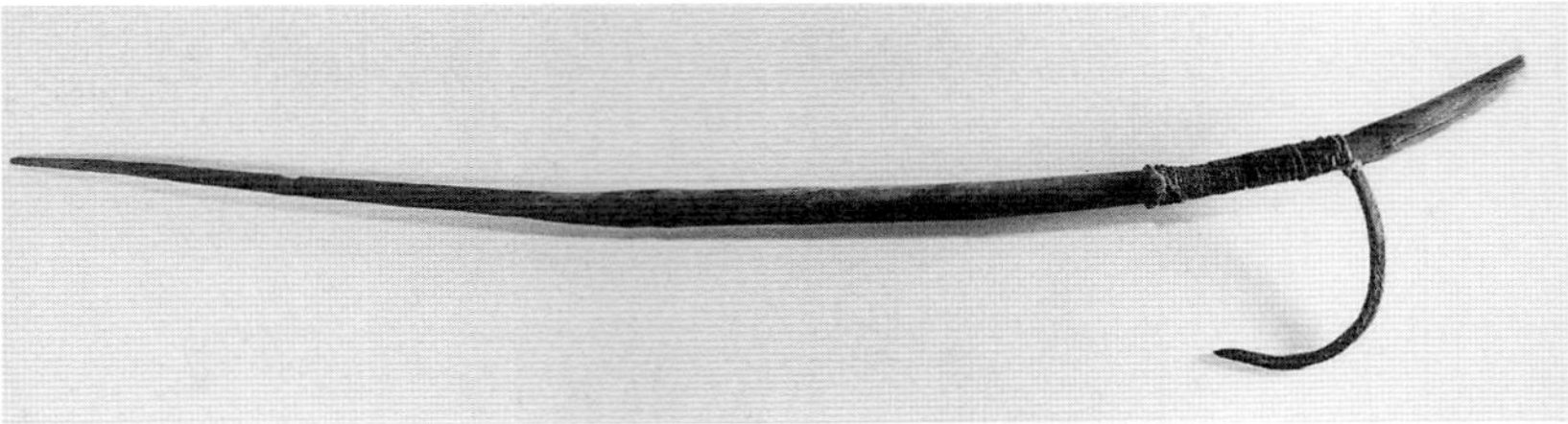

アㇷ゚（魚獲鉤）

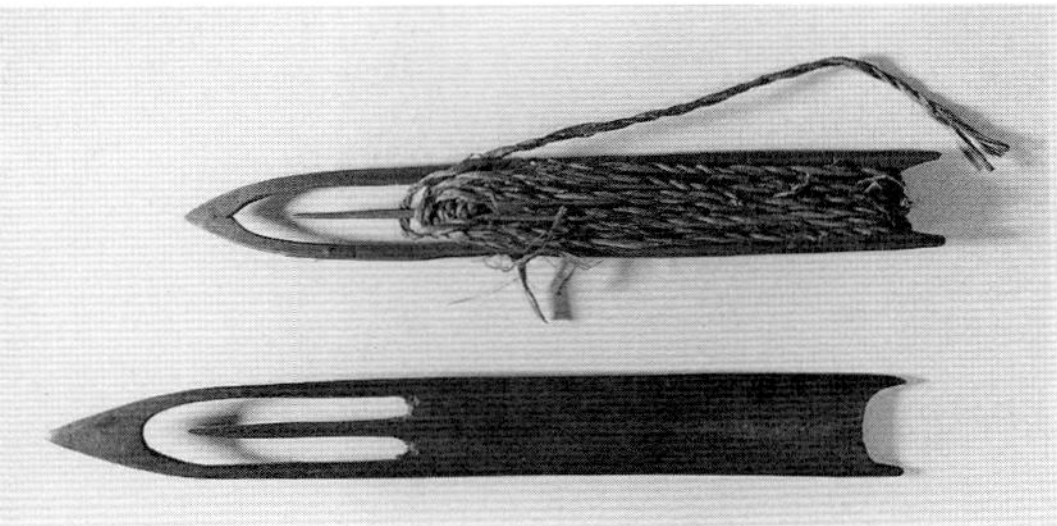

アパリ（網針）

鹿狩り　昔は牧場に牛がいるくらいたくさん鹿がいました。どこそこに鹿がいるといったら、そこには行くだけでよかったのです。弓と矢を持って待っていて、犬がわあっと鹿を追いこんでくるのに矢を二、三本ぶちこんでおけば、すぐ二、三頭は獲れました。必要なだけ獲ればいいのですから、そんなに走ってあるかなくてもよかったのです。

　秋方にはイパㇷ゚・ケニという鹿笛も使いました。

兎狩り　兎はへ・ピタ・ニ（自ら・ほどく・木）という仕掛けで獲りました。適当な立木の枝を曲げて杭をうった先にひっかけておき、その先に輪をつけておきます。兎が輪にひっかかって、ちょっと暴れれば宙づりになるような仕掛けですが、宙づりになった兎の足が地面にすらっすらっと届くようなつり方をしないと、暴れ方がひどくて糸を切ってしまいます。

　兎は皮をむいても脂っ気のないもので、熊なら背中や腹のあたりに厚さ一〇センチほども脂肉がついているものだけど、兎はわずかに前足の付け根の後側に、大人の小指の第二関節から先くらいの脂がついているだけです。それでもそれを見たら「イセポカムイ・エハル・コロ・ウェ（やあ、なんて脂があるんだろう）」と、うんと誉めてやるんです。獲物に対する礼儀です。すると兎は喜んで、またアイヌの国に来てくれるだろうということなのです。

　キツネはあまり重要ではなかったようですが、フミルイ（エゾヤマドリ）は弓矢で獲っていました。

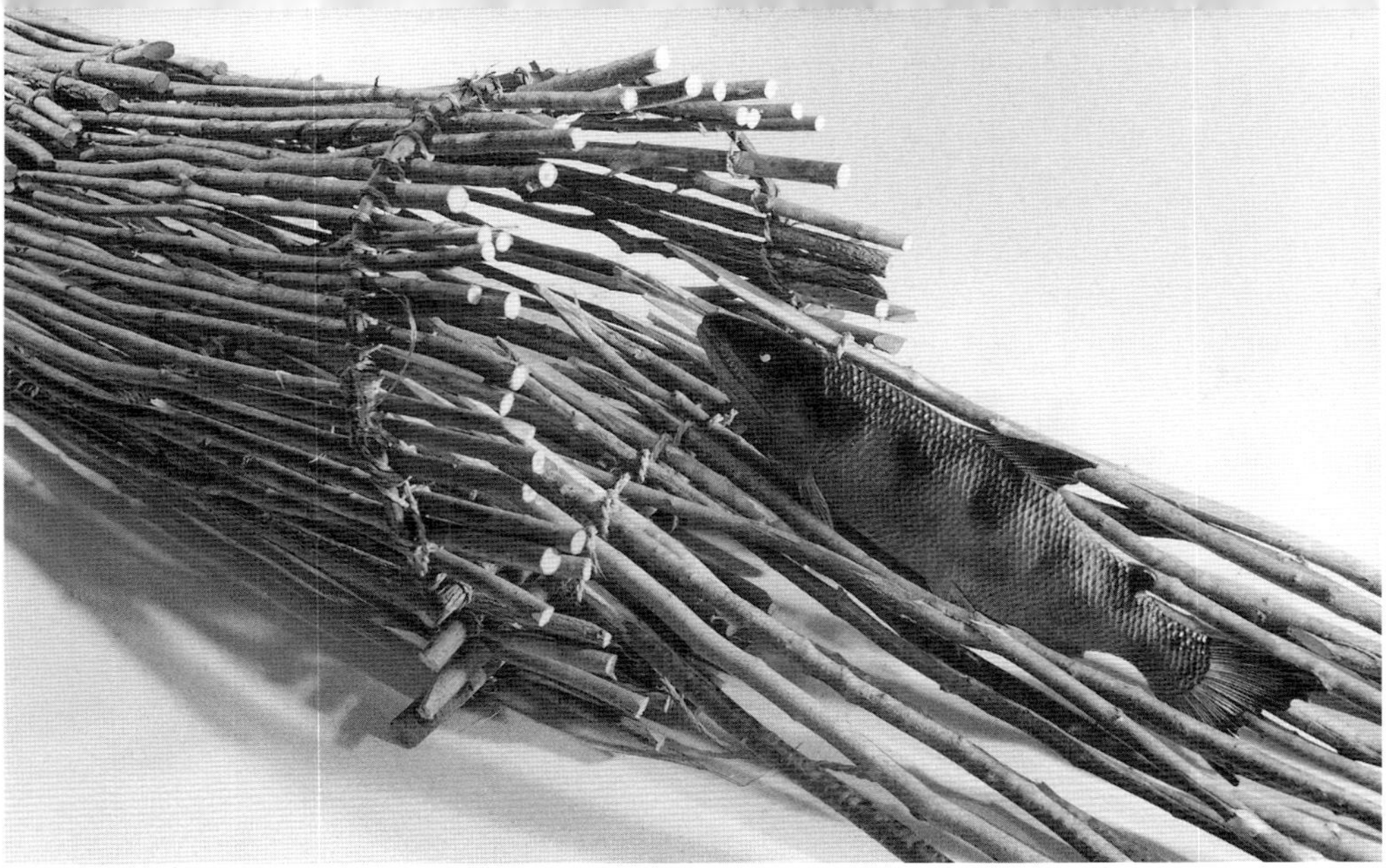

ラゥオマㇷ゚（筌《うけ》）

サッチェㇷ゚（丸干鮭）

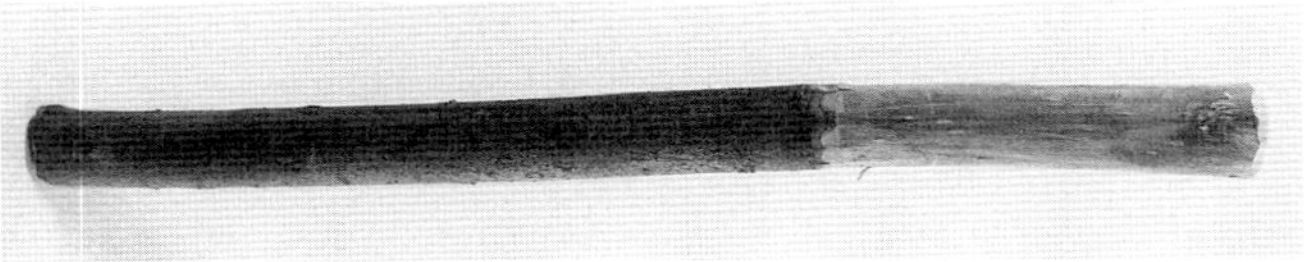

イサパキㇰニ（魚の頭叩き棒）

鮭漁・刺し網　秋、親父と一緒に出かけたアキアジ（鮭の方言）獲りは楽しい思い出です。その頃、アキアジ獲りはすでに密漁とされていました。日本政府がアイヌに対して厳しく禁止していたのですが、家で食べる分ぐらいはたいていの家でやっていました。

　ですから漁には夜七時か八時頃出かけます。ポンペッ（本流から枝流が分かれているところや、中洲などによる小さな流れ）といわれる小流に産卵場所ができているのを見つけたら、そこにヤ（網）を張るのです。刺し網ですね。

　ヤはツルウメモドキの皮で編みました。クモのことをヤ・オシケㇷ゚（網を編むもの）といいますが、昔のアイヌはクモの網を見て網を使うようになったのでしょうか。かなり古くから使われていたと思います。

　一流しで二、三匹から六匹ぐらいかかります。獲れなければかかるまで待つわけです。

　網を引きあげて、まず最初にみるのは雄か雌かの区別です。雄は上あごの方が長いが、雌は上あごと下あごが同じだから、すぐ区別できます。雌は産卵直前なものだから、引きあげられたとたんに産卵口を開いて、パッと卵を飛び散らしてしまうのです。それを防ぐためには、岸のヤナギの小指くらいの太さの枝で、産卵口をふさがなければなりません。そうすることをオニトゥシといい、おやじが「それ、オニトゥシ」と声をかけると、子供の私はパッとヤナギを折ってきて産卵口にさしこんだものでした。

　こうして五、六匹もアキアジを獲ってサラニㇷ゚に入れて家に帰る頃には午前二時頃になっていました。獲ったアキアジは、その年の初ものなら、まな板にのせて、頭を火の神さまの方にむけて置き、お祈りをしてから鍋に入れますが、そうでなければさっそく大鍋にほうり込んですぐ煮てしまいました。するとおやじは隣近所のおばあちゃんたちに知らせてくるようにいいつけます。

「ばあちゃん、アキアジ獲ったから食べに来い」

と子供の私が戸をたたくと、おばあちゃんたちははじかれたように飛び起きて、喜んで家にやってきたものでした。食べ終ったら夜が白々と明けてきたなんてことは何度もありました。

なお、奥山（上流の山地部）と違って、この辺ではアキアジのためにラゥオマップ（やな）はあまりつくりません。たまにつくってもささやかなものでした。

マレプ（回転銛《かいてんもり》）　これはアイヌだけのものではないようですが、アイヌの漁具で便利なものに、マレㇷ゚があります。わずか四〇センチくらいの棒の先に鉤をつけて、突くときは銛になり、引っぱるときは鉤になります。しかも山に行くときは、ただこの鉤の部分だけを持っていき、川に着いてから木の枝を削って、鉤につけて使えばいいのです。アキアジやマスを獲るのに使いました。

マレㇷ゚以外にも、流し鉤や待ち鉤というのがありましたが、一番多く使ったのはこのマレㇷ゚です。今まではただ鉤とだけ訳されていましたが、ただ鉤というならナウケㇷ゚です。言葉を分解してみると、マ＝水に泳ぐこと、レ＝させる、ㇷ゚＝もの、つまり、泳がせて魚を獲るものという意味なのです。

●畑作の道具＝女の仕事

春になると畑に火入れして ヒエ　アワ　イナキビ　豆などを播きました

畑焼き　畑は、春火れして、いきなりキラウ・シッタㇷ゚（角・耕すもの）で穴を掘り、そこに種をまくだけでした。風上と風下から火をつけると、真中で火がぶつかって、ぶわっと燃えあがるのです。アイヌは火を放つことは慎しみましたが、畑の部分はそうしていました。

キラウシッタㇷ゚は鹿の角の第一枝を残して、第二枝の付け根から下を使った古くからの鍬で、木のシッタㇷ゚（踏鋤《ふみすき》）もありました。春ならツチマメなどを掘って煮て食べたでしょう。

畑に播いたのは、ヒエ、アワ、イナキビ、ビルマ（こげ茶色でアズキよりちょっと大きいくらいの豆）くらいなものでした。

野火と蛇　火を放ったあとで蛇が丸まったまま死んでいたら、それをうんと誉めてやるのです。

「ケライ・カムイ・エ・ネクス・ソモ・エ・キ・ラノエアン（さすがお前は、神さまだから、度胸があって、逃げずに神になった）」

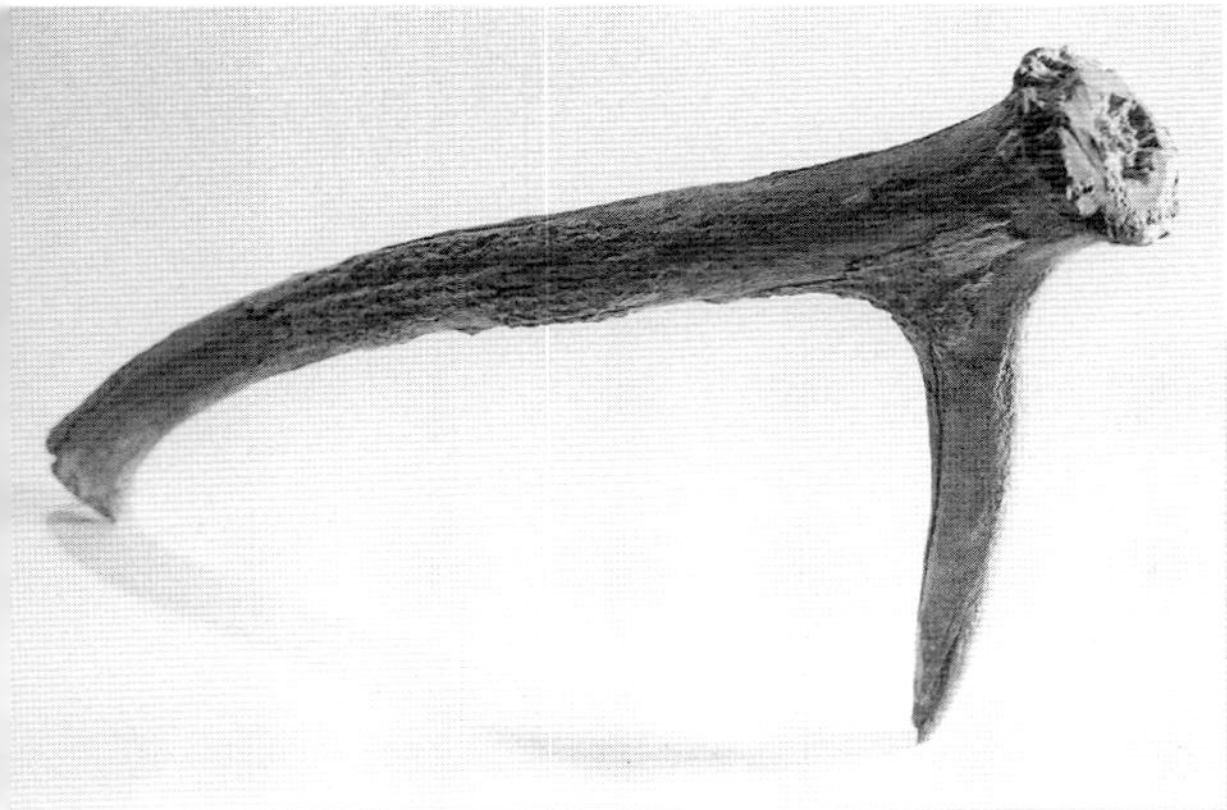

キラウシッタプ（鹿角鍬）

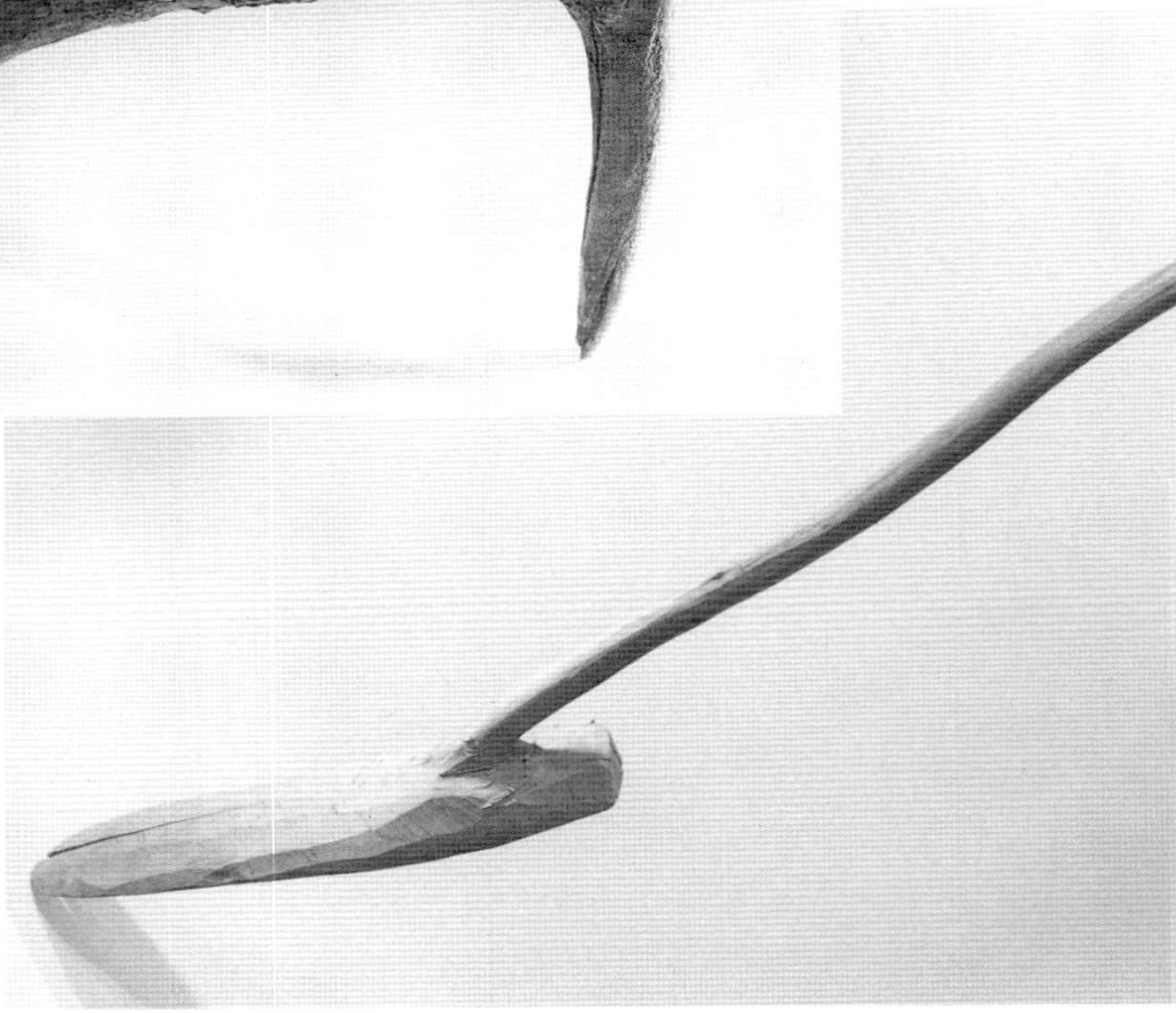

シッタプ（踏鋤）

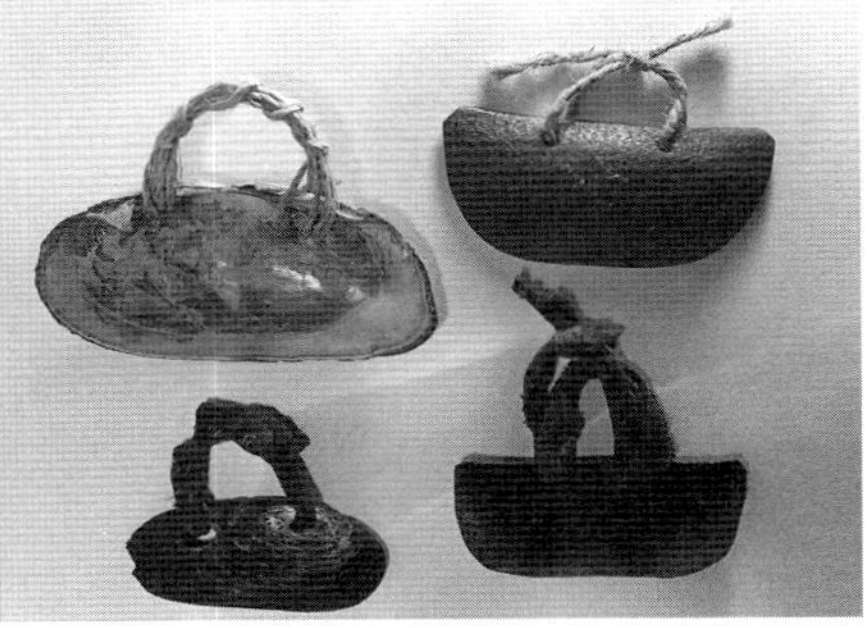

ピパ（穂摘具）。貝殻製

といって誉めてやります。

なぜかというと、天国からアイヌの国に蛇を降ろすとき、天の神さまがこういったんだそうです。「神様の国と違って、アイヌの国にいったらしじゅう山火事がある。そのときお前は逃げたり隠れたり、意気地のない、だらしのない格好で死ぬんなら、行ってはいかん」蛇は「山火事になっても、決して逃げません」という約束をして、天国から人間の国にやってきました。だから山火事の後でだらしなく伸びて死んでいたりすると、

「なんて意気地のないバカ野郎だ」

という意味のことをいって、アイヌは叱りつけたものだそうです。

収穫と貯蔵　収穫にはピパという穂ちぎり用の貝がらを使いました。そばにラシ・サラニプというかたいサラニプを立てておいて、そこにちぎって入れました。

それを今度は大きいポロ・サラニプに入れて、足で踏みつけるようにしてさらに押し込み、盛りあがるように、三割方多く入るようにして背負って家に持ち帰ったものでした。

持ち帰った穀物はプ（倉）に入れておきます。資料館のプは乾魚や乾肉用の小さいプですが、穂のついたままのヒエやアワを入れておくプは、もっと大きいものです。プは一つとは限らないもので、イワン・ハル・オ・プ（六つの穀物倉）、イワン・カネ・オ・プ（六つのお金をいれる倉）と金持ちを表現する言葉もあります。

山菜　自然の野菜、いわゆる山菜は、春に採って、干しておいて、冬から来春までそれを煮て食べました。私の姑（六二歳）は、いまでも春になるともじもじしはじめて、山菜採りに出かけます。

ポンラㇱサラニㇷ゚（小さな堅い背負袋）

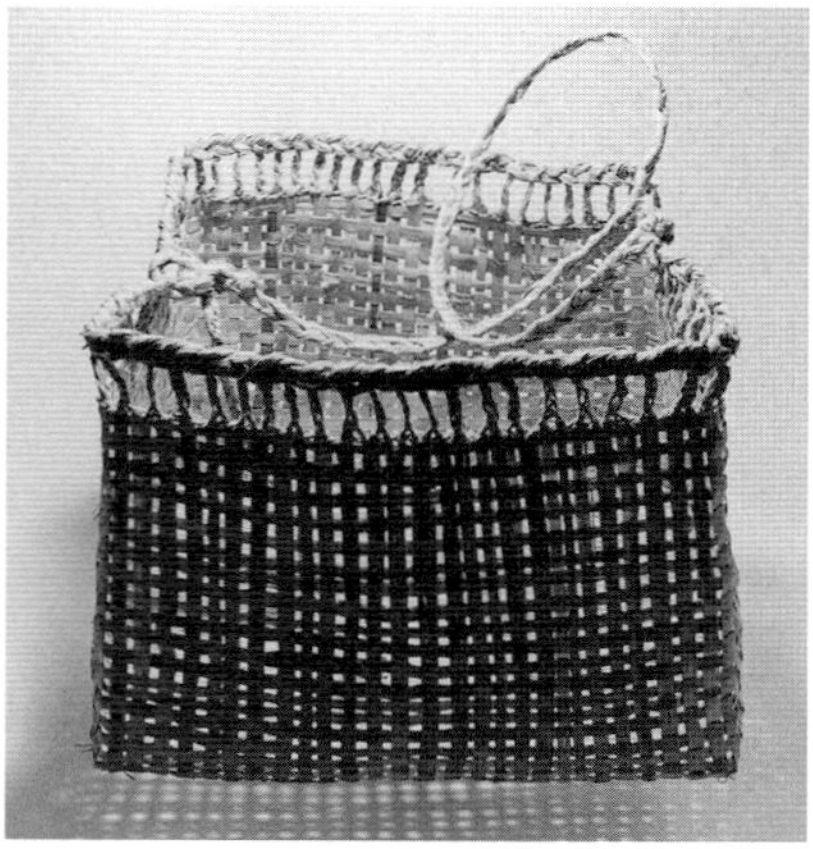

ラㇱサラニㇷ゚（堅い背負袋）

ヤㇻムイ（樹皮製の箕《み》）

●シントコ

私にはシントコとウウェペケレ（民話）が兄弟のような気がしてなりません

シントコ（塗り物の器）　はすべてシャモから手に入れたものです。だから私はこのシントコを通じて、アイヌとシャモの交流史が分かるのではないかと思うんです。

〝シサム・ウウェペケレ〟にこんな話があります。

――私は大勢の仲間とともに、わずかではあるけれども毛皮を持って海を渡ってきた。最初に行ったアイヌたちはお得意がいるから、「ああ、来たか、来たか」と迎え入れられるけれど、私にはお得意がいないものだから、わずかな毛皮を背負って街へ行った。街並は薄い平たいカネを軒先までくるみこんだような家があった。珍しいし、楽しい思いをしながら、私は歩いていった。そしたら一軒の家からアシンカロ（足軽）が出てきて「オッテナ、オッテナ。トノサㇰエネルエネヤ（交易に来たアイヌよ。お前さん行き先が決まっているのかい）」と聞いた。「いや、私は初めて来たものだから、誰もいない」というと、「そうかい。うちの殿様はお得意になりたいといっているから入って来なさい」というものだから、私は入っていった。「足を洗いなさい」といって足を洗うものを持ってきたから、私はたらいで足を洗って、その家に入っていった。中には立派な殿様がいてケトゥンチ（毛皮）といういろいろな塗り物を取り替えてくれた――というような話なんです。

これとは時代も違い、ものも違いますが、資料館のパスィの中に、いつ誰が彫って、それをどういうシャモの行商人に託して漆器の産地で塗ってもらい、いつ再び受けとったというようなことが分かっているものもあります。ぜひ漆器の産地の側からも調べてみたいですね。

　塗り物に描かれた絵はアイヌ紋様と違って、具体的で、しかもアイヌが直接見たことのない鳥や獣も描かれています。そういう絵はアイヌの眼から見たら驚くばかりなんですね。私にはそういうシントコの絵が、ウウェペケレ（民話）の形成過程に大きな影響を与えていると思えてしかたがありません。たとえば、こんな話があります。

――私が山歩きをしていると、道に迷ってしまって、穴のあるところに出た。その穴に入ってみると、はじめはこごまるような穴だったけれども、だんだん行くと立って歩けるような広さになって、向こうの世界に出た。そこは立派な神様の世界で、楽しくいろいろな話をした。帰るときになると、その神様はケソラプ（模様のある羽根）の絵のある塗り物をおみやげにくれた――

クジャクの神様の大元だったわけですね。ケソラプというのは、単に模様つきの羽根という意味ですが、シントコの絵とこの話を総合してみれば、どうもクジャクであると思われるんです。ライオンらしい動物もあれば、サイだと思われる動物の話もあります。

　これはユカラによく出てくる竜などの場合にもいえることですが、とくにウウェペケレの中には、シントコの絵に描かれている動物のいる社会に、アイヌが行ってき

ケマウシペ（脚付シントコ）。漆器

カパラペシシントコ（薄手のシントコ）

ワッチレウェプ（曲物シントコ）

クトシントコ（箍《たが》付きシントコ）

たように語られているものがたくさんあります。絵を見たとたん新しい別の世界を想像し、それに向かって自分が行き、そこからおみやげにもらってきたと物語ったものでしょう。完全に想像だけのものとしては、あまりにも描写が具体的で生き生きしていますからね。

だから、シントコの絵をウウェペケレと合わせてたどっていったら何が出てくるか、非常に興味があるのです。私にはこの両者が兄弟のような気がしてなりません。

●神と祭壇と祭具

トゥキパスィはアイヌの願い事を忠実にていねいに神さまに伝えてくれます

ト゚キパスィ（捧酒箸）

アイヌの神々　アイヌにとって一番身近なカムイ（神様）はアペ・フチ・カムイ（火の・おばあさんの・神様＝火の神様）です。いろりをつかさどるばかりでなく、ごはんを作ったり、暖をとるのに役立ってくれます。またこの神様は口の早い神様で、神々へのアイヌの頼みごとをすぐに伝えてくれるのです。

次が流れている水の神様（ワッカ・ウシ・カムイ）。三番目は立木の神様（シランパ・カムイ）です。家や道具や舟などをつくる、重要な木をつかさどっています。もっと遠くなると、イオロ・コロ・カムイといって、山の一般的な広い所をつかさどっている神さまもいます。小鳥が化身であったりします。

このあたりで一番高い山はポロシリ岳ですが、私の父方の系統はポロシリの神にお祈りをしています。先祖の誰かが山で遭難して、助かってからのようです。山のアイヌは目標にしたり、位置ぎめをする山を、海岸のアイヌは山あてをする山をというように、住んでいる場所によって、お祈りをする神様が違ってきます。

また熊の神様（キムン・カムイ）も、肉や毛皮、胆汁

ヌササン（祭壇）

などを持ってきてくれる大切な神様ですし、家の神様も、祭壇の神様も、狩りの神様も、祖先の神様もいます。

これらは現実的な神様ですが、神の国に住む神様もいました。それはカント・コロ・カムイといってランケ・カント・コロ・カムイ（下をつかさどる神）、リクン・カント・コロ・カムイ（上をつかさどる神）で、雲をつかさどる神などがいますが、天の神々で一番偉いのは、カンナ・カムイ（雷神）で、竜の姿をしていると考えられていました。

神様にお祈りをするのは、いろり端が一番多く、次は外にある祭壇です。しかし、急病人が出たとか、とくに女のお産の場合には、便所に駆けつけてル・コロ・カムイ（便所の神様）に頼みます。これはラム・トゥナシといって、考えが早い神様で、行ったか来たかというくらいすぐに助けに来てくれるからです。

祭壇　祭壇はヌサといい、戸外に立てるものです。熊祭りのときは、うしろに模様つきのござを張って、新しくイナウをそろえますが、そうでないときは高さ五、六〇センチの柵に、イナウを順序よく立てかけるだけです。ふだんはその場所にはその柵しかありません。そして必要に応じてイナウを立てるわけです。

山の神へのイナウ、水の神へのイナウ、先祖供養のイナウ、立木（森）の神へのイナウ、ムルクタヌサというヒエ、米のぬかを捨てる場所へのイナウなどで、それぞれの位置は決まっています。

イナウをずらっと並べて盛大なヌサをつくるのは、熊

左から、ネウサㇻカムイ（話し相手の神）。キケパㇻセイナウ（削りかけを散らしてあるイナウ）。チェホㇿカケㇷ゚（逆さ削りのイナウ）。キケチノェイナウ（削りかけを撚ったイナウ）。チセコㇿカムイ（家の守護神）

送りや村でやるチセノミ（家を建てたときの祝宴）などのときです。簡単な先祖供養のときは、それほど並べません。

写真はありませんが、資料館に展示のヌサは右からシンヌラッパ・ウシ（祖霊に供物をあげる所）、水の神、熊の神、ハシナウ・カムイ（狩りの神）、立木の神、ヌサ・コロ・カムイ（祭壇の神）のものです。

イナウ　お祭りの際の代表的な用具はイナウとパスィです。

イナウそのものは神様ではありません。神様にあげて、はじめて神様の喜ぶものになるのです。イナウは神様の国ではたいへん珍しいものだから、お喜びになって、アイヌのためになってくれるのだと信じられていたわけです。

今つくられているイナウはたいへんきれいなものですが、このような形に整ったのは、かなり最近になってからのことでしょう。

古い時代には一本の木の先をすぱっと斜めに切って、エラペロシキという三か所三段ずつ、合計九段の削りを入れたものでも、イナウといい、これは今でもハシナウといって用いられています。

だからイナウの成り立ちを考えてみると、ただ木を削っただけのものから、皮をむいてみて、さらに削ってなおきれいに、というふうに進んで、現在のように複雑できれいな形に整ったのではないでしょうか。

レプンシラッキ（阿呆鳥の頭の神）

サパンペ（冠）。右先に熊の木彫りがついている

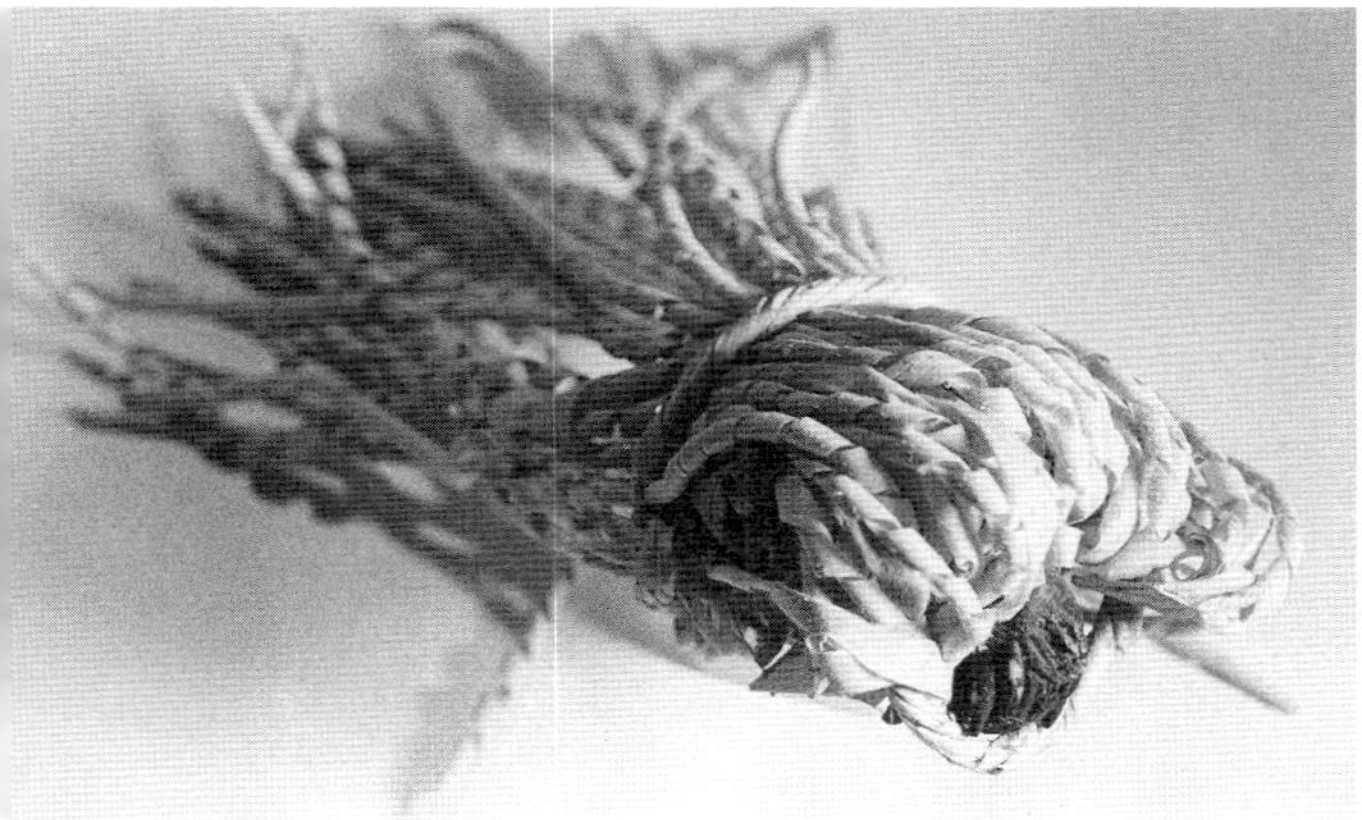

キムンシラッキ（狐の頭の神）

ナウケㇷ゚（鈎）。顔面神経麻痺を治すとき使う。

イナウの種類　現在用いられているいろいろな種類のイナウを強いて格づけしてみると、一番高い位置にあるのが、シロマ・イナウといっていいかと思います。

シロマというのはシリ・オマ、つまり大地にあるという意味で、熊祭りなど大きな祭りに炉ばたにさして使います。ふつうイナウというものは、カムイノミが済めば燃やしてしまうか、外で朽ちはてさせるものなのですが、このイナウだけは、熊祭りのようなポロ・サキ（大祝宴）が終ったあとにおこなうイナウ・エタイという式のときに、これを一本抜いて、家の中の東側にあるチセ・コロ・カムイ（家の守護神）のある所にさしておくのです。いわば火の神様にあげたものを、記念のようにしてとっておくわけです。だから家を解体したとき、シロマ・イナウが何本あるかでポロ・サキが何回あったかわかるのです。

シロマ・イナウの次の位は、外で使うキケ・チノエ・イナウ（房をよってつくるイナウ）。次がキケ・パラセ・イナウ（房をばらばらに散らしたイナウ）。四番目が先にのべたハシナウで、これには先端の斜めに切った所に、斜めに刀を入れてひびをつくり、チメス・イナウあるいはイナウキケ（一房に五〜七本ついたイナウ）をさしたものもあります。

さらに略式で、一番簡単に何でも使われるイナウがチェホロカケㇷ゚（われら逆さに削ったもの）で、ふつうは下から上に削るところを、上から下に削りおろしてつくります。ただ便所の神様にあげるチェホロカケㇷ゚は、他のカムイのものと違って、上を真平らに切って、十字

アイヌ墓地。左が女、右が男の墓標

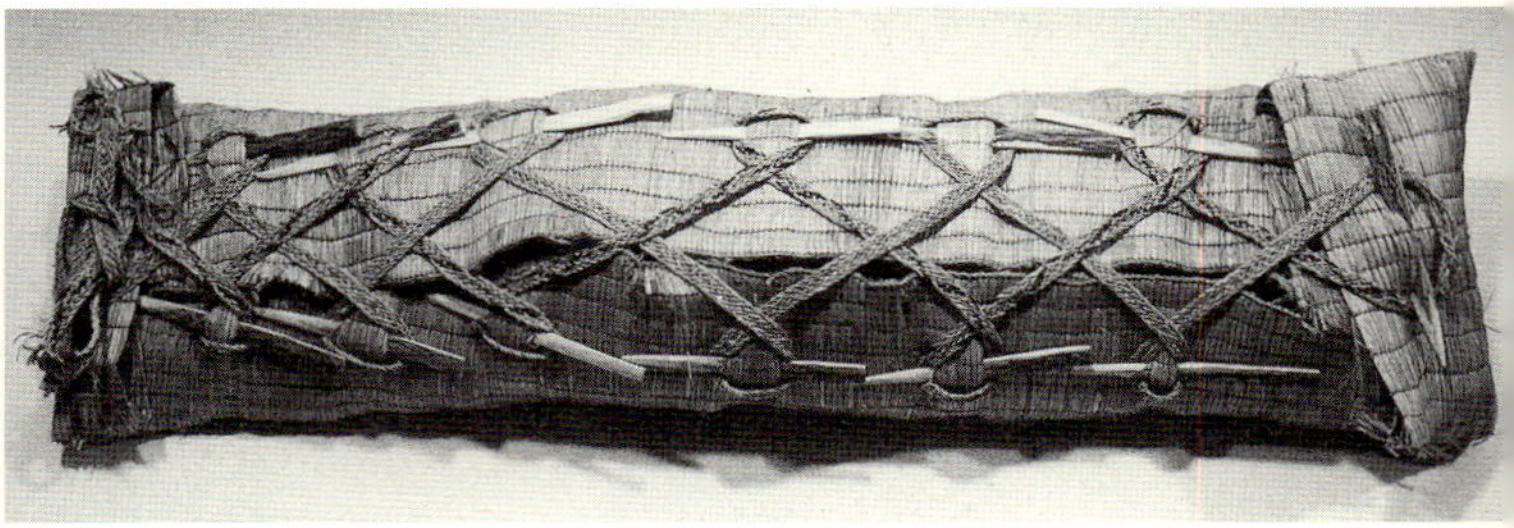
チシナオッ（遺体包み）

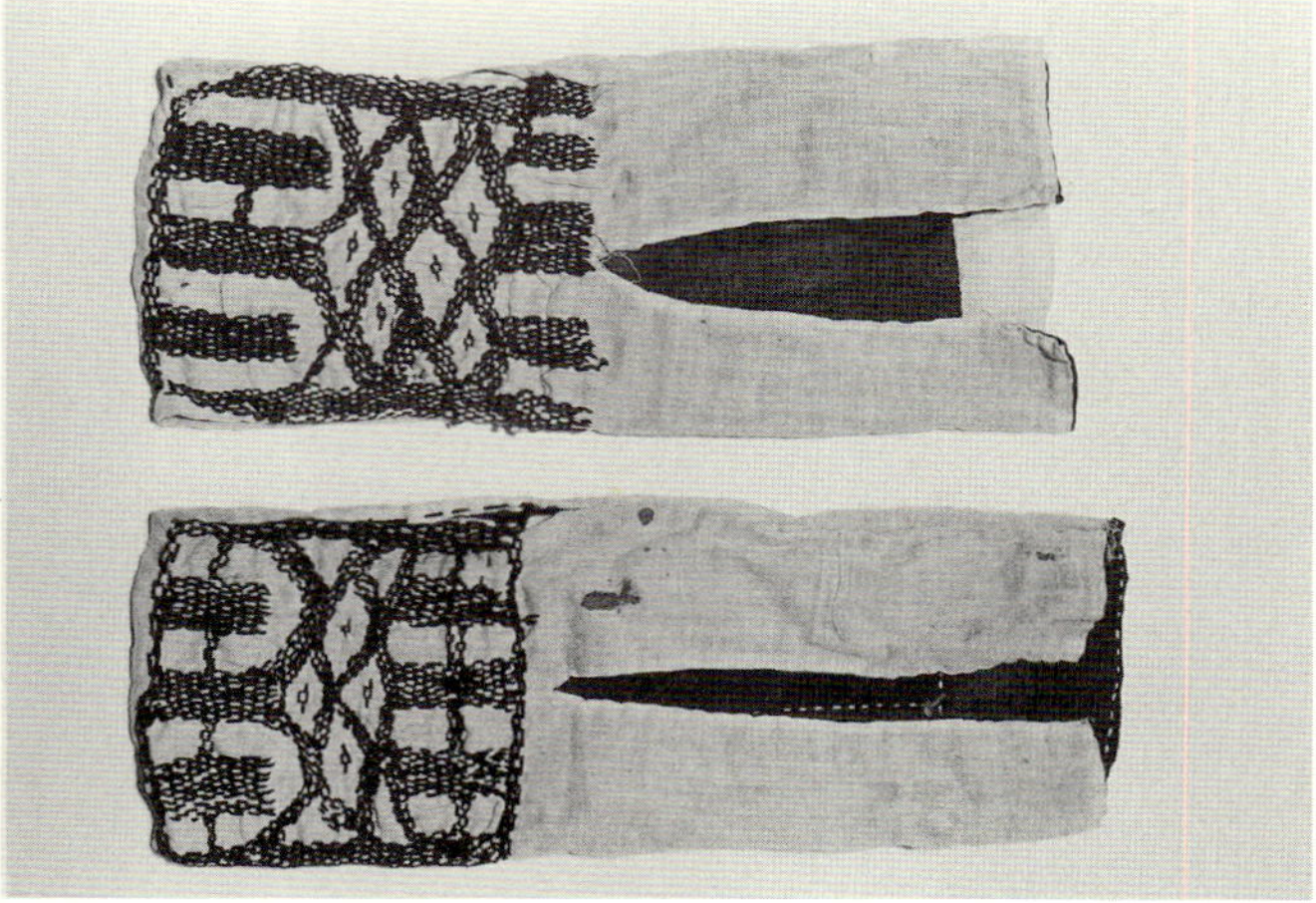
ライクルケリ（死人用靴）

に刀を入れてあります。

イナウの作り方　イナウの材料はこの辺ではヤナギかミズキを使います。そのわけをおじいさんたちがこう教えてくれました。

――昔々、コタン・カラ・カムイ（アイヌの国土を造った神様）が、地上で食事をしたときに使った箸を、そのまま神の国に持っていくのをはばかって、大地につきさしてお帰りになった。その箸から生えたのがヤナギの木だった――と。

だからヤナギの木は、正しくはススというのですが、イナウ・ネ・ニ（イナウに使う木）といえばヤナギと考えていいのです。

さて、イナウを作るには、太さ三センチ、長さ一メートルくらいの枝のないヤナギを選んでとってきたら、皮を真っすぐにきれいにむきます。

むいたヤナギは真夏なら一週間くらい家の中で陰干しし、真冬なら火棚の上で、一日一、二回ずつまわしながら、やはり一週間くらい干さなければいけません。そして干しながら、削ったときちょうどよくカールするかどうか加減を見ておくのです。このねじれがうまく出るかどうかは、すべて干し方にかかっています。生木なら七〇センチくらいすうっと削ってきても、せいぜい一回ねじれるだけですが、資料館にあるイナウでは五〇回ほどもねじれています。

イナウを削るにはイナウ・ケ・マキリを使います。適当な刃のとぎ方をしたこの小刀の先に、巾三センチ、長さ五センチくらいのヤナギの木片をすべりどめにつけて、適当な角度ですうっと引っぱると、あのようにうまくカールしていくのです。

二風谷でイナウつくりの名人は、仁谷善之助翁（七七歳）と貝沢貢男君（三五歳）で、資料館のイナウはすべてこの若い貢男君がつくったものです。

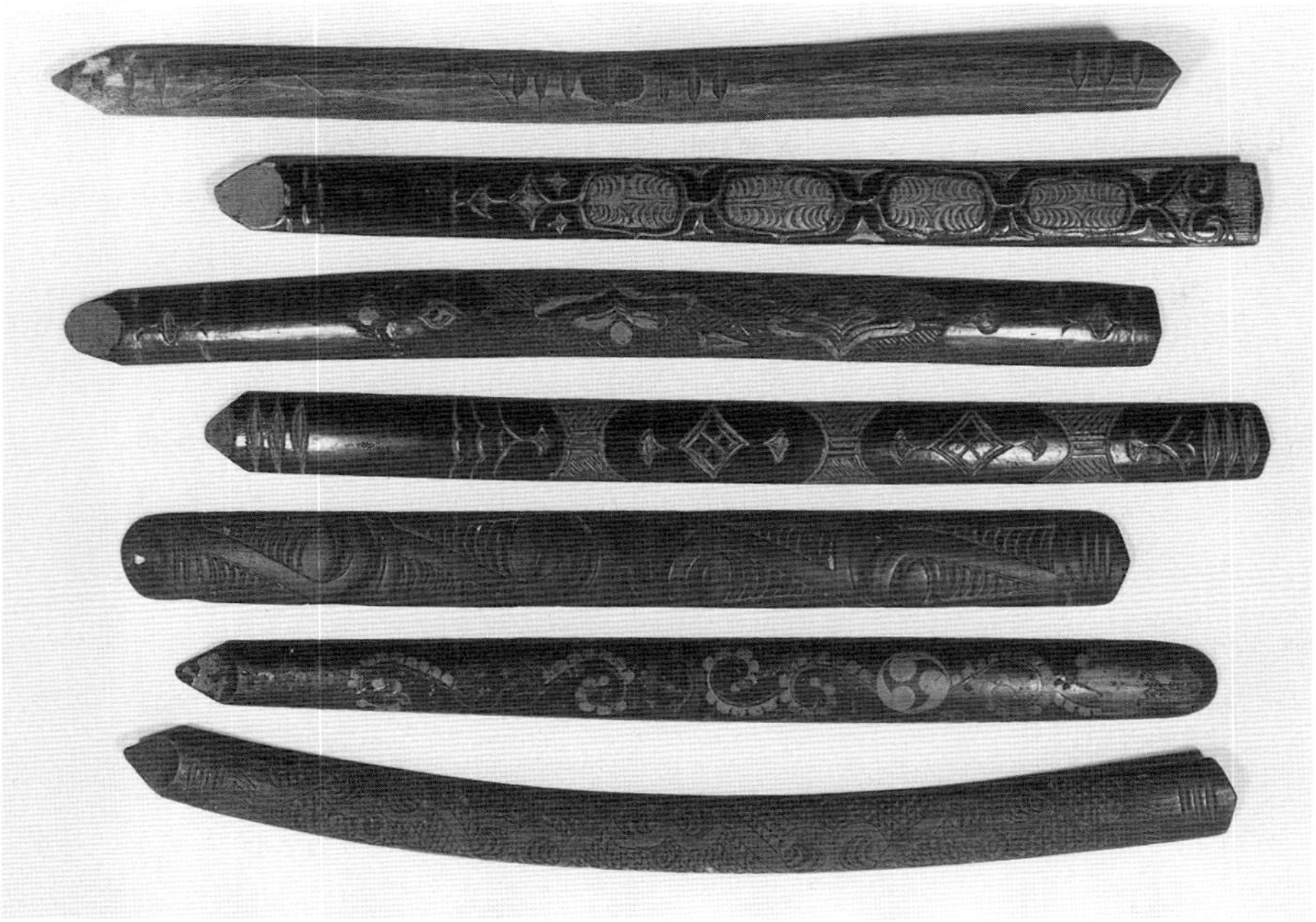

ト゚キパスィ（捧酒箸）。先端の彫りは家筋を表す。

トゥキ・パスィ　カムイ・ノミ（お祈り）には、お神酒《みき》とトゥキ（お神酒を入れる漆塗りの盃）、それにトゥキ・パスィがなくてはならない大事なものです。

このトゥキ・パスィを〝ひげあげべら〟と訳す人がありますが、これはアイヌ文化の何をも知らないひどい訳です。また、ときには左手で持つという学者もいますが、これもまったくのまちがいです。

正しく訳すと、トゥキは盃、パスィは箸ですが、〝捧酒箸〟といったらよいかと思います。神様にお神酒をたてまつるときに使う箸だからです。

形は長さ三〇～三二センチくらいの、平らなへらのような形で、一本で使いますが、昔は家の中の手近なところに、パスィがたくさんありました。カムイノミに使うトゥキパスィ、火の神様への祈りに使うアペ・サムン・パスィ、その他いろいろあったからです。

お祈りをするとき、トゥキパスィはまず自分の方から持って（自分から見て先端を左に向けて）右手で持ち、トゥキに入れたお神酒に先をつけて、まず火の神にお祈りをするときなら、二、三回軽く火の神にお神酒をあげます。それからお祈りをする神様の方にパスィを向けて、アイヌののりとをあげるのです。するとパスィはアイヌの願いごとを即座に神様に伝えてくれるわけです。

こういうふうにトゥキパスィはアイヌの願いごとを忠実に、ていねいに、神様に伝えてくれるのが役目です。この根底に、アイヌの口から直接神様にお願いするのはおそれおおいというような謙虚な考え方があるのです。

なお、ウウェペケレにも出てきますが、イナウやパ

エトﾟヌㇷ゚（片口）

パッチ（木鉢）

イヨマレㇷ゚（酒柄杓）

エチユㇱ（酒さし）

スィは神様たちが必ずその素性をたしかめにくるもので、見たことも聞いたこともないシャモのものでは効き目がないと考えられています。

　トゥキパスィには裏の先の方、先から三センチのところに、ちょこんと三角の窪みが切ってあります。これはパスィ・サンペ（箸の心臓）とか、パスィ・パルンペ（箸の舌）とか名づけられているもので、これのないものは、アイヌの願いを神の国に伝えてくれないとされています。

　だから、よそへ行って「カムイノミしてくれや」といわれたときは、トゥキにお神酒をお酌してもらいながら、右手でやや高くパスィを持ちあげて、軽く裏を返してみて、サンペがあるかどうかをさっと確かめておいてからお祈りをします。

　それからトゥキパスィの表側の両端近くに横筋が彫ってありますが、これが三本ならまず沙流川筋のものだと思っていいでしょう。

　中間には模様や沙流川特有のウロコが彫ってあります。模様の方は刃先のおもむくままに、自由な模様でいいのですが、ウロコにはルールがあります。トゥキパスィは生き物だと考えられているので、一方向につけねばなりません。これがお盆や道具なら、左右対称に内側に向けてウロコを彫ります。生き物と道具は厳重に区別してあるわけです。

トゥキパスィの替わり　カムイノミをしたいのにトゥキパスィがないときがあります。たとえば山で知人に会ったときなどは、必ず立木にお神酒をあげてカムイノミをする習慣がありました。こんなときお神酒しかなければどうするか。

　タシロやマキリがあれば木をとって先を細く削り、裏側にパスィパルンペさえつければいいのです。それもなければキセルや弁当箸の口に当てない方をパルンペのある方として、パスィに見立てて使いますし、本当に何もないときは右手の小指でもいいのです。さらにお神酒もなくてもお祈りはできますが、こうして考えてみるとトゥキパスィはカムイノミには欠かすことのできない祭具なんですね。

しかし現在でもイナウやパスィを使ってアイヌ式のカムイノミをやるのは、私の家でも盆と正月、それに父母の命日の法事くらいのもので、一般にはやらない人が圧倒的に多くなってしまいました。

●アイヌ文化保存センターの構想

今はたった一つの灯であっても　その灯を二つ三つと増やすのが私の夢です

二風谷アイヌ文化資料館が建って一年たち、二年たって考えたことは、まず今まで集めた録音テープを活字と音にしたいということです。

私の録音テープには、ユカㇻもあればウウェペケレもあります。歌もあり、すばらしい祈り言葉もあります。これをぜひ世に出したいのです。

そういう作業は着々と進めており、すでに録音テープつきでウウェペケレの第一巻（アルドオ刊）は出版しておりますが、一分のテープからの再生は、四〇〇字原稿用紙で一枚、日本語訳一枚、逐語訳一枚、計三枚になります。一日にやれる量は三分間、合計四〇〇字九枚くらいしかできません。一か月二五日これにかかりきりでやったとしても二二五枚。テープの時間にしてわずか七五分ぶんです。私一人でその作業をやるとしたら、この計算でいけば私の録音しているテープの再生だけで二〇年もかかってしまうことになります。

そこで何とか〝アイヌ文化保存センター〟といったものを建て、これまで世に出された文献資料を集め、また何人かの専門家をも集めて、録音してあるものを全部活字にし、音を裏付けとしてつけておきたいと考えるのです。私の時代に始末をしておかなければ、後世の人がアイヌ語のイロハから学んでやるとなると大変なことです。

資料館にある〝物〟については、さらに復元して、二五〇種以上にし、名実ともに日本一、さらに大きくいわせてもらえば、世界でただひとつ、ここに来ればアイヌ民具をすべて見ることができるという資料館にしていきたいと思っています。

チセもあと二、三軒は増やし、一軒一軒の家には火をたいて、家の持ちをよくすると同時に、家に人がいて、今ちょっと働きに出て留守なんだというような感じを保たせるようにしたいと思っています。

さらに映画についても、今まで北海道教育委員会に協力したものや、地元の人たちとグループ現代の人たちが一緒につくった「アイヌの結婚式」「チセ・アカ・ラ」などを、必要ならばいつでもスイッチ一つで上映できるようにしたいものです。

それから、いま二風谷とペナコリの若い人たちが、貝沢耕一君を会長として郷土文化研究会というものを作っています。そしてアイヌ語を覚えようともしています。彼らにアイヌ語を教え、若い後継者が次々と育っていくように努力していきたいと考えています。

大それたいい方は遠慮するとしても、何とか私の知っているすべてを若い人たちに教えておきたい。たとえば熊祭りも、ここでは一〇年に一度、昭和二三年、三三年、四三年、そして今度は五三年に行なうわけですが、これでは間隔がありすぎるので、五年か三年に一度にし、本当にアイヌの内側からできる、カメラもないお祭りをしていきたいと思っています。手はじめに去年の八月二〇日には、舟下し祭りを復興しました。今年もやる予定です。こういうお祭りを育てながら、アイヌ文化を次の世代にも伝えていってもらうことを、心から私は望むのです。

今はたった一つの灯であっても、アイヌ文化の灯を二つ、三つと増やしていくようにしたいというのが私の夢です。

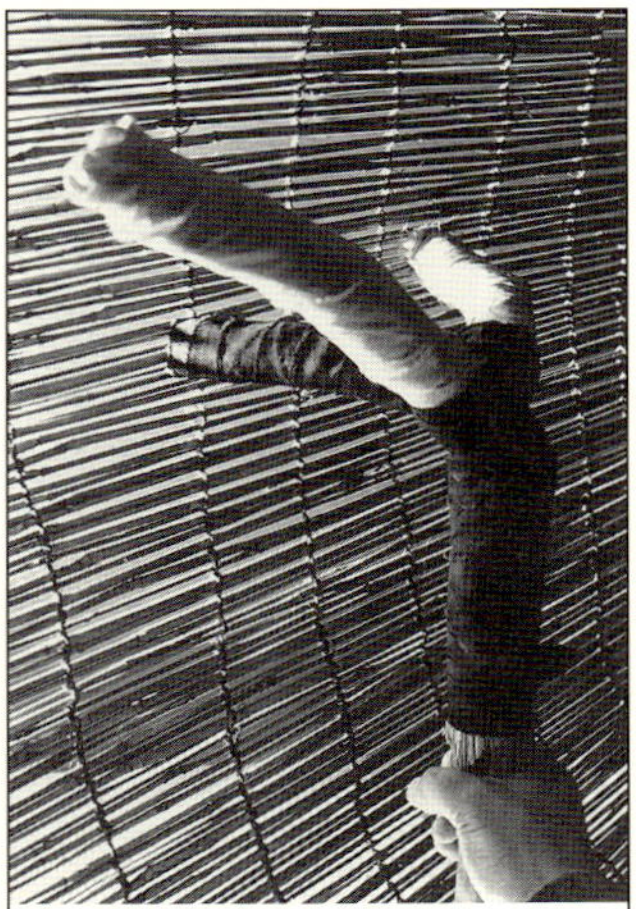

キサラリのおばけ　二風谷に電気がきたのは昭和19年か20年です。それまではランプの生活で夜が暗いものだから、子どもはよく夜泣きをしたものでした。すると親は隣りのおじさんにたのんでキサラリ（耳高い＝ブッポーソー）のおばけを造ってもらいました。カマを三丁用意して、真中のカマには黒い布、両端２本のカマには赤い布を巻いて、それを手にとり、家の外からカヤの壁をたたいて、ブフーブフーとキサラリの鳴き声をたてるのです。歯をかんで奥歯の後から空気を吹き出すようにするのですが、とても人間の声には聞こえないから、たいていの長泣きはやんでしまいます。それでもまだぐずぐず泣きはじめたら「ほら泣きやまんとホチコㇰが来るぞ」と子供にいいます。ブッポーソーの鳴き声を、アイヌはホチコㇰ、ホチコㇰと聞くのです。これでたいてい泣くのをやめました。

アイヌ資料館について

昭和四五年（一九七〇）三月の時点で、萱野茂が一八年間かけてコツコツと集めたアイヌ民具は、約二〇〇種類、二〇〇〇点にもなっていて、家のなかは民具だらけという状態だった。そこでまず収蔵庫を建てようとしたが、平取町長らの勧めで「二風谷アイヌ文化資料館」を建て、昭和四七年六月二二日に開館。

その後、平成四年（一九九二）の四月二五日に「平取町立二風谷アイヌ文化資料館」が開館したのにあわせ、同日「萱野茂二風谷アイヌ資料館」と改称した。

（須藤　功）

「二風谷アイヌ文化資料館」昭和53年（1978）

●二風谷アイヌ文化資料館収蔵品目

住まいの用具

アペオイ　いろり
トゥナ　火棚
スワッ　炉鈎
イヌンペサウシペ　けずり台
カラスマ　火打石
カラカネ　火打鉄
カラパシ　火いぶし炭
カラパシシントコ　火打粉入器
カロㇷ゚　火付用具入れ
アペキライ　灰ならし
アペパスィ　火箸
カネアペパスィ　鉄製火箸
レプニ　炉たたき棒
スネテ　灯火木
ラッチャコ　灯台
ムンヌウェㇷ゚　ほうき
エニヌイペ　枕
スオㇷ゚　刀入れ
イコロスオㇷ゚　宝物箱
トマ　ござ
イサッケキ　すだれ
プヤロッキ　窓のすだれ
アパオッキ　入口のすだれ
チセコロカムイ　家屋をつかさどる神
レプンシラッキ　病気災難を守る神
キムンシラッキ　狐の頭、呪術の神
ノヤイモシ　ヨモギで造った神

食品

ピヤパ　ヒエ
ムンチロ　アワ
シプシケッㇷ゚　イナキビ
ペッマメ　軟かい豆
ペカンペ　ヒシの実
シケレペ　シコロの実
ペロニセウ　ナラのドングリ
トゥソニニセウ　柏のドングリ
ヤム　クリの実
ネシコニム　くるみ
ソロマ　ゼンマイ
プクサキナ　一本菜
オントゥレㇷ゚アカム　ウバユリ
プクサ　行者ニンニク
シトニン　串ダンゴ
アタッ　開き魚

炊事と食事の用具

イタタニ　肉切り台
メノコイタ　まな板
チポロニナㇷ゚　筋子つぶし
ス　鍋
ポロス　大鍋
ハイカンヌス　中型鍋
ポンス　小鍋
サヨカスㇷ゚　粥杓子
ルルカスㇷ゚　汁杓子
サカエカスㇷ゚　どぶろく用杓子
ヤラピサック　木皮ひしゃく
シトペラ　ダンゴへら
ニマ　器
ポロニマ　大丸型器
イタンキ　椀
アサマリイタンキ　大型椀
ヤライタンキ　木皮椀
サカエナムテㇷ゚　舟型器
パッチ　塗り鉢
キラウシパッチ　角付鉢
キサルシパッチ　耳付鉢
プタウシパッチ　ふたつき鉢
シントコ　漆塗りの器
カパラペシントコ　器（薄手）
クトシントコ　帯付器
ヤラニヤトゥシ　木皮手桶
トゥキ　盃
マラプトトゥキ　熊用盃
ニセウトゥキ　小型盃
イセポトゥキ　厚手の盃
カパラペトゥキ　薄手の盃
カネペウシトゥキ　金箔盃
イペパスィ　箸
キパスィ　カヤ箸
トゥムシコッパスイ　リボン付箸
ペラパスィ　ヘラ箸
チャサイマニッ　割串
イマニッ　刺串
イタ　お盆
オッチケ　お膳

衣類と製作用具

ユッケリ　鹿の皮の靴
チェプケレ　魚の皮の靴
ストゥケリ　ブドウづるのわらじ
カラフトケリ　カラフトアイヌの靴
テシマ　雪輪
チンル　瓢簞型雪輪
サシタビ　手作りのたび
ホシ　脚絆
サコシ　夏脚絆
テクンペ　手甲
マタンプシ　はちまき
コンチ　帽子
カパリミ　切りぶせ着物
チニンニヌㇷ゚　刺しゅう着物
アットゥシアミㇷ゚　アツシ着物
アットゥシクッ　アツシ帯
ユクウル　鹿皮上着
モウル　女の肌着
ラウンクッ　貞操帯
マンタリ　前掛け
レクトゥンペ　首飾り
タマサイ　首飾り玉
ニンカリ　耳輪
キライ　くし
メノコマキリ　女用小刀
チシポ　針入れ
ヌイトサエㇷ゚　糸巻
ケモヌイトサエㇷ゚　針入れ糸巻
カニッ　糸巻棒
アットゥシカラペ　アツシ織機

狩りと漁の道具

ク　弓
カリンパウンㇰ　桜の皮をまいた弓
クワリ　仕掛け弓
クカ　弓糸
アイ　矢
ヘペレアイ　熊祭り用の矢
イソノレアイ　しとめ矢
マカニッアイ　仕掛け矢
ノㇷ゚カ　のべ糸
イカヨッㇷ゚　矢筒
ヤライカヨㇷ゚　木皮矢筒
アイチセ　矢の家
スルㇰ　毒ぶし
タシロ　山刀
マキリ　小刀
エキムネクワ　二又杖
イパプケニ　鹿呼び笛
ポンイサッケキ　小さいすだれ
ホイヌアッペ　貂取りワナ
エヤミカ　カケス取り
ヤシヤ　魚獲網
アバリ　網針
ラウオマㇷ゚　簗（やな）
マレㇷ゚　銛（もり）
アㇷ゚　魚獲りカギ
キテ　海用の銛
イサパキッニ　魚の頭を叩く棒
イタオマチッㇷ゚　板付舟

農耕用具

シッタㇷ゚　踏み鍬
キラウシッタㇷ゚　角鍬
マタプリㇷ゚　くまで
ピパ　穂ちぎり
カネピパ　鉄製穂ちぎり
ラシサラニッㇷ゚　収穫袋
ムイ　箕（み）
ヤラムイ　木皮箕
トッタ　特大カマス
ニス　臼
シララニス　石臼
サマッキニス　横臼
イユタニ　杵
ポンユタニ　小さい杵
クイタッペ　畑の境界棒

祭具

イナウ　御幣に類する祭具
シロマイナウ　御幣に類する祭具
キケチノエ　御幣に類する祭具
キケパラセ　御幣に類する祭具
イナウキケ　御幣に類する祭具
チェホロカケㇷ゚　御幣に類する祭具
ハシナウ　御幣に類する祭具
ポンストゥイナウ　御幣に類する祭具
メノコイナウ　御幣に類する祭具
ウェンイナウ　御幣に類する祭具
イナウケマキリ　御幣作り小刀
キケウシパスィ　幣付箸
トゥキパスィ　奉酒箸
サパンペ　カンムリ
イヨマレㇷ゚　酒ひしゃく
エトゥヌㇷ゚　片口
エチュシ　ふたつき片口
イナウソ　模様付ゴザ
トマ　模様付大型ゴザ
オキタルンペ　模様付特大ゴザ
オニカㇷ゚ンペ　模様つきゴザ
エムシ　刀
タッネピコロ　短宝刀
タンネピコロ　長宝刀
イカヨㇷ゚イコロ　祭事用矢筒
ラマッタッイカヨㇷ゚　魂呼び矢筒
ラマッタッイコロ　魂呼び宝
ヘペレトゥシ　熊つなぎ縄
ヘペレイモカ　子熊のみやげ
ヘペレエシノッペ　子熊のおもちゃ
ヘペレオイペㇷ゚　子熊のエサ箱
イペニッ　熊の肉を刺す棒
カムシケニ　肉掛棒
パラムリリ　死体を包む縄
チシナオッ　死体包み
ライクルテクンペ　死人用手甲
ライクルホシ　死人用脚絆
ライクルケリ　死人用の靴
ライクルカロッㇷ゚　死人用物入
オッチケシナ　葬具
メノコクヮ　女墓標
オッカヨクヮ　男墓標
ウトキアッ　墓標にまきつける紐
ウエポタラタクサ　清め草
ポタラナウケㇷ゚　呪いカギ
カチョー　呪術用タイコ
アユシニカムイ　病気よけの神
イケマ　魔よけ
ホイヌサパ　貂の頭
エチンケサパ　亀の頭
ニンカリシト　耳輪ダンゴ
シントコポ　漆塗りの器
ネウサラカムイ　話相手の神

その他（その他の刃物・その他の容器・運搬用具・編機・育児用具・その他）

テウナ　手斧
レウケマキリ　曲り小刀
イキサカニ　揉み錐
ルイ　砥石
シㇷ゚シㇷ゚　磨きトクサ
サラニㇷ゚　袋
ヤラニマ　木皮器
ポンスオㇷ゚　小道具箱
チェオシケサラニㇷ゚　サラニㇷ゚の一種
アネスオㇷ゚　細形の宝入れ箱
モユㇷ゚オイペㇷ゚　むじなのエサ箱
クヨイ　小便袋
タラ　背負縄
シサムタラ　和人背負縄
ニエシケ　背負子
ポンクラ　荷鞍
クワ　杖
チㇷ゚　舟
ヤラチㇷ゚　木皮舟
アッサㇷ゚　櫂
ワッカケㇷ゚　あか出し
トゥリ　竿
イテセニ　ござ編機
ピッ　重り石
イテセカ　ござ編糸
ハラキカ　シナ縄
ハラキカサエㇷ゚　シナ縄を束ねる道具
ヘッチョ　綱より材料
チノエタッ　ねじりカバ皮
シンタ　ゆりかご
シンタアッテㇷ゚　ゆりかご掛カギ
イエオマㇷ゚　子守用具
テッコッペ　おしゃぶり
キサラリ　ブッポウソウのおばけ
カリㇷ゚　つるの輪
カックイ　子供の遊具
トンコリ　竪琴
ムックリ　口琴
トイタタンパク　タバコ
キセリ　キセル
タンパクオㇷ゚　タバコ入れ
ストゥ　制裁棒
ホヤイケニ　尻ふき木
フㇷ゚チヤイ　松ぶし
セイピラッカ　ほっき貝のゲタ
イノカカムイキナスッ　蛇の形をした神
ニンケティエㇷ゚　熊の胆汁しぼり具

●付録──二風谷案内（『物とこころ』発行時のものですので、末尾の平取町観光協会に問合わせ下さい）

二風谷の野山と人にふれたい人へ

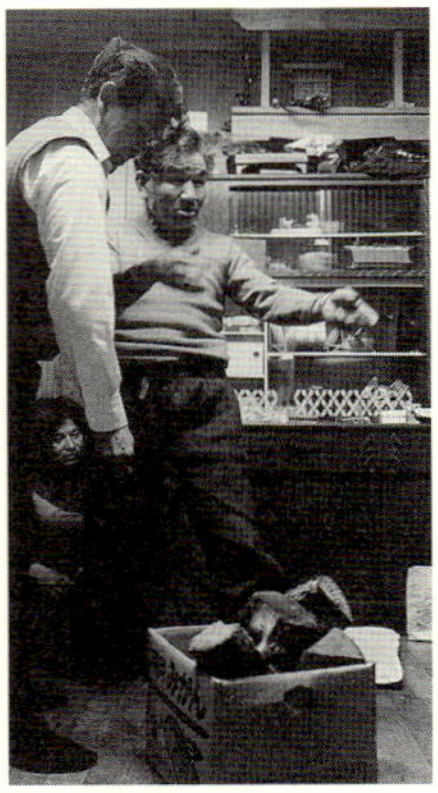

山仕事の唄で踊る。

花と新緑ともみじ　春から初夏にかけて沙流川の野山は実に美しく彩られます。次々と花が咲き、やわらかい緑が樹種ごとに時をたがえて海から山にむかってのぼってきます。そして秋には山から海の方へ紅葉がおりてきて、上流の山々の間でじっと坐っているとワイーヨーという鹿の声が聞こえるでしょう。

　もともとアイヌには花を愛でる習慣はありませんでした。食えるか食えないか、有用かそうでないかの方がずっと大事で、たとえば名前にしても、桜をカリンパといいますが、これは桜の木の皮のことで、その花にはただ一般的な花という意味のノンノという言葉しかありません。スズランもアイヌ語ではセタプクサ（イヌの行者ニンニク）といって、イヌが食べるつまらない草といっていたものです。

三月末～四月初　雪どけ
雪解け直後～四月二〇日　シュウリ、ニワトコの芽ぶき
四月一〇日頃　フクジュソウの花
五月一〇日頃から　シラカバ、ヤナギの芽ぶき、コブシ
五月一〇日～二〇日　サクラの花
五月いっぱい　ムラサキツツジ、カタクリ、アメフリバナの花
六月　ナラ、イタヤの葉が出そろい全山やわらかな緑
六月いっぱい　アカツツジ、スモモの花
六月中～下旬　ホウノキの花
一〇月一〇日～二〇日　紅葉

山菜　四月一〇日頃から七月いっぱいまでこのあたりは山菜の豊庫です。プクサキナ（一本葉）、ギョウジャニンニク（俗にアイヌネギ）、フキ、ミツバ、セリ、ワラビなどは、この辺の小沢でいくらでもとれます。別に誰にことわらなくてもいいのですが、火の用心だけはしてください。山火事を起こしたら消しようがありませんから。九月から一〇月中旬までは山ブドウ、コクワ、マツタケがとれます。

魚釣り　四月から六月いっぱいは三〇～五〇センチのアカハラ（ウグイの一種）がいっぱい釣れます。平取橋から堰堤までがいいでしょう。夏中はこの辺の小沢でヤマベが釣れます。秋にはアキアジ（鮭）が沙流川にのぼってきますが、これをとると密漁です。

農家の四季　二風谷の戸数一三〇戸のうち、牧場一一戸、水田二〇戸、アスパラ五戸（含重複）です。

四月初　ビート種まき
四月一八日　稲種まき
五月初　ビート移植
五月一〇日～六月一〇日　アスパラ収穫
五月二〇日～六月五日　田植え
六月中旬～九月末　牧草刈り、乾草づくり。ただしこの時期は案外ひまです。
九月二五日～一〇月末　稲刈り
一〇月末　ビート収穫

アスパラと牛乳　五月一〇日からの一月は腹いっぱいアスパラを食ってみてください。ちょっと傷のついたものなら五〇

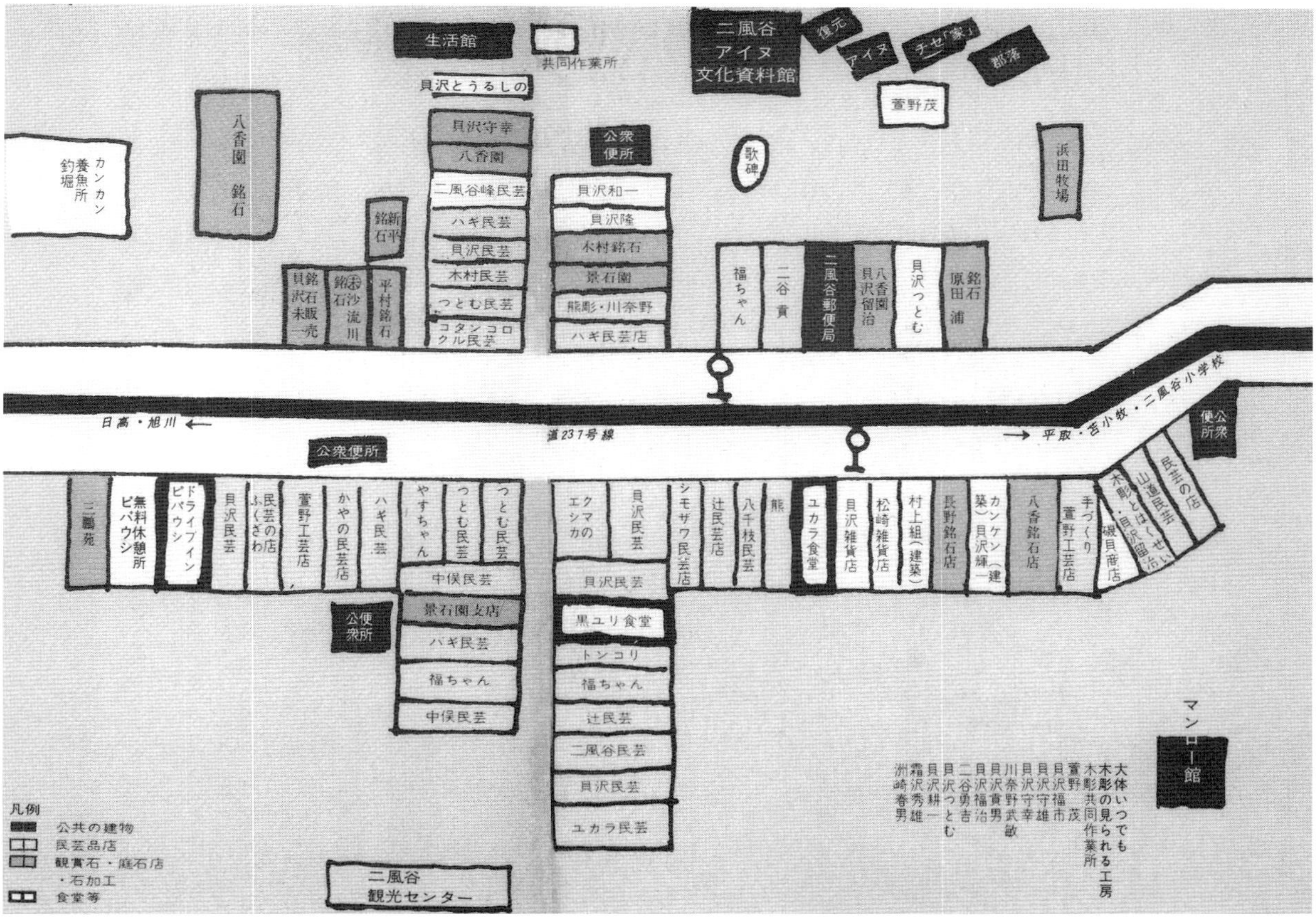

二風谷中心街略図（執筆当時のもので、現在は変わっている）

円も出せば大きな束になります。牛乳は酪農家から年中買えます。たいてい夕方四時から六時頃に乳をしぼりますから、その時間に一升ビンを持っていけば、しぼりたてが一五〇～二〇〇円です。

木彫り　店先で彫っているのはもちろんのこと、生活館でも見せてもらえます。そしてその場で買うこともできます。冬期はふつうの農家でも農閑期の作業として彫っています。店でたずねてごらんなさい。

観賞石・庭石　銘石は二風谷住民の収入源として、かなりの部分をしめています。とくに有名なのは青トラ、孝太郎石といわれるもので、いずれも沙流川流域でとれるものです。

祭　八月一五日　義経神社夏祭り（平取）
　八月二〇日　舟下ろし祭り（二風谷）

歩きまわりたい人は　チャシ（とりで）跡―ユオイ、ポロモイ、ポンカンカン、チャシコッ●ウカ・エ・ロシキ（熊の姿岩）●オプシ・ヌプリ（神が矢で射ぬいた穴）●マンロー館●生活館共同作業場、個人工房●みやげ物店●牧場●沙流川および付近の丘陵

民宿　ふつうの旅館は平取まで行かなければありません。二風谷では民宿だけです。貝沢守幸、貝沢守雄、貝沢留治、萱野茂の四軒で計三〇名の収容能力があり、一泊一、五〇〇円で二食～三食付。土地の産物を腹いっぱい食べさせてくれるでしょう。泊まりたい人は平取町の観光協会か、国道沿いの店のどれかでたずねれば、泊められる家を教えてくれます。

平取町観光協会　電話　〇一四五七―二―二二二三

二風谷の記録　写真・文　須藤　功

アイヌの結婚式

昭和四六年（一九七一）四月

アイヌの結婚式の「飯食いの式」は三三九度にあたる。大盛りのご飯をまず花婿が半分食べる。あとの半分を花嫁が食べて、二人が永久に連れ添う誓いとする。

花嫁となる人から「結婚式はアイヌ風で―」という相談を受けた萱野茂は、それならアイヌのしきたりを再現して、記録しておきたいと提案した。二人の思いが合致して、結婚式は映画と写真で記録された。写真撮影にあたった須藤は、写真を見るたびに歳月を越えてそのときの感動を思いだす。

久しくなかったアイヌ風の結婚式に、参列者はいつまでも歌い、踊って祝い、みんなが楽しいひとときを過ごした。

地上で骨組みをして、四方の角に茅をおいた屋根を、みんなで力を合わせて持ち上げ、右側の梁をまず臼にのせ、それから左側の梁を柱にのせる。

チセ・ア・カラ

昭和四七年（一九七二）四月

苫小牧のレジャー施設にチセ・ア・カラ＝われら家を造る。工具は現代のものだったが、施工法は昔のままで、集落の人々が協力して建てた、各地の昔の家造りもこうだったのではと思ったりした。

屋根が柱にのった。これから微調整をしたあと茅で屋根を葺き、ついでやはり茅でまわりに壁をめぐらしてポンチセができる。

熊を神の国に送るために、心臓あたりを弓矢で射る。実際の狩猟では銃を使うが、アイヌの弓矢がどれほど威力があったか、若い人に体験してもらうため弓矢を用いた。

イヨマンテ

昭和五二年（一九七七）三月

神が熊の姿になって、肉と毛皮のみやげを持ってアイヌの前に現れる。そのみやげをありがたく頂戴し、神の姿の熊を神の国にお送りする儀式がアイヌのイヨマンテ、「熊送り」である。

熊送りは神聖な神事であるとともに、楽しく過ごすひとときでもある。萱野茂も（左）二風谷の人々も踊りつづけた。

子どもの遊び

昭和五三年（一九七八）八月

子どもたちはアイヌ文化の次世代を担う。そうした子どもたちに、萱野茂はアイヌ文化のひとつひとつをくだいてわかりやすく語り、教えた。

萱野茂は、子どもにはどんなことでも見せておきたいといっていた。大きくなってからどこかで役立つはずだ。それは大人たちの宴も例外ではなく、アイヌの結婚式での踊りも子どもが見ている。アイヌの遊びをきちっと教えることも怠らなかった。それは昔を伝える大切なことだった。

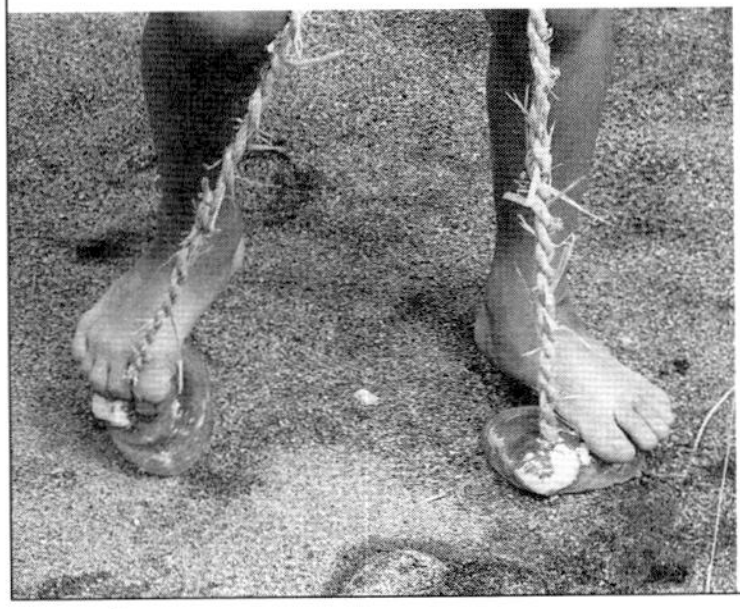

貝下駄

貝下駄は小さな貝だけに履いて歩くにはコツがいる。でも子どもたちはすぐおぼえて楽しそうに遊んだ。

編者あとがき

日本観光文化研究所、通称「観文研」と萱野茂とのつながりは、のちに「民族文化映像研究所」を設立する姫田忠義が、昭和四十二年（一九六七）の夏に、当時、夏期だけ勤めていた登別温泉のケーブル会社に萱野茂を訪ねたことに始まる。そのころ「観文研」はすでに活動を始めていて姫田忠義もその一員だったが、食うための肩書きはシナリオライターだった。その姫田忠義に会ったときの様子を、萱野茂は書いている。

話を聞くと、北海道教育委員会が事業主体で、『神々と共に・イナウ』と言う題で記録映画を一本製作するので、そのシナリオを書きたい、と言うのです。（中略）

仕事が終わった九時近く、私は言われた宿へ行きました。そして昼間会ったその男と少し話をしただけで、今度は心の中で本気に驚いてしまったのです。言うことの一つ一つが的を得ていたからです。これは本物か、それとも俺に会うために一部分だけ急いで詰め込んできたのか、とさっぱり判断がつかなくなってしまったのです。この男をどのように扱うべきか、私は頭の中でじっと考えました。ひょっとしたら見掛けによらず本物かもしれない。それによっては話をするにも話の仕方がある。と言うとかっこうよいのですが、実は男の言うことにどう答えたらよいのか、頭の中で考えが纏まらなくなっていたのです。（中略）

それにはもう一つわけがあったのです。それまでに私はシナリオライターと称する多くの人に会っていたのですが、いくら話を聞かせても、ライター氏の書くシナリオは上の方の偉い先生方の言い分だけで、私の言い分、村の言い分など少しも書き表わされたためしが無かったのです。ですからシナリオライターには腹立しいものを持っていました。そうしたところに来たのですから、また変にしつっこい、うるさいシナリオライターが来たもんだ、と言う感情を持ったことも確かだったのです。（中略）

それからどのくらいの月日が流れたでしょうか。『神々と共に・イナウ』の映画が出来上がってその試写を見た私は、涙が出るほど嬉しくなってしまいました。画面いっぱいにアイヌである私の意見が、思いが、心が躍動しているのです。

惚れて良かった。聞かせて良かった。俺の目に狂いは無かった。よし、今度何かあったら、特種をくれてやろう、と思いました。アイヌの話に本気で耳を傾け、画面いっぱいに命を与えてくれた男、それが姫田忠義に惚れた始まりだったのです。（文・萱野茂　写真・須藤功『写真集アイヌ』の「はしがき」国書刊行会　一九七九年刊）

昭和四十六年（一九七一）三月、東京の国立劇場でアイヌの唄と踊りを公演したとき、萱野茂は見にきてくれた姫田忠義の耳に口を近づけて言った。

「四月十日に二風谷で俺もまだ見たことのないアイヌ風の結婚式があるよ。二人の希望により、記録に残したいから良かったらやってこないか、あなたなら全面的に協力するぞ」

この「アイヌの結婚式」をきっかけに、「チセ・ア・カラ―われら家をつくる―」、「イヨマンテ＝熊送り」、「沙流川アイヌ・子どもの遊び」、「アイヌの丸木舟」などの記録映画が昭和五〇年代にかけて撮影される。

同じ「はしがき」に私（須藤）のことも少し書いている。

……記録班の中にいつも混じっていたのがこの本の写真撮影者須藤功さんです。アイヌの青年や村人は須藤さんを〝風のような写真家だ〟と言います。それはいつも現場にいるくせに邪魔にならない、ということのようです。

私はこの〝風のような写真家だ〟といわれたのが嬉しく、好きな言葉である。

宮本常一が二風谷を訪れるのは（本書五〜七頁）この『写真集アイヌ』の発刊後だから、「はしがき」も読んでいたはずで、これもあるいは二風谷へまわる気持ちにさせたのかもしれない。

『アイヌの民具』の後日談に、萱野家と武蔵野美術大学卒業生との交流が、萱野茂の亡きあともつづいていることがある。『アイヌの民具』のあとの『萱野茂のアイヌ語辞典』に挿図を描いた女性たちで、茂の妻れい子の誕生日には毎年、萱野家を訪れて台所でケーキを作り、にぎやかに祝っている。いうならば、宮本常一の新聞への投稿が未だ途絶えていないということである。一方でちょっと悲しい思いもないではない。つぎは佐田尾信作著『風の人　宮本常一』（みずのわ出版　二〇〇八年刊）の一節である。

佐田尾　（宮本常一は）萱野茂さんとも接点があったそうです。最近民俗学写真家の須藤功さんからコピーを送ってもらったんですが、本多勝一さんの依頼だったらしいんですけれども、アイヌの民具を守ろうという投書を朝日新聞にしている。

赤坂　投書までしているんですか（笑）。

佐田尾　（宮本常一は）それはどうも須藤さんに言わせると、本多さんに頼まれてサクラをしたと言うんですけれども、それにしても面白いなと。

佐田尾のいう投書とは本書の七頁に掲載したもので、その結果についても記した。

この対談を読んで思うのは、民俗学者なら当然、小学生でもまず笑う前に「投書の結果どうなったのですか」と聞くだろう。しかし新聞記者でありながら、これについての佐田尾の私への取材も問い合わせも一切なかったから、結果については答えられなかったはずである。

須藤　功

著者・写真撮影者略歴（掲載順）

宮本常一（みやもと　つねいち）
一九〇七年、山口県周防大島の農家に生まれる。大阪府立天王寺師範学校卒。柳田國男の『旅と伝説』を手にしたことがきっかけとなり民俗学者への道を歩み始め、一九三九年に上京し、渋沢敬三の主宰するアチック・ミュージアムに入る。戦前、戦後の日本の農山漁村を訪ね歩き、民衆の歴史や文化を膨大な記録、著書にまとめるだけでなく、地域の未来を拓くため住民たちと膝を交えて語りあい、その振興策を説いた。一九六五年、武蔵野美術大学教授に就任。一九六六年、後進の育成のため近畿日本ツーリスト（株）・日本観光文化研究所（通称観文研）を設立し、翌年より月間雑誌『あるくみるきく』を発刊。一九八一年、東京都府中市にて死去。
著書に『忘れられた日本人』（岩波書店）『日本の離島』（未來社）『宮本常一著作集』（未來社）など多数。

須藤　功（すとう　いさを）
一九三八年秋田県横手市生まれ。川口市立県陽高校卒。民俗学写真家。一九六七年より日本観光文化研究所所員となり、全国各地歩き庶民の暮らしや祭り、民俗芸能等の研究、写真撮影に当たる。日本地名研究所より第八回「風土研究賞」を受賞。
著書に『西浦のまつり』（未來社）『山の標的—猪と山人の生活誌』（未來社）『花祭りのむら』（福音館書店）『写真ものがたり　昭和の暮らし』全一〇巻（農文協）『大絵馬ものがたり』全五巻（農文協）など多数。

萱野　茂（かやの　しげる）
一九二六年北海道平取村二風谷に生まれる。平取村立二風谷尋常小学校卒業。アイヌ民具の蒐集、アイヌ語の集成・普及、ウウエペケレ（昔話）・結婚式・イヨマンテ（熊送り）等のアイヌ民俗の記録・復元、二風谷アイヌ文化資料館の開設、一九九四年参議院議員に当選し「アイヌ新法」制定のために奮闘等、アイヌ文化を守るために生涯を尽くす。一九七四年菊池寛賞、一九八九年吉川英治文化賞、一九九八年毎日出版文化賞を受賞。二〇〇六年五月没。
著書に『ウウエペケレ集大成』（アルドオ）、『アイヌの碑』（朝日新聞社）、『萱野茂のアイヌ語辞典』（三省堂）、『萱野茂のアイヌ神話集成』（ビクターエンタテインメント）など多数ある。

貝澤　正（かいざわ　ただし）
一九一二年、北海道平取町生まれ。一九四一年開拓団員として満州に渡るが、中国人や朝鮮人に対する日本人の仕打ちに辟易し、平取町に戻り農業に従事。アイヌ人の土地を安く和人に売り渡すことを防ぐため土地を買い上げ、全道で知られるほどの篤農家となる。一九六七年に平取町議会議員に当選、一九七一年二風谷アイヌ文化資料館が落成し初代館長となる。一九七二年北海道ウタリ協会（現北海道アイヌ協会）の副理事長に就任する。一九七三年、二風谷ダム建設計画に萱野茂と共に頑強に反対運動を起こすとともに、アイヌ新法の制定、自然林の保護運動に立ちあがる。一九九二年没。
著書に『アイヌわが人生』（岩波）がある。

川上勇治（かわかみ　ゆうじ）
一九三〇年北海道平取町生まれ。祖父の代からの土地をもとでに、一九六三年川上牧場（軽種馬）を開設。一九七一年「江河岸のウパシクマ」（祖父の言い伝えの意）を『北海道の文化』に発表。以来、ペナコリの先祖やサル・ウン・クル（沙流川に・住む・人）などのアイヌの話を収集・記録に尽力する。一九九七年北海道文化財保護協会より文化財保護功労者賞、一九九八年に平取町教育文化功労賞を受賞。二〇〇四年没。
著書に『サルウンクル物語』（アイヌ　民族シリーズ　すずさわ書店）がある。

姫田忠義（ひめだ　ただよし）
一九二八年兵庫県神戸市生まれ。旧制兵庫県立神戸経済専門学校卒業。一九五四年演出家を目指して上京し、民俗学者宮本常一に師事。一九六六年「日本観光文化研究所」の創立に参加し、中核所員として活動する一方、対馬や沖縄、アイヌの人々など日本各地の村々を取材する。一九七六年「民族文化映像研究所」を設立し、「アイヌの結婚式」「イヨマンテ—熊送り」「椿山—焼畑に生きる」「越後奥三面—山に生かされた日々」など二〇〇本以上の映画作品を制作。一九八九年フランス芸術文化勲章オフィシエ受勲、一九九八年日本生活文化大賞個人賞を受賞。
著書に『ほんとうの自分を求めて』（筑摩書房）『忘れられた日本の文化』（岩波書店）『育ち行く純なるものへ—映像民俗学の贈物』（紀伊国屋書店）などがある。

長井　博（ながい　ひろし）
一九四三年北海道生まれ。一一歳で写真、一六歳でムービーを始め、一九七〇年頃から、ドキュメント映像の仕事に従事。国際政治から公害問題、環境問題、さらにアイヌ文化等、幅広く手掛ける。また、野生生物調査や舞台考証、朝鮮四象医学などの伝統医学について研究、指導に当たる。
著書に『アイヌお産ばあちゃんのウパシクマ—伝承の知恵の記録』（樹心社）がある。

杉村京子（すぐむら　きょうこ）
一九二六年北海道旭川市生まれ。アイヌ文化伝承者として知られる母キナラブックさんからユカラ（英雄の叙事詩）などの口承文芸やエムシアツ（刀下げ紐）、サラニプ（背負い袋）、チタラペ（花ござ）などの伝統工芸技術の伝承を受ける。以来、引き継いだ伝統文化を一人でも多くの人に伝えたいという信念のもと、アイヌ語教室の開設や私設資料室の設置を行うなど、アイヌ文化の伝承、保存に尽力する。一九九八年アイヌ文化賞受賞。元北海道ウタリ協会（現北海道アイヌ協会）理事。二〇〇三年没。

大塚一美（おおつか　かずみ）
一九二九年北海道生まれ。北海道庁立旭川第二工業学校土木科卒。民芸品製造販売（有）チカラペ舎元専務取締役。
著書に『キナラブック・ユーカラ集』旭川叢書第三巻（旭川市立図書館）、編訳書に『キナラブック口伝　アイヌ民話全集　神謡編1』（北海道企画センター）などがある。

青木トキ（あおき　とき）
一九一五年北海道生まれ。平取町嫁ぎ農業の傍ら、ニール・ゴートン・マンロー博士研究所に勤務する。一九七〇年平取アイヌ文化保存会設立に寄与し、アイヌ語やウエペケレ、アイヌ古式舞踊等、アイヌの生活文化の保存、伝承に努める。二〇〇〇年にアイヌ文化奨励賞を受賞。二〇〇四年没。

監修者略歴

田村善次郎（たむら　ぜんじろう）

一九三四年、福岡県生まれ。一九五九年東京農業大学大学院農学研究科農業経済学専攻修士課程修了。一九八〇年武蔵野美術大学造形学部教授。武蔵野美術大学名誉教授。文化人類学・民俗学。

大学院時代より宮本常一氏の薫陶を受け、国内、海外のさまざまな民俗調査に従事。『宮本常一著作集』（未來社）の編集に当たる。著書に『ネパール周遊紀行』（武蔵野美術大学出版局）、『棚田の謎』（農文協）ほか。

宮本千晴（みやもと　ちはる）

一九三七年、宮本常一の長男として大阪府堺市鳳に生まれる。小・中・高校は常一の郷里周防大島で育つ。東京都立大学人文学部人文科学科卒。山岳部に在籍し、卒業後ネパールヒマラヤで探検の世界に目を開かれる。一九六六年より近畿日本ツーリスト・日本観光文化研究所（観文研）の事務局長兼『あるくみるきく』編集長として、所員の育成・指導に専念。

一九七九年江本嘉伸らと地平線会議設立。一九八二年観文研を辞して、向後元彦が取り組んでいた「（株）砂漠に緑を」に参加し、サウジアラビア・UAE・パキスタンなどをベースにマングローブについて学び、砂漠海岸での植林技術を開発する。一九九二年向後らとNGO「マングローブ植林行動計画」（ACTMANG）を設立し、サウジアラビアのマングローブ保護と修復、ベトナムの植林事業等に従事。現在も高齢登山を楽しむ。

あるくみるきく双書
宮本常一とあるいた昭和の日本 18 北海道 2

2012年3月25日第1刷発行

監修者　田村善次郎・宮本千晴
編　者　須藤　功

発行所　社団法人　農山漁村文化協会
郵便番号　107－8668　東京都港区赤坂7丁目6番1号
電話　03（3585）1141（営業）　03（3585）1147（編集）
FAX　03（3585）3668
振替　00120（3）144478
URL　http://www.ruralnet.or.jp/

ISBN978－4－540－10218－9
〈検印廃止〉

Printed in Japan

印刷・製本　（株）東京印書館

郷土の歴史・文化・資源を生かし内発的地域振興策を考える農文協の本

<北海道>

写真で綴る 萱野茂の生涯―アイヌの魂と文化を求めて

萱野れい子著／須藤 功編　2762円＋税

「独自の言語と文化があれば誇りをもって民族と言える」といい、明治以来の同化政策に異を唱え、日本の先住民族、アイヌの復権と文化の復興にかけた生涯。五五年間支えた妻が二八〇余枚の写真から、その思いを回想。

北の大地に らかんさん遊ぶ

堀 敏一・彫る　須藤 功・撮る　2762円＋税

円空仏や木喰仏に引かれ修験僧にもなった著者が、アイヌコタンに住み自然と一体となった境地を槐の木に入魂した一本彫りの五百羅漢。喜怒哀楽豊かに四季の大地に遊ぶらかんさんの姿にだれもが癒される写真集。

日本の食生活全集 全50巻

各巻2762円＋税　揃価138095円＋税

各都道府県の昭和初期の庶民の食生活を、地域ごとに聞き書き調査し、毎日の献立、晴れの日のご馳走、食材の多彩な調理法等、四季ごとにお年寄りに聞き書きし再現。

地域資源を生かし文化を培った食生活の原型がここにある。

●北海道の食事　●アイヌの食事

江戸時代 人づくり風土記 全50巻（全48冊）

揃価 214286円＋税

地方が中央から独立し、侵略や自然破壊をせずに、地域の風土や資源を生かして充実した地域社会を形成した江戸時代、その実態を都道府県別に、政治、教育、産業、学芸、福祉、民俗などの分野ごとに活躍した先人を、約50編の物語で描く。

●北海道　4286円＋税

写真ものがたり 昭和の暮らし 全10巻

須藤 功著　各巻5000円＋税　揃価50000円＋税

高度経済成長がどかどかと地方に押し寄せる前に、全国の地方写真家が撮った人々の暮らし写真を集大成。見失ってきたものはなにか、これからの暮らし方や地域再生を考える珠玉の映像記録。

①農村　②山村　③漁村と島　④都市と町　⑤川と湖沼　⑥子どもたち　⑦人生儀礼　⑧年中行事　⑨技と知恵　⑩くつろぎ

シリーズ 地域の再生 全21巻（刊行中）

各巻2600円＋税　揃価54600円＋税

地域の資源や文化を生かした内発的地域再生策を、21のテーマに分け、各地の先駆的実践に学んだ、全巻書き下ろしの提言・実践集。

[1]地元学からの出発　[2]共同体の基礎理論　3自治と自給と地域主権　[4]食料主権のグランドデザイン　[5]地域農業の担い手群像　[6]自治の再生と地域間連携　[7]進化する集落営農　8地域をひらく多様な経営体　[9]地域農業の再生と農地制度　10農協は地域になにができるか　11家族・集落・女性の力　[12]場の教育　13遊び・祭り・祈りの力　14農村の福祉力　15雇用と地域を創る直売所　16水田活用 新時代　[17]里山・遊休農地を生かす　18林業―林業を超える生業の創出　19海業―漁業を超える生業の創出　20有機農業の技術論　[21]百姓学宣言

（□巻は平成二四年三月現在既刊）